那些年情依何处

韩海 编著

——民国十大才子的恩怨纠葛

章太炎 ｜ 梁启超 ｜ 胡 适 ｜ 鲁 迅 ｜ 徐志摩

郁达夫 ｜ 王国维 ｜ 周作人 ｜ 沈从文 ｜ 苏曼殊

他们的个性或迂或狷或痴或狂，但内里全不失风骨、风趣或风雅，底子上都有一个"士"字守着。

【打捞一段不可复制的记忆——历史教科书上不可能有的民国传奇】

台海出版社

图书在版编目(CIP)数据

那些年情依何处:民国十大才子的恩怨纠葛 / 韩海编著.--北京:台海出版社,2013.9

ISBN 978-7-5168-0272-4

Ⅰ.①那… Ⅱ.①韩… Ⅲ.①作家-人物研究-中国-民国 Ⅳ.①K825.6

中国版本图书馆 CIP 数据核字(2013)第201744号

那些年情依何处:民国十大才子的恩怨纠葛

编　著:韩　海

责任编辑:王　萍

装帧设计:吴小敏　　　　　　版式设计:通联图文

责任校对:罗　金　　　　　　责任印制:蔡　旭

出版发行:台海出版社

地　址:北京市朝阳区劲松南路 1 号， 邮政编码：100021

电　话:010-64041652(发行,邮购)

传　真:010-84045799(总编室)

网　址:www.taimeng.org.cn/thcbs/default.htm

E-mail:thcbs@126.com

经　销:全国各地新华书店

印　刷:北京柯蓝博泰印务有限公司

本书如有破损、缺页、装订错误,请与本社联系调换

开　本:710×1000　　1/16

字　数:170 千字　　　　　　印　张:16.5

版　次:2014 年 1 月第 1 版　　印　次:2014 年 1 月第 1 次印刷

书　号:ISBN 978-7-5168-0272-4

定　价:35.00 元

前　言

　　很久以来，一直对近代变幻莫测的民国时期的众多名人、大师们的人生感到困惑，不知道他们的一生究竟怎么样发展的。他们是在怎么样的环境和氛围下成长起来的，又如何成名？他们和哪些人是朋友，又和哪些人交恶？他们和哪些人是一派，又和哪些人是敌人或对手？他们喜欢什么，又痛恨什么？他们在历史事件里的所作所为又有哪些？……对这些问题，我曾经找遍群书，却只见得一些支离破碎的记录，而没有看到一本系统讲述这一群大师、名流们恩恩怨怨、分分合合的著作，民国的人物和故事在我的脑海里，最后依然好像是夜空里的群星，看起来那么不相干地孤傲地闪烁着光芒，吸引着我去探索。

　　从 2012 年 9 月着手创作这部专门讲述民国文坛人际纠葛的图书至今，本人购买和借阅了近百本参考资料，查看资料逾千万字。其中，为了彻底全面地了解胡适，于 2012 年年底购买的一本由朱洪教授著作的、由安徽人民出版社出版的《胡适大传（上、下卷）》就达 100 多万字，并且将其前前后后、仔仔细细地看了有三遍之多。

　　不仅查找资料是一项令人头疼的事情，即使是如何把这些人物较为完整地呈现出来，如何安排书中的章节等问题，也颇费周折。三思之后，决定将梁启超、章太炎、鲁迅、胡适、郁达夫、徐志摩、沈从文、王国维、苏曼殊、周作人十位在民国时期影响最大的、社会公认的文坛大才子，作为最典型的人物进行梳理，以比较完整地呈现民国社会变迁的大背景以及在此背景下文化精英们的发展变化与人情脉络。正是在这样的社会大背景下，本书的名字中"恩怨纠葛"四字成为了一种广义的"恩怨纠葛"。因为这些文化精英作为当时社会的不同阶层的代表人物，他们喊出了当时社会各个阶层的声音，他们的爱恨情仇也反映了当时整个社会的精神面貌，将他们集中起来，就自然而然地成了当时社会的一个缩影，因此，发生在他们个人、家庭间的"恩怨纠葛",无形中也影响、投射和扩大到了政见纷争、文化派系之争,以及对列强的仇恨等广阔的时代大层面上。

本书为了最深入、最系统地呈现才子们的成长、成才、成名过程中的境遇与遭遇,家仇与国恨,私情与幽怨,交游与交际,默契与分歧,是是非非与恩恩怨怨,本书特将人物进行分开阐述,虽然是分开阐述,但本书重点仍是放在人物之间关系的考察,因此人物之间还是存在着很多内在的联系的,读者只有在阅读了全书之后,才能够对那个时代、那个群体有个整体而清晰的认识。另外,在本书的叙述方式方面,则以真实为第一准则,文艺创作为第二准则,力图打造出一部民国历史、文学爱好者认识、考察、研究民国社会的参考书,故而对于一些传闻之类的事情或避开不谈,或保持最低调求证的手法加以处理。最后,在对人物的评价、褒贬的倾向上,也尽量保持以最质朴的态度来对待,只希望读者能够通过自己的思考,依靠自身去鉴别和认清其中的真伪、善恶、美丑、优劣等。

尽管本书篇幅不长,选择的传主不多,但文字之间却涉及了民国时期几乎所有的名流,读者可以以这些传主去对照那些在书中出现的,只是点到为止的其他人物,如叶圣陶、陶希圣、李公朴、罗隆基、康有为、孙中山等同样声名显赫的作家、社会活动家、名人,从而通过对本书传主的了解,观一叶而知秋,深刻领会本书所要传递的深层次信息。

目　　录

梁启超：
风雨如晦，走向共和

　　"八岁学为文，九岁能缀千言"，17 岁中举，后师从康有为，与康有为一起发动"公车上书"运动，此后先后领导北京和上海的"强学会"，创办《时务报》，任长沙时务学堂的主讲……初出茅庐、年轻有为的梁启超，在政治界、思想界、教育界、史学界和文学界迅速展露锋芒，一跃成为在近代中国家喻户晓、举世瞩目的戊戌变法著名领袖之一，举世公认的旷世才子。

1. 英才出处

　　1873 年 2 月 23 日，梁启超生于广东新会熊子乡茶坑村一耕读之家。其家世代务农，到其祖父梁维清"始肄志于学"，成了一名秀才。

　　梁维清两岁时母亲去世，除他之外，其他兄弟七人，都是继母、庶母所生。父亲去世兄弟分家时，有人说嫡子可以多分得一些家产，但梁维清却坚持与所有兄弟平均分配。梁维清一生热心公益，常为贫苦人家进行义诊。

　　梁维清也曾希望几个儿子能够博取功名，但即使连他最钟爱的幼子（他的第三子、梁启超的父亲）梁宝瑛连个秀才都没考上。于是，他便把希望寄托在孙子的身上。而在一群儿孙中，梁维清最疼爱梁启超，也把最大的希望寄托在梁启超的身上，梁启超两三岁时就开始教他读书识字。梁启超在跟祖父和父亲一起生活、学习的 19 年里，不仅从祖父那里学到了书本知识，还深受祖父高尚的道德情操感染。

梁启超

1884 年，年仅 11 岁的梁启超第二次到广州应考后便考中秀才，广东省学政叶大焯惊异之下，把梁启超等几个童子秀才找来面试。叶大焯对聪明灵机的梁启超特别喜爱。在梁启超的主动要求下，叶大焯还为梁启超的祖父提笔写了一篇祝寿文。在文中，叶大焯盛赞梁家教子有方，梁启超聪颖智慧，前途不可限量。当梁启超带着主考的这篇祝寿文回到老家后，梁维清喜极而泣，把这张祝寿文在家中高高地悬挂起来。

梁启超的父亲梁宝瑛虽然没有中秀才，但也是一位饱读之士，在梁维清病倒后，教梁启超读书的任务就落在了他的身上。梁宝瑛为人正直、中规中矩，对梁启超管束一直很严。梁启超的母亲也出身书香之家，其祖父是举人，父亲是秀才，其人知书达理，对梁启超也管束很严。她一共生有四子两女，梁启超是长子。她在生最后一个儿子时，因难产去世。

1889 年，梁启超考中举人。1890 年，赴京参加会试，未中。1895 年，参加会试再次落榜，此后，他便放弃了科举的念头，全身心投入变法大业。

2. 梁启超与康有为："我爱我师，我更爱真理"

梁启超一生多处于政治社会大变迁的风口浪尖，是时代变化的第一参与者和见证人，一生交友甚广，树敌也多。

1890 年春，在同学的引荐下，年仅 17 岁便在广东乡试中考取第八名举人的梁启超拜已 32 岁还未中举的监生、"南海先生"康有为为师，一时间在学生中引起轰动，引得不少优秀青年接踵而来，康有为的万木草堂很快便"人满为患"。为什么已经是举人的梁启超还要拜仅仅是监生的康有为为师呢？这里我们需要介绍一下康有为的"有为"二字。

康有为 1858 年出生于广东南海县银塘乡的一个官宦世家。康家世代在官府做事，康有为自称"吾家自九世祖惟卿公为士人，至于吾为二十一世，凡为士人十三世矣"。康有为高祖康辉,曾官拜广西布政使,诰封荣禄大夫;曾祖康式鹏曾于乡里讲学;祖父康赞修曾任连州教谕,亦为一方名士;叔祖康国器官至广西巡抚;父亲康达初曾为江西知县候补。

康有为是家中长子,6岁时师从简凤仪,7岁时就能作文,一时被乡人称为"神童"。但康有为却并不以此为傲,而以圣人为榜样,不苟言笑作老成状,故而亲友送了他一个"圣人为"的雅号。

11岁时,因为父亲康达初去世,康有为便到了连州跟祖父康赞修读书。在祖父的悉心培养下,康有为诗词文章大有长进。3年后,回乡自学,博览家族中的藏书。

尽管康有为自幼聪颖努力,但他的科举之路却并不平坦,31岁之前,屡次乡试不中。

19岁时,康有为娶妻张氏,同年祖父去世。此后,康有为决心暂时谢绝科举,而投入粤中大儒朱次琦(1807年—1881年,人称"九江先生")门下,学习经世致用之学。

朱次琦对康有为的影响很大——康有为自述其"粗闻大道之传,决以圣人为可学而尽弃旧学,自此始也","理学政学之基础,皆得诸九江","生平言学,必推次琦"。康有为也因为藐视韩愈等文坛星宿而被同学们呼为"狂生"。

1879年春,康有为回到家乡后,在西樵山白云洞独自读书养性,静坐自悟。不久,翰林院编修张延秋同几位文友游西樵山时,与衣履不整而傲气十足的康有为发生了争论,不过争论归争论,彼此都对对方还是很欣赏的。张延秋回去后,逢人便夸康有为是一位谈吐不凡的"异人"。康有为也写了信给张延秋,从此,二人结成忘年之交。通过张延秋,康有为开始逐渐意识到资本主义社会有优于封建社会的地方,开始把目光投向西学。据说康有为曾从上海江南制造总局一下购走西学译著达3000余册。

1890年初,康有为举家迁到广州,在结识了今文经学家廖平后,开始由古文经学向今文经学转变。在廖平的启发下,康有为后来完成了维新变法运动的理论体系的两部奠基之作——《新学伪经考》和《孔子改制考》。

维新变法前,康有为曾七次上书光绪帝,系统地阐述了自己的变法主张。

1888年12月，康有为利用在京参加乡试的机会，以荫生（荫生是国子监的学生的一种称呼，国子监的贡生和监生可以直接为官，荫生主要是为了照顾高级官员的子孙而设的）的资格向光绪帝上了一份奏折。不过这份奏折因为受阻，不仅未能送到光绪手中，康有为还为此而遭到了他人的痛斥。

1890年，康有为在祖传老屋"云衢书屋"，开始为传道授业筹办学校。

陈千秋（1869年—1895年）闻讯后，因为敬佩康有为渊博的学识与敢于上书直谏皇帝的气魄，立即退出学海堂，第一个拜入康有为的门下。不久，陈千秋介绍了学海堂的同窗、在上一年就已经中了举人的梁启超过来听讲。梁启超在听了康有为的史学西学等闻所未闻之见解、学说后，"且惊且喜，且怨且文，且疑且惧"，于是毅然拜康有为为师。

在陈千秋、梁启超的带动下，徐勤等有志青年纷纷而来，以至于康有为连续两次将学堂搬迁以容纳骤增的人数。最后，学堂迁至广州"万木草堂"，一时间"万木草堂""学者大集，乃昼夜会讲"，康有为也因而名声鹊起。

康有为的讲学与办学很有特色，为维新变法培养了很多骨干和中坚力量。

据梁启超回忆，康有为讲课时，"每语及国事机理，民生憔悴，外海凭陵，辄慷慨欷嘘，感至流涕。吾侪受其教，则振荡怵惕，凛然于匹夫之责，而不敢自放弃，自暇逸"。

在办学上，康有为眼光先进。他让学生学习西方的语言文字、史学、政治与自然科学等知识。为了让学生全面发展，还开设了体操、舞蹈、射击等课程。

1895年春甲午战争爆发之际，康有为与梁启超等人赴京参加会试。不久，清廷与日本签订丧权辱国的《马关条约》，举国震惊。康有为在梁启超等人的协助下，鼓动广东、湖南等18个省1300多名举人联名上书光绪。康有为被大家公推起草奏稿。康有为遂以"拒和"、"迁都"、"练兵"、"变法"四项主张上了一份万言书给光绪皇帝以挽救国难，这就是著名的"公车上书"。然而，这次上书又因为受阻而未能到光绪手中。但在这次会试中，康有为中了进士，被钦点工部主事。

据说，康有为中进士，还是因为主考官徐桐的一个"误会"。徐桐等人因为极端保守，很不喜欢康有为这样爱出风头、叛逆味道十足的人，因此他告诚阅卷大臣，广东试卷中最有才气的定是康有为，一定不能录取。于是，梁启超因为一篇才气横溢的试卷而名落孙山，康有为却中了进士，成为工部主事。

1895年5月，康有为以个人名义，第三次上书光绪，向光绪帝提出了更为完善的富国、养民、教士、练兵的变法图强四大方案。这次上书终于到了光绪的手里，光绪看后龙颜大悦，当即下令军机处抄录三份，一份存乾清宫，一份存勤政殿，一份存军机处，并下令抄送各省督抚，征求意见。然而，各省督抚对变法毫不积极，征求意见也不了了之。

康有为在上书后一个月，再次给光绪皇帝上书，但工部主事无权直接上奏皇帝，上书最后遭到工部堂官的拒绝。但康有为此时的变法思想已经初成体系，为了使变法得到更多的支持，康有为与陈炽、美国传教士林乐知等人于是年8月，在北京创办了近代历史上第一份维新报刊——《万国公报》双日刊，由弟子梁启超、麦孟华、汪大燮等人担任编辑，主要宣传西方新知识、新思想和社会制度，并着重阐发康有为的变法思想。

被称为是"西学新知之总荟"的《万国公报》刊行后，受到社会的热烈欢迎，成为中国发行最久、影响最大的一份杂志，《万国公报》不仅影响了李鸿章、张之洞、孙中山、林语堂等一大批人，它还是最早把马克思及其《资本论》介绍到中国的媒体。

是年9月，在军机大臣翁同龢、李鸿藻等人的支持下，康有为与梁启超、沈曾植、文廷式、陈炽、丁立钧、杨锐等在北京成立强学会（又称译书局，或强学书局）。

11月，康有为在拜访了两江总督张之洞等人后，在他们的支持下，与梁鼎芬、汪康年、张謇、黄遵宪等又成立了上海强学会。并于次年1月创刊《强学报》，以倡导维新变法主张。

1897年11月，德国人强占了胶州湾。康有为第五次上书光绪，在上书中详尽开列了变法内容。不久，都察院的高燮曾为康有为上了第一个奏荐折，请光绪召见康有为。当光绪准备召见康有为时，却遭到恭亲王等人的反对，因为按祖宗惯例，非四品以上官员，皇帝不能接见。光绪皇帝只好下令要大臣代为接见问话。

1898 年 1 月，康有为被邀请到总理衙门，与翁同龢、李鸿章、荣禄等几个大臣进行了一次关于变法问题的著名的辩论。光绪听了会见汇报后，很想亲自听听康有为的见解，无奈恭亲王等人仍以皇帝不见四品以下的官吏为由加以阻挠，光绪只好传令康有为条陈所见，下令以后康有为如有奏折，即日呈递，不得阻搁。在这样的情况下，康有为趁热打铁，又接连两次上奏，使光绪推行变法的决心更加坚定了。

4 月，康有为组织成立了以"保国家之政权土地"，"保人民种类之自立"，"保圣(孔)教之不失"为宗旨的保国会。

但保守派怀疑保国会"保中国，不保大清"而极力反对，不久保国会即停止活动。

6 月，光绪皇帝下定决心，颁布《明定国是诏》，正式宣布变法。五天后，光绪打破"祖宗家法"，在颐和园召见了康有为。光绪本欲重用康有为，但终因旧守势力太大，只好委屈康有为做了一个"总理衙门章京上行走"的六品小官，准予专折奏事。

9 月初，宫变前夕，康有为上奏光绪帝，谋划政变，以拯救变法运动。但光绪帝深知自己毫无实权，变法失败已成定局，于是降旨以命康有为到上海督办官报为由，安排他立即逃离北京。同时，又让林旭带密诏给康有为，让他韬光养晦，将来再图报国。康有为接到密诏后悲愤莫名，立即找来谭嗣同、梁启超等人，谋划救皇之策。当谭嗣同游说袁世凯失败后，康有为又欲以江湖侠士大刀王五等人冒死救主，还去求见伊藤博文，希望通过日本政府出面来阻止慈禧废立光绪帝，但是均告失败。无奈之下，康有为于京师发生政变的前一日，出京逃走。维新变法以光绪帝被囚禁，六君子遇难的惨痛失败而告终。

遭到通缉的康有为与梁启超等人，辗转逃亡到了日本。到日本后，康有为继续从事营救光绪帝的活动。不久，同样在日本流亡的革命党领袖孙中山、陈少白等人找到康有为和梁启超等人，希望一起合作推翻清政府。但受过光绪"衣带密诏"的康有为认为，自己"受恩深重"，只希望救出光绪，继续推行变法以挽救中国，其他都不予考虑而拒绝合作。

1899 年 3 月，康有为前往英国、加拿大等国，一方面希望通过外交的努力来获得列强的支持，一方面筹建保皇会。保皇会宣称自己"名为保皇，实则革命",致使保皇会在海外华侨中发展很快,几个月的时间,人员就以万计。一时间,保皇党与兴中会等革命党形成了相互竞争的局面。

1900 年,康有为与唐才常、梁启超等人趁着义和团运动风起云涌,八国联军侵略中国的天下大乱之际,动员了一切力量,准备兴师勤王,一举成功,可惜又以失败告终。

这次失败之后,保皇会趋向瓦解,康有为也陷入苦闷之中。在接下来的几年里,他一面游历在香港、日本、英国、加拿大、新加坡和印度等地的山水风光之间,一面著书写作,继续进行维新变法的宣传,其思想开始跟不上革命主流的发展,而成为了革命的绊脚石。但是他的得意弟子梁启超的思想却已经发生了重大的转变,开始逐渐转向革命排满。康有为自然成为了孙中山、章太炎等革命党人的重点批判对象。而对于弟子梁启超的变化,康有为多次对他进行了严厉批评。此后,二人终因政见不同发生了很大的冲突,梁启超多次公开发表文章批驳老师康有为。康有为则咒骂梁启超为"梁贼启超",二人从此貌合神离,关系公开恶化。

1906 年,清王朝宣布预备立宪后,康有为将保皇会改为国民宪政会,并希望清政府能够允许他回国,"共建大业"。民国成立后,康有为站在民国的对立面,坚决反对民主共和。

1913 年冬,康有为结束了海外 16 年的流亡生活回到上海,主编《不忍》杂志,并出任孔教会会长,同时积极协助张勋的复辟活动,要将孔教定为国教。

1919 年,康有为通电支持"五·四"运动,指斥曹汝霖、章宗祥等人的卖国行径。

1927 年,康有为为表示自己仍忠于"朝廷",特地赶到天津"觐见"溥仪。是年 3 月 30 日,康有为逝于青岛,享年 70 岁。

康有为死后,世人对他有两种截然不同的争论,这就是著名的"巨人"与"侏儒"之争。

康有为一生的表现颇受人争议,这不仅是因为他后来站在革命的对立面,还因为他的一些所作所为以及所表现出来的动机和人格,也被人认为是一个争名好利、急功近利的表里不一之徒,甚至他的大弟子梁启超后来也说他成了历史的"侏儒"。

1888 年，康有为在京参加乡试时，为求上书变法，曾阿谀奉承、巴结京城众多权贵，结果因为表现得实在过度，而引起权贵们的反感，都觉得他"托名西学，希图利禄"。

强学会成立后，一时不少权贵给予支持，两江总督刘坤一、湖广总督张之洞等捐钱赞助强学会。但康有为暗自认为张之洞、丁日昌等不过是想"藉以渔利"而已。而对于支持变法，捐了钱的商贾如经元善、郑观应，康有为则规定他们不能参与强学会的事务。尽管如此，郑观应等依然支持他的变法运动，甚至在变法失败后，还接济、保护他的家人和朋友。不过随着变法的"过时"，最终他们大多人还是抛弃了这位"圣人"。

民国成立后，康有为以"亡国臣民"自居，收罗中华民国"十大罪状"，攻击革命党推翻清朝，还和一些大地主、旧学名流、前清遗老以及一部分军阀，疯狂地反扑新文化、新思潮、新教育。康有为将共和看作是"破法律，弃礼教"，"恣睢放荡"的"暴民"之举，将民国政府推行的新式教育，"拟为洪水猛兽"。在尊孔复古、反对新式教育的活动中，康有为立即以精神领袖面目粉墨登场。在陈焕章等人的策划下，孔教会又是"请愿"，又是"上书"，政界如黎元洪、冯国璋等要员也积极响应。于是，孔教会、国教维持会、孔社、孔道会、孔子祭奠会、尚贤堂、全国公民尊孔联合会、孔子诞辰纪念会等一些守旧的文化组织纷纷出笼，这些尊孔活动，实际上为袁世凯复辟帝制提供了思想策应与社会策应，而事实上，一心要复辟帝制的袁世凯也曾多次致电康有为，请他进京主持名教。

康有为与袁世凯的合作不久，梁启超就发现袁世凯在利用尊孔复古运动搞复辟帝制的阴谋，毅然与复辟运动的精神领袖康有为决裂，同时命弟子蔡锷回云南发起护国运动。梁启超说他的老师康有为已经由一个历史"巨人"跌落为历史的"侏儒"了。

对于康有为的行为风格，他的弟子陆乃翔与陆登骧在《康南海先生传》一书中说："先生日美戒杀，而日食肉；亦称一夫一妻之公，而以无子立妾；日言男女平等，而家人未行独立；日言人类平等，而好役婢仆；极好西学西器，而礼俗、器物、语言、议文，皆坚守中国；极美民主政体，而专行君主；注意世界大同，而专事中国；凡此皆若甚相反者。"这其中的一些论述或者可以说是一面之词，但提倡一夫一妻制的康有为一生共娶了六位太太（张云珠、梁随党、何旃理、市冈鹤子、廖定徵、张光），却是不争的事实。这些都是后话。

梁启超拜师康有为以后，一方面开始涉足政治，另外一方面也开始进入学术研究的殿堂。梁启超曾说："启超之学，实无一字不出于南海。"在康有为的引导下，梁启超逐渐成为康有为最得力的左膀右臂。

"戊戌变法"失败后，康有为和梁启超先后逃到日本。起初，梁启超一如既往地惟师命之是从，继续跟着康有为宣传保皇主张。但渐渐地，随着阅历的逐渐丰富，梁启超的思想不断进步，最后发生了质的变化。

在西方资产阶级思想的影响下，梁启超接受了资产阶级的自由思想，政治主张也从保皇转向革命，并且与孙中山、陈少白等革命党人密切来往，最后达成了组党的计划，"拟推中山为会长，而梁副之"。不仅如此，梁启超还召集其他同学联名致函康有为，劝其退休去颐养晚年。康有为对于梁启超的举动非常生气，严斥其倾向革命。

1902 年，经黄遵宪、严复等好友的开导，梁启超公开发表文章批驳康有为的尊孔保教主张，认为从今以后，只有保国而已，受到康有为的严厉批评。

辛亥革命爆发后，在实行共和制还是立宪制等重大问题上，康、梁之间的矛盾逐渐增大。民国成立后，大总统袁世凯为了复辟帝制而利用康有为，支持他四处活动，组织孔教会。袁世凯复辟帝制后，本欲复辟清朝的康有为才恍然大悟，于是加入讨袁战争。

但与康有为反对共和相反，梁启超一开始便坚决维护共和。袁世凯窃取大总统后，梁启超一方面组织进步党与国民党抗衡，另一方面则对袁世凯复辟帝制的阴谋进行抨击，还联合蔡锷等人，以武力讨伐。云南宣布独立后，梁启超又只身前往督促陆荣廷宣布广西独立。

然而在袁世凯复辟失败后不久，康有为又协助张勋搞了一次复辟。这次，康有为被任命为弼德院副院长，着头品顶戴。但帽子只戴了 12 天，复辟就失败了，康有为本人遭到通缉，直到 1918 年才被北洋政府特赦。

在张勋这次复辟中，梁启超支持段祺瑞进行武力讨伐，为段祺瑞起草讨逆宣言，并且以个人名义发文斥责康有为书生无知。康有为则骂梁启超为"梁贼启超"，将他看作为吃父母的"鸱枭"和"獍"，背恩忘义、射杀了师父后羿的逢蒙一类。

康、梁二人公开交恶之后，刘海粟等人从中斡旋。1927 年，康有为 70 岁大寿,梁启超虽因事未到上海祝寿,但却托人送去寿联和寿文,表示对康有为教诲之恩的感谢。同年,康有为逝世后,梁启超汇去几百块钱作为赙金,并且联合康门弟子,在北京设灵公祭。

3. 梁启超与他的爱徒蔡锷

梁启超的弟子无数,有名的亦不少,其中著名的人物有蒋百里、范源廉、徐志摩、张君劢、张东荪、蒋伯器、张孝准、石陶钧、徐佛苏、周善培、杨树达等,但在这些人中,蔡锷[1882年12月—1916年11月,原名艮寅,字松坡,汉族,生于湖南宝庆(即今邵阳市)一贫寒的裁缝之家]要算是梁启超的第一爱徒。

其实在不同的阶段,梁启超与蔡锷的关系,实质上也从早期的师生关系,发展到后来的同僚和战友关系。

谭嗣同与黄遵宪、熊希龄等人在湖南发起创建时务学堂时,力邀正在上海担任维新派《时务报》主笔的梁启超担任中文"主讲席"(副讲为唐才常)。谭嗣同在给《时务报》总经理汪康年的信里说,不惜和汪翻脸也一定要把梁启超抢过来,与其这样,不如就算送他个人情好了。就这样,二十岁出头就名声大噪的梁启超于一个月后到了长沙,受到热烈欢迎。

在时务学堂,梁启超很快注意到蔡锷的才华,他在《清代学术概论》里说:"学生仅四十人,而李炳寰、林圭、蔡锷称高才生焉。"(1900年,李、林二人与唐才常在汉口殉难)

1899年,蔡锷和同学们到日本后,住在老师梁启超租来的几间房子里,梁启超曾回忆他与同学们一起十几个人,晚上同在地板上打地铺抵足而眠,早上起来每人一张小桌念书。就这样,师生们一起亲密快乐、共度时艰的生活了长达9个月。唐才常领导的自立军起义失败后,蔡锷再次赴日准备投考陆军。梁启超担心地对蔡锷说,你一个文弱书生,行军打仗能够胜任吗?但蔡锷态度坚决,立誓要做一名军人。

在梁启超的帮助下,蔡锷进入东京成城学校(后更名为振武学校)学习,以挣稿酬获得学费。梁启超在横滨创办了《新民丛报》后,邀请蔡锷做笔政,蔡锷积极投稿，发表了不少文章（之前梁启超主持《清议报》时，蔡锷就曾一度担当其中的专栏作者）。此外，蔡锷还与旅日老乡创立游学编译社等，并且在社团的刊物《游学译编》上，发表《致湖南士绅诸公书》等文。

1904 年 10 月，蔡锷以优异成绩从成城学校毕业回国，开始了他带有传奇色彩的戎马生涯。此后 7 年间，蔡锷先后在江西、湖南、广西和云南的新军中经营，培养了一批如李宗仁、黄绍竑和白崇禧这样的军事将领。

1906 年，梁启超在游历美洲做了一番调研之后，回到日本转而倾心君主立宪（不过他此时的重点已经不在“君主”，而是重在“立宪”），与追求共和的同盟会打起了笔战。梁启超在此一战中，俨然成为改良派（“立宪派”）的言论先驱和精神领袖。但梁启超最终还是以失败告终。1910 年，同盟会还把他的爱徒——回避革命的蔡锷赶出了广西。

1911 年保路运动后，蔡锷开始酝酿革命举动。是年 10 月 30 日，蔡锷领导新军迅速控制省城昆明，旋即宣布云南脱离清政府独立。

1912 年，袁世凯窃取民国大总统后，把统领云南一省军队，属于地方实力派人物的蔡锷借故调到北京。蔡锷则推荐以前的部下唐继尧继任云南都督。蔡锷在北京察觉到袁世凯准备复辟帝制后，便把家眷借故送回湖南，在与老师梁启超商议后，于 1915 年设计逃脱魔掌，返回云南。袁世凯称帝后，蔡锷与云南都督唐继尧等率先举起护国伐袁的大旗。

1916 年 3 月，袁世凯被迫宣布取消帝制，不久后忧惧而死。同年 11 月，蔡锷在日本治疗期间，病逝于日本福冈。梁启超闻知后异常悲痛。蔡锷的灵柩运抵上海后，梁启超在公祭大会上致悼词时泣不成声。此后，梁启超的书房“饮冰室”中便一直悬挂着这位爱徒的遗像。为了缅怀蔡锷，1923 年，梁启超上书时任民国大总统的黎元洪，倡议创办松坡图书馆。不久，黎元洪下总统令，拨北海公园的快雪堂作为馆址。当年 11 月 4 日，松坡图书馆正式成立，梁启超出任馆长。

4. 梁启超与孙中山的恩怨情仇

孙中山出生于 1866 年，比梁启超大 6 岁，比康有为小 8 岁。他的祖籍广东省香山县翠亨村,距离梁启超的祖籍新会县茶坑村只有百十公里,与康有为的祖籍南海县银塘乡相隔也不太远。

1894年初,孙中山托人给康有为带话希望与之结交。赶巧的是,康有为与梁启超到北京参加甲午年的会试去了。

虽然未曾谋面,梁启超却在与汪康年的书信中提到孙中山:孙某,非哥(哥老会)中人,度略通西学,愤嫉时变之流,其徒皆粤人之商于南洋、亚美及前之出洋学生,他省甚少。

孙中山在广州起义失败后,于1896年下半年到了伦敦。之后他每天都去探望在香港读书时的老师康德黎。可是,几天后,孙中山却突然在伦敦街头失踪了。

章太炎看到伦敦使馆追捕孙中山的消息,便问梁启超:"孙逸仙何许人?"梁启超说:"此人蓄志倾覆满洲政府,不过陈胜、吴广之流罢了。"

当时,康、梁是国内最有影响力、代表新的社会力量的领袖人物,但对孙中山"反满兴汉"的主张却也不太感冒。梁启超希望通过开启民智,进而实现以"宪政"为标志的政治革命,建立民国。孙中山则希望用炸弹与烈士的鲜血惊醒国人,完成民族革命,建立民国。虽然他们殊途同归,却是一文一武两条路。在梁启超眼中,孙中山的所为也就是"农民起义",梁启超少年中举,学富五车,是有名的才子,有着士大夫的优越感,自然不把"农民起义"放在眼里。

梁启超对孙中山不以为然,而孙中山对梁启超却十分赏识。1897年秋,孙中山在日本从事革命活动时,深感缺少一批有一定文化学识水平的"文士"。他和横滨侨商邝汝磐商讨建立一所"中西学校",推荐梁启超任校长,并派专人前往上海邀请梁启超。康有为以梁启超正担任《时务报》主笔为由,不许梁赴任,改派另一得意门生徐勤前往。其实,梁启超内心是希望到日本去的,无奈只有听从师命。

在戊戌变法后,朝廷亦把康、梁称作"孙文羽翼",其实他们并没任何瓜葛。康有为虽然亡命天涯,但他们依然梦想挽回大局,恢复皇上的统治。而孙中山则是清政府眼里大逆不道的"叛徒",悬赏而欲得其首级,孙视清帝,可说是仇恨不共戴天,伺机推翻清廷。但康有为深感皇上对他的知遇之恩,故而他很难与孙中山走到一条道上。对同遭清廷通缉的康梁,孙中山非但没有落井下石,反而显露出侠义心肠,请日本朋友平山周等协助他们逃到日本。他试图与维新派取得全面合作,但遭康有为拒绝。傲慢固执的康有为以"帝师"自居,根本看不起孙中山。但是,比康有为年轻15岁的梁启超,思想活跃,对孙中山生出的钦佩之情就注定了他不会和自己的老师一般,后来他因势变通,人们骂他"善变"和"屡变",其实这正是他一生最伟大之处,因为他的变总离不开一个原则:爱国、救国。

到日本后,自由的空气让梁启超可以畅所欲言,可以做自己想做的事情。因为深悉中国数千年固疾,他开始言革命、言民权、言自由,这点与孙中山的思想不谋而合。只是顾忌于康有为,他不太敢与孙中山接触。

后来,因清政府向日本施压,康有为被迫离开日本前往加拿大,筹建保皇党。梁启超原本便对康有为拒与孙中山合作心怀不满,康有为一走,梁启超欣喜不已,与孙中山开始密切接触、商谈两派合作。因为志趣相投,他们你来我往,相处得愉快,有如他乡遇故知。

据梁启超的女儿梁令娴回忆:曾看到父亲来回度于室中,而孙先生则倚床而坐,各叙所见,状至融合。特别是对孙中山的革命主张以及土地国有等问题,梁启超甚是赞同。

联合一切力量,革命才有希望!孙中山的兴中会向梁启超的维新派抛出了橄榄枝!

在日本的维新派间却有两种意见:一派是反对。另一派就是公推孙总理为两党合并后的会长,梁启超为副会长。

这得益于梁启超逃亡日本后,吸收新鲜事物,开始重新自我建树;对西方思想家的政治营养感到新奇又如饥似渴,他渐渐开始大谈民主、共和、自由、民权甚至革命,对自己过去的很多想法产生质疑,甚至是否定。

梁启超联合同门13人署名《上南海先生书》:国事败坏至此,非庶政公开,改造共和政体,不能挽救危局。今上贤明,举国共悉,将来革命成功之日,倘民心爱戴,亦可举为总统。吾师春秋已高,大可息影林泉,自娱晚景。启超等彼当继往开来,以报恩师。

此信一出,在康门中惊天动地!康门之徒一向视康有为如帝天,各地康徒一片哗然,纷纷指责"十三太保"为叛逆。梁启超的同门徐勤、麦孟华暗中向康有为通风报信,称梁启超"渐入中山圈套,非速设法解救不可"。康有为对此自然大为恼火,令梁启超即刻赶到檀香山办理保皇党事务。

1899 年冬天,梁启超赴檀香山。在临行前,孙中山书信一封,把梁启超推荐给自己的兄长孙眉(德彰)和他的朋友。

一路上,梁启超受到美国各地保皇会的热烈欢迎,每到一处讲演,必有成群结队的保皇会员前来聆听。看到海外华侨会如此虔诚地认同保皇会,梁启超的意志开始动摇了,他毕竟不是个彻底的革命派,虽然赞同孙中山的革命共和,但那也是有条件的,即只革慈禧的命,仍要把光绪作为"明君"看待。梁启超再次效忠于保皇党。

在檀香山期间,梁启超获得了空前的成功,不仅吸引了华侨加入保皇会,还先后获得了各项捐款 10 万元,捐助汉口起事。而孙眉也深深地喜欢上这个热情而多才的梁启超,还把自己的孩子送到康徒所设的学校读书。

梁启超在那里借口"名为保皇,实则革命",提出组织保皇会的想法,侨商不知其中奥妙,多入彀中,仅庚子勤王之事,保皇会就筹集了捐款 10 万华银。

孙中山得知自己的门徒不仅入了保皇会,保皇会还收拢了大量的钱财,孙中山深感震怒,写信责骂梁启超名为保皇实为革命就是挂羊头卖狗肉,背信弃义。但一切都为时已晚。1901 年 4 月,孙中山曾赴檀香山,发现当地的兴中会已被梁启超所破坏,筹款也只得 2000。

虽然梁启超在檀香山组织了保皇会,可他对与兴中会的合作还抱着非常大的希望。在孙中山大骂之时,仍要求孙中山给他一些时间,他可以说服康有为实现两党合作。直至 1903 年春天,梁启超还写信给孙中山,希望他稍加变通,共举勤王之旗。

梁启超的执着是可贵的,但是孙中山也同样有着他的坚持。道不同不相为谋,而另外一个事件的发生,让他们彻底地决裂。

虽然与保皇会的关系已经到了几近无法恢复的地步,可孙中山知交宫崎寅藏(曾多次往返于康梁与孙之间,极力劝说两派联合反清)仍然希望两党联合,携手同行。宫崎寅藏毛遂自荐前往新加坡会见康有为,希望做最后的努力。

然而,康的门徒得知宫崎曾经赴粤谒李鸿章之事,于是急电康有为:宫崎是奉李鸿章之命,前去刺杀康有为。康有为信以为真,于是,在康有为运作下,宫崎到新加坡后立即就被警察逮捕了。

宫崎事件的发生,使孙中山与梁启超之间结下了仇恨的种子。

1925 年 3 月 11 日,梁启超在孙中山临死前探望了他。孙中山死后,梁启超在 1925 年 3 月 13 日北京《晨报》的《孙文的价值》中写道:我对孙君最不满的一件事,是:为目的不择手段。孟子说:行一不义,杀一不辜,而得天下,不为也……在现在这种社会里,不合用手段的人,便悖于"适者生存"的原则,孙君不得已而出此,我们也有相当的原谅。但我以为孙君所以成功在此,其所以失败亦未必不在此。

梁启超与孙中山结怨,也成了与国民党人之间的恩怨。1927 年,国民党北伐取得节节胜利,眼看昔日政敌要当政了,他几乎无法安眠,曾给国外的大女儿的信中写道:如果国民党不相容,他就出国避难。

1929 年,梁启超去世,国民党政府对他表现得非常冷淡,胡汉民甚至反对国民政府褒扬梁启超。直至抗战时期,国民政府才在各方的要求与压力下对梁启超进行褒扬。

5. 梁启超的两次论战

在梁启超五十多年的一生里,自 1895 年编辑《中外纪闻》始,到 1919 年在北京创办《改造》杂志止,先后直接参与创办的报刊有 15 种左右,其他与他有关系的报刊更是多达几十种。作为"言论界之骄子",梁启超一生思想不断变幻,敌友遍布整个中国文坛。

梁启超与章太炎是清末民初文化思想领域的两面大旗,彼此有很多共同之处,也有很多相龃龉之处。1895 年,康有为成立强学会时,章太炎汇去了 16 元大洋以示支持。次年《时务报》创刊后,梁启超、汪康年因此向章太炎发出了邀请。

1897 年 1 月,章太炎到了上海后,与梁启超在《时务报》馆共事。但没有几个月,章太炎、夏曾佑、黄遵宪、严复等人在对待自诩为"圣人"的康有为提倡"保教"的态度上,与梁启超产生了很大的分歧,双方甚至还为此动了手。章太炎于是愤而离开《时务报》馆。对于此事,梁启超向章太炎表示了诚恳的道歉，章太炎不仅原谅了他，还劝其好友汪康年与梁启超和好（梁启超在主笔《时务报》时，与报馆经理、洋务派代表人物的汪康年之间，因为报刊宣传的矛盾发生冲突，梁启超于同年11月辞去《时务报》主笔，前往湖南执教时务学堂）。

1901年，章太炎针对梁启超的《中国积弱溯源论》，发表《正仇满论》一文对改良派政治主张进行批驳，拉开了与梁启超等保皇立宪派论战的序幕。

1905年，梁启超主持下的《新民丛报》率领徐佛苏、杨度、蒋智由等人，与章太炎、宋教仁、胡汉民、朱执信、汪精卫、刘师培等众多同盟会会员参加的机关报《民报》，就关于革命还是改良再次展开激烈的论战，直至1907年遭到肆意诋毁，寡不敌众，处于严重劣势的梁启超在报纸上公开寻求妥协，并托弟子徐佛苏找其湖南老乡宋教仁帮忙，呼吁双方停战。宋教仁、章太炎表示愿意调和，但孙中山、黄兴、胡汉民表示要与梁启超斗争到底，梁启超无奈之下被迫将《新民丛报》停刊。

论战结束了几年之后，立宪派领导的国会请愿运动失败，不久，革命党领导的辛亥革命取得了胜利。梁启超的思想处于不断的变化中。1917年9月，梁启超退出政坛，从此致力于学术研究和讲学。

6. 梁启超之死

梁启超于1929年1月29日在北平溘然长逝，年仅56岁。梁启超的早逝，引起社会各界的种种猜测，但为梁治疗的协和医院对此却一直缄口不言，直至40余年后的1970年，著名建筑学家、梁启超之子梁思成教授因病住进协和医院，才从自己的主治医生那里得知，父亲原来死于一场医疗事故。

"五四运动"之后，梁启超不再过问政事，在家潜心钻研学术。他经常通宵达旦地写作，生活没有规律，再加上烟酒过度，身体健康渐渐恶化，最后发展到尿毒症。

1926年初，随着病情日益加重，梁启超不得不入院治疗。在此之前，有人劝他服用中药，也有人建议他出国治疗，但他坚持选择了当时国内最好的西医医院——北京协和医院。梁启超做此选择，还有另一层深意，他毕生笃信西方科学，并极力向国人推广西医，此时正好身体力行。

梁启超入协和医院诊治，经 X 光透视显示左肾有黑斑一处，医生诊断结果是左肾患结核，需手术切除。当时梁启超与被誉为中医"四大名医"之首的肖龙友先生相交甚笃，经常往来，为慎重起见，特请肖先生复诊。

肖龙友为梁启超切脉后，断然否定了协和医院的诊断结果："肾脏绝无大病！"力劝梁启超切勿草率从事，并为梁对症下药，处方诊治。服用了肖先生的中药后，梁启超顿觉神清气爽，颇见功效，但是后来病情又出现了反复，病情反复的主要原因是梁启超一直没有停止读书治学劳神费心所致。肖龙友见状十分着急，劝告梁启超说："治病不能单纯靠药，三分看病七分养，若想彻底恢复健康，必须放下书本，安心养病，否则即使华佗再世也无能为力。"谁知梁启超听后却不以为然，戏虐地说："战士死疆场，学者死讲堂，死得其所。何惜之有！"肖龙友听后连连叹气，不禁为老友的健康暗暗担心。

时过不久，梁启超的病情果然恶化，旋赴协和医院准备手术。住院后，梁启超饱受病痛的折磨，常常无法忍受，对医院的治疗方案也产生了怀疑和不满，他在给梁思成夫妇的信中这样写道："这回上协和医院一个大当。他只管医治，不顾及身体的全部，每天两杯泻油，足足灌了十天，把胃口弄倒了。也是我自己不好，因胃口不开，想吃些异味炒饭、腊味饭，乱吃了几顿，弄得肠胃一塌糊涂，以至发烧连日不止。人是瘦到不像样子，精神也很萎顿……"就是在这种情况下，协和医院为梁启超实行了手术，手术由院长刘瑞恒亲自主刀。

手术进行得很顺利，但是出院之后，梁启超病情丝毫未见好转，反而有加重的趋势。回院复查，结果把所有人都惊呆了，诊断竟然出现重大失误，医生错把他健康的右肾切除了，只留下了一个病变的左肾。

当时，由于梁启超被割去了健康的右肾，而未切除有病灶的左肾，因此血尿现象继续存在。梁启超的亲友和学术界同仁，对手术经治医生和医院非常愤怒。梁启超弟梁启勋在《病院笔记》中详述了治疗和手术过程。陈西滢也在《尽信医不如无医》一文中，做了更完整的叙述，均指责手术医生割了好肾留下了病肾，是严重的失误。

梁启超发现事态正在扩大，赶紧在某报副刊发表文章《我的病与协和医院》，文中详述了手术经过，并极力为协和医院辩解："出院之后，直到今日，我还是继续吃协和的药,病虽然没有清楚,但是比未受手术之前,的确好了许多。"梁启超说,西医是科学的,不能因为他一个人的无效,而否定西医。此后,北平协和医院想尽一切办法,给予止血药物。不过,三年之后,在1929年1月19日下午2时15分,梁启超还是在北平协和医院逝世了。

对这一重大医疗事故,协和医院医治守口如瓶严格保密,后来为遮人耳目,将事故责任人刘瑞恒调离医院,改任卫生部政务次长,直到几十年后,医学教学在讲授如何从X光片中辨别左右肾时,才举出了这一病例,至此梁启超死因真相才大白于天下。

1929年,梁启超因病情恶化在北京逝世,遵照他生前的意愿,墓碑上没有留下关于他生平的任何文字。梁启超的的老友伍庄在祭文中痛责医生,并因而"益发愤求中国之医学,断不会彼稗贩西说者毁我国珍"。知交徐佛苏挽联道:"何友邦许多医家,既盲割其肾脏,复昧察其病源?岂非科学杀人乎,人命如此险殆,公应难瞑目九泉!"

章太炎：
"肩头伊尹谁能任，脚底鸥夷未了心"

> 他具有先哲的精神，是后生的楷模；他的一生，既有保守，也有革命，既有传统，也有西化，唯一不变的是对国家的拳拳赤子之心；他以纸笔为武器，对抗清政府的统治；他几番流亡海外，四处讲学宣传，唤醒人们革命的意志；他退而著书，宣传国故。

1. 不一样的家世与师出名门

1869 年 1 月 12 日，章太炎出生于浙江杭州府余杭县东乡离城约十里的仓前镇一个世代书香之家，初名学乘，后改名炳麟，字梅叔，号太炎。

章太炎的曾祖父章均，号治斋，以县学增广生（廪贡生）任海盐训导，善理财，操持家业数十年，积累家资百万，为一方巨富。清道光七年（1827 年），捐巨款几万贯，于余杭东门白塔寺前创建苕南书院，官府将此事上报朝廷，建"乐善好施"坊于书院大门前表彰其功德（后书院毁于战乱）。后又捐田千亩建章氏义庄、义塾，收养族中孤寡老弱病残者，以及赈恤贫族中寒门子弟婚丧与入学。

章太炎的祖父章鉴，死于 1863 年。章鉴曾被选为国子监生，一生藏书达五千卷，曾自学中医为人治病。章太炎的父亲章浚，为县学廪生（明清两代称由公家给以膳食的生员，又称廪膳生，俗称秀才），饱学并兼精医术，多行善事义举。1862 年,浙江巡抚左宗棠围攻余杭太平军时,由于仓前为战场,章家受到战火荼毒,家境开始衰败。章浚赴清营献余杭地图,被荐入杭州府知府谭钟麟门下,任杭州诂经精舍监院等职。1869 年,谭钟麟擢授河南按察使,章浚辞职回乡,任余杭县县学训导。

章太炎

章浚曾误入杨乃武与"小白菜"葛毕氏冤案,原因是杨乃武在余杭知县刘锡彤与杭州府陈鲁酷刑逼供下,诬称曾找仓前钱氏药店钱宝生购买红砒毒死了小白菜的丈夫,于是刘锡彤传讯了钱宝生,但钱宝生称自己名叫钱坦,从来没有用过钱宝生的名字,而且核查账目交易后,发现店里从未出售过砒霜。刘锡彤见状,辗转请任县学训导的章浚告诉钱宝生大胆承认,决不拖累;如不承认,有杨乃武供词为凭,反而要加重治罪。杨乃武案件大白天下后,章浚以误为奸官刘锡彤作说客被革去训导。

晚年,章浚与汉学家孟沅、高学治等人刊刻著述,"检点《山经》读异书,闲披《尔雅》释虫鱼"。

章太炎的外祖父朱有虔是浙江海盐人,为乾隆年间进士朱兰馨之孙。朱有虔本人是库生(未能补廪的秀才),1876 年,朱有虔到余杭对章太炎进行了为时四年的孺业启蒙教育。朱有虔给章太炎讲过吕留良、曾静、戴名世、查嗣庭等人的"文字狱"事件,以及顾炎武等人的反清事迹,给章太炎的思想里种下了反清的革命种子。

章太炎 12 岁时,朱有虔归养海盐,由父亲章浚和大哥章炳森指导《四书》课读,学作八股文。章炳森年长章太炎 16 岁。章太炎出生时,他已是秀才;后为县学训导,并中举。1883 年,章太炎参加童子试,但突患眩晕症,没有考成,此后便绝意科举,专心研经读史,"诵六经,训诂通","浏览周、秦、汉氏之书"。章太炎说:"时闻说经门径于伯兄镃,乃求顾氏《音学五书》、王氏《经义述闻》、郝氏《尔雅义疏》读之,即有悟。自是一意治经,文必法古。"

1890 年,章浚去世。章太炎遵从父命,来到杭州西湖边的诂经精舍,师从俞樾、高学治、黄以周、孙治让、谭献等名儒，学习声韵训诂、文辞法度。

俞樾是晚清著名的国学大师，章太炎在诂经精舍首尾七年间，深受其影响，长进很快。在此期间，俞樾对锋芒初露的章太炎也非常欣赏，《诂经精舍课艺》就收录了章太炎求学期间所作的《诂经札记》、《膏兰室札记》

章太炎篆书书法

等几十篇文章。章太炎说："余十六七岁始治经术，稍长，事德清俞先生，言稽古之学，未尝问文辞诗赋。先生为人岂弟，不好声色，而余喜独行赴渊之士。出入八年，相得也。"

章太炎在诂经精舍读书期间，爆发了甲午战争，其后资产阶级的维新运动拉开序幕。清政府的腐败无能以及康有为、梁启超等鼓吹的维新变法，使章太炎日益向往革命，最后决定走出书斋投身革命运动。

1897 年 1 月，章太炎离开诂经精舍，到当时维新派的舆论阵地——上海《时务报》馆任职，俞樾对弟子结交倡言革命的维新人物很不高兴，以为可惜；1901 年，章太炎剪掉辫子，发表仇满文章，则让俞樾极度生气。虽然俞樾思想较开明，但他封建忠君爱国的思想根深蒂固，所以，对于弟子章太炎的所作所为，他是不能理解的。

1901 年春，章太炎去苏州东吴大学任教时，前往拜见住在苏州曲园的老师俞樾。俞樾对章太炎给以声色俱厉的痛斥，大骂章太炎"不忠不孝，非人类也"，还表示要清理门户。面对先生劈头盖脸的责骂，章太炎当仁不让，与之展开了针锋相对的辩论："弟子以治经侍先生，而今之经学，渊源在顾炎武，顾公为此，不正是要使人们推寻国性，明白汉、虏分别的吗？"写下《谢本

· 21 ·

师》一文,宣布与俞樾断绝师生关系。

1906 年,《谢本师》一文公开发表后影响很大,引起了广泛的关注。经学大师孙诒让予以高度评价,表示想收章太炎为关门弟子。

不过,章太炎和俞樾并没有真的断绝师生关系。俞樾对章太炎仍然以门生看待,章太炎对老师也始终充满敬意,1908 年俞樾去世后,章太炎作《俞先生传》以示哀悼与怀念之情。

2. "七被追捕,三入牢狱"的革命之路

章太炎与孙文、黄兴被并称辛亥三杰。章太炎少年时就有"明亡于满清,不如亡于李自成"的惊世言论,年长后投身革命可谓是九死一生。1936 年,鲁迅回忆老师章太炎时这样说:"考其生平,以大勋章作扇坠,临总统府之门,大诟袁世凯包藏祸心者,并世无第二人;七被追捕,三入牢狱,而革命之志终不屈挠者,并世亦无第二人。这才是先哲的精神,后生的楷模。"

1894 年甲午战争后,章太炎开始关注起变法图强的浪潮。1895 年,满清与日本签订《马关条约》,不久,康有为等发起"公车上书"运动。同年 11 月,章太炎从杭州寄会费十六银元,加入设立在上海的"强学会",与康有为、梁启超、沈曾植、文廷式、陈炽、丁立钧、杨锐等成为首批"强学会"会员。后到上海与梁启超、汪康年等一起投入政治活动。

虽然章太炎赞同康、梁的维新变法主张,但他不同意康有为倡言建立孔教,自称"教主"等做法,与改良派发生争论。1897 年 4 月,章太炎因此遭到康有为门徒围攻殴打,愤然离泸返杭,与宋恕、陈虬等创办"兴浙会",在《实学报》、《经世报》、《时务报》和《译书公会报》等发表文章。

1898 年 1 月,在宣传变法方面已经很有名声的章太炎上书李鸿章,未得答复。不久,章太炎受湖广总督张之洞邀请,到武昌筹办《正学报》。但章太炎很快认识到自己与主张"忠君保皇"的张之洞格格不入,于是章太炎奋笔疾书,纵谈对于满清无忠可言之意而去。张之洞等满清官僚大骂章太炎是"疯子"、"叛逆"。

9 月,戊戌变法失败,章太炎遭到通缉。为躲避清政府迫害,携家避难台

湾，任《台北日报》记者。次年春，与康有为、梁启超等书信联系，6月，应梁启超及留日学生之邀，到日本横滨寄寓在梁启超的《清议报》馆，经梁启超介绍，与孙中山相识。数月后回国，到上海任《亚东时报》主笔。

1900年，义和团运动兴起，八国联军入侵北京。7月，参加谭嗣同的同学唐才常在上海发起的"自立会"，章太炎、严复、容闳等八十余人到会。但章太炎对"保全中国主权，请光绪皇帝复辟"的会议主张非常不满，当场宣布脱会。为示与改良主义彻底决裂，遂割掉辫子，脱下长袍马褂，换上西洋装，发文宣言脱离自立会，从此彻底走上反清革命的征途。8月，唐才常起义失败被杀，章太炎因为参加过自立会被满清通缉追捕。大年将近，章太炎悄悄回老家与家人团聚，清廷捕快追至，幸亏邻人及时通报，才得以从后门逃出，藏进镇西龙泉寺寺内。

不久，美国教会在苏州设立的东吴大学校长、美国传教士孙乐文打着"尊重中国文字，必尊重中国教习"的旗号，"厚币延聘海内名宿"。章太炎经朋友推荐，为避开清政府的追捕，遂应东吴大学之聘，于1901年5月赴苏州任教。

在苏州，章太炎以课堂教学为革命阵地，在讲台上向青年学生灌输革命思想，宣扬民族民主革命，曾以《李自成、胡林翼论》等为学生命题作文，发表《正仇满论》、《积弱溯源论》等文章批判梁启超、康有为。章太炎在东吴大学宣传反清革命的言论，引起了江苏巡抚恩铭、刘坤一等的注意，要求校长孙乐文予以逮捕。章太炎获知此事，遂于1902年春，逃到日本东京，当时孙中山正好住在横滨，章太炎便到横滨专程去拜会，二人相谈甚欢。

章太炎在日本三个月后应蔡元培之邀返回上海，与蔡元培、吴敬恒、黄炎培等一起到爱国学社任教，并带领章士钊等学员积极发表反清革命文章。这时康有为、梁启超仍坚持鼓吹维新改良，公开反对用暴力推翻清朝政府。1903年，章太炎发表《驳康有为论革命书》等文，对其进行有力的驳斥，引起了社会极大的关注。

不久，邹容也来到"爱国学社"，长邹容18岁的章太炎与之一见如故，彼此惺惺相惜，很快便结为异姓兄弟，互以大哥、小弟相称。

1903年5月，一本署名为"革命军中马前卒邹容"，并由章太炎作序的书——《革命军》在上海出版。书中，邹容旗帜鲜明地提出，要推翻清朝的封建统治,建立"中华共和国"。在这部书的结尾,邹容高呼:"中华共和国万岁!""中华共和国4万万同胞的自由万岁!"在序言里,章太炎称之为"义师先声"。孙中山赞它为"为排满最激烈之言论","能大动人心"。因此,这部书被誉为中国近代的"人权宣言"。

《革命军》出版后,由爱国青年章士钊担任主笔的《苏报》对之大力进行了宣传,发表了多篇介绍文章,章士钊著文说:《革命军》"诚今日国民教育之一教科书也"。这样,此书很快风行国内外。《革命军》唤醒了广大民众的革命自由意识,直击封建专制统治的要害,吹响了资产阶级民主革命的冲锋号。

《革命军》的广泛社会影响也很快引起了清朝统治者们的恐慌。两江总督魏光焘奉命与英租界交涉,要求封闭报馆,逮捕"犯上作乱"的邹容、章太炎、蔡元培等人。随即查封"爱国学社"和苏报馆,并追捕章太炎、邹容、蔡元培等人。邹容、蔡远培事先闻讯已逃避他处,只有章太炎自投罗网不肯逃走,说要革命就要不怕流血,清政府已是第七次要捉他了。邹容得知章太炎被捕入租界狱中,表示要与"大哥"共患难,不久也自动投案。

章太炎,邹容二人被抓捕后,清政府曾向英租界请求引渡,幸未得手。于是,在租界的公堂上,作为原告的满清政府和作为被告的章、邹二人,打起了打官司。十个月后,章太炎被判处监禁三年,邹容监禁两年,罚作苦工。这就是当时在国内外产生了重大影响的"苏报案"始末。

在狱中,章太炎常遭狱卒虐待。他曾绝食七天,以示抗议。他和邹容互相鼓励,继续坚持斗争,还趁探监之机,和蔡元培等研究组织革命团体事宜,章太炎因此成为"光复会"的发起人之一。

1905年4月3日,邹容被恶劣的生存环境折磨致病,卒于狱中,年仅20岁。章太炎眼含热泪手抚其尸,哀恸、哽咽不能出声。

1906年5月,章太炎服刑期满,孙中山派人迎他去日本,于是章太炎第三次踏上流亡日本之路。其后由孙中山主盟,章太炎与孙毓筠等人于同年加入中国同盟会,主持同盟会机关刊物《民报》。

章太炎接手《民报》后,针对保皇党、改良派和立宪党,与汪精卫、胡汉民等人,撰写了大量文字犀利的政治和哲学论文,与孙中山发起的革命行动默契配合,影响很大,被鲁迅赞为"真是所向披靡,令人神往",章太炎本人也被广大学子视为偶像。

1907 年,章太炎与张继、刘师培、陶成章、苏曼殊等在日本东京成立亚洲和亲会,章太炎起草章程,主张"反对帝国主义而自保其邦族"。

1910 年 2 月,章太炎与陶成章等于东京重组光复会,章太炎任会长,陶成章任副会长,以《教育今语杂志》为机关报,正式退出同盟会。

1912 年 3 月,中华民国联合会改名统一党,章太炎与张謇、熊希龄、宋教仁等被推为理事。

1913 年,在袁世凯的授意下,孔教会成立。章太炎发表《驳建立孔教议》,反对定孔教为国教。不久宋教仁被刺,二次革命爆发并失败,章太炎赴京找袁世凯理论,被袁世凯软禁,直至 1916 年袁世凯死去,才重获自由。

1917 年 9 月,孙中山在广州成立护法军政府讨伐段祺瑞,章太炎被任为护法军政府秘书长,为孙中山撰大元帅就职宣言,之后到云南、四川等西南地区,争取唐继尧等军阀的支持,但均以失败告终。由此,他一反孙中山等人中央集权的革命方向,与张继等人鼓吹"联省自治"——先各省自治再联省自治,受到各地割据势力的欢迎。

此后,章太炎主要从事著书讲学的活动,革命活动逐渐减少。值得一提的是,自从 1921 年中国共产党成立时起,章太炎就一直站在反共反苏的立场上,反对国共合作,曾在上海组织"反赤救国大联合",极力"反对赤化"。

3. "同志"间的恩怨

在如李鸿章所言"三千年未有之变局"的近代中国,站在时代前沿、置身刀光剑影之下的学术大师章太炎,是那个时代我们无法回避的核心人物。但章太炎以他"章疯子"的个性,被"交友遍天下"的章士钊认为是天下"最难交"的三人之一(另外两人是陈独秀和李根源)。

1897 年 1 月,正值而立之年的章太炎应主持《时务报》的维新派先锋梁启超之召,到上海任《时务报》撰述。在时务报馆任职的 3 个月内,性情傲岸的章太炎与小他 5 岁的梁启超,一起在报上发表文章,宣传维新变法的政治主张。

章太炎与梁启超合作不久,就暴露了彼此的思想差异。一次,章太炎问梁启超孙逸仙是何人。梁启超答说此人志在推翻清政府,不过是陈胜、吴广之流而已。章太炎闻言,反驳说,但能主张革命,其他可不论。

另外,虽然他们都宣传维新变法,但实质上差异却非常大。梁启超在文章里主张的是变法强清,而章太炎宣扬的则是先排满,再维新。

不久,一生狂傲的康有为自封圣人,其门下弟子纷纷捧和。对此,章太炎公开予以抨击,将康门弟子视为追腥逐臭的苍蝇之类。于是引发"康党"共愤,终于有一天,康有为弟子们殴打了章太炎。章太炎愤然返回余杭。尽管一年后,章太炎与梁启超恢复了通信,但彼此的感情却已经有了些许障碍。

1898年8月,维新失败后,章太炎与梁启超四处避难,书信来往增加。1899年6月,在梁启超等人邀请下,章太炎到日本,结识了孙中山。

与抱定推翻清廷的孙中山初次见面后,章太炎认为孙中山有些地方不够实际。

章太炎在东吴大学任教期间,全面批判梁启超和康有为的改良派,宣传仇满论。章太炎到上海后,与刘师培等人相识,并结为至交。

章太炎因为"苏报案"被判入狱期间,康梁与孙中山两大阵营发生决裂,孙中山等人在东京成立同盟会,创办同盟会机关报《民报》鼓吹推翻清廷。章太炎出狱不久,即被孙中山派人迎接到日本,随后加入同盟会,主持《民报》笔政,开始与梁启超在政治上正式决裂。此后,相互之间口诛笔伐,论战不休,章太炎本人在同盟会中的地位和影响逐渐提升,成为仅次于孙中山和黄兴的人物。但在同盟会中时间一长,各种内部矛盾也不断产生。章太炎与孙中山之间的误会也开始逐渐增多。

1906年3月,日本接受了清政府的请求,决定驱逐孙中山出境,并开除与革命党有关系的39名中国留日学生。是年6月,孙中山与胡汉民、汪精卫等人离日前,得到了一笔日本政府和日本友人的赠款,孙中山为补充军费,把大部分赠款带去了南洋。

对于孙中山私下接受日本人赠款,后又将大部分捐款拿走的做法,章太炎与张继、宋教仁、谭人凤、白逾桓等人都很有意见,因为当时报社经费十分紧张。

一天，章太炎把悬挂在民报社内的孙中山像取下来，写下"出卖民报之孙文"等字样，寄孙中山。

待由孙中山在南方发起的黄冈起义等连续失败后，因为每次起义孙中山都不在国内，而是由黄兴亲自指挥的，引起同盟会的许多人的不满。1907年，章太炎把忘年交刘师培叫到日本。不久，章太炎与张继、陶成章等人一起提议罢免孙中山的同盟会总理职务，推举黄兴担任。黄兴推辞并予以调解。同年9月，孙中山从日本购买枪支弹药，运往广东。运送途中，章太炎、宋教仁等不知道哪里获悉这批武器质量问题很大，于是急电建议停运另购，于是，这批武器在辗转途中被日本当局发现后扣留。孙中山因此认为章太炎泄露了机密，贻误了战机，开始对章太炎心存芥蒂。

由于经济压力，对革命悲观的章太炎想去印度出家学佛，出于旅费需要向张之洞提出借款，被端方利用。于是，章太炎派刘师培回国接洽借款事宜，刘师培回国后，即被端方收买，背叛了革命。随后，刘师培将章太炎与张之洞、端方私下交往之事公之于众。章太炎因此遭到同盟会的怀疑。对于刘师培的变节，章太炎曾在致刘师培的信中，进行了自我批评："非独君之过也。"

1908年10月，《民报》被日本政府封禁，并且附加罚款。章太炎气急交加，病倒在床，因为无法筹齐款项，他只好给孙中山去信、发电，希望孙中山能够帮助他解决一时之急。章太炎前后催请孙中山约有10余次，均未得答复。于是，章太炎派陶成章亲自赶赴南洋去要。陶成章到了新加坡后，就听说孙中山领导的云南河口起义又失败了，正在忙着处理善后事宜。陶成章也不管这些，他找到孙中山后，一见面，就要求孙中山为他筹款五万余元，让孙中山一时难以筹齐。但陶成章以为是孙中山不肯出力，于是提出请孙中山开具介绍函，他亲自去筹款。拿着孙中山介绍函的陶成章，仍未能筹到款。

陶成章回到东京汇报了筹款的情况，章太炎听后非常生气，当众大骂孙中山，说他不配为盟长。黄兴见状劝情绪激动的章太炎和陶成章等人以革命为重，章太炎觉得黄兴在袒护孙中山，对黄兴产生不满之情。

因为未能及时上交《民报》被罚之款项，日本人抓捕了章太炎，准备让他服苦役。见此，章太炎弟子鲁迅（曾加入过光复会）、许寿裳等凑钱把老师赎了出来。

而就在陶成章筹款失败时,章太炎又听闻东京街头出现了汪精卫撇开他秘密出版的一期《民报》续刊,以及孙中山一再出面为《中兴日报》集资等消息。

这些更让章太炎怒不可遏,于是撰写《伪〈民报〉检举状》,对孙中山、汪精卫等进行攻击,指斥汪精卫等《民报》复刊为非法,一面印成传单,派人四处散发,一面在东京登报公示。

1909年9月,章太炎与陶成章、宋教仁等人利用时机,根据同盟会总理四年改选一次的规定,以川、广、湘、鄂、江、浙、闽七省同志的名义,向同盟会提交了一份《宣布孙文南洋一部之罪状致同盟总会书》,罗列了孙中山"残贼同志"等"罪状"共3款12项,掀起第二次倒孙风潮,要求免去孙中山的总理职务,并开除出会。

对此,黄兴极力进行抵制。黄兴在给孙中山的信中保证:"至东京事,陶等虽悍,弟当以身力拒之,毋以为忧。"并将章太炎说成是"神经病之人,疯人吃语"。黄兴、吴稚晖(曾与章太炎为爱国学社时同事,但因为"苏报案"等事,二人相互关系一直很紧张)等人旋即发起攻章浪潮,将章太炎和陶成章骂作"满洲鹰犬"、"革命党之罪人"。1910年1月,黄兴发表《章炳麟背叛革命党人之铁证》,骂章太炎为清政府特务、革命党之叛徒。

1910年2月,章太炎、陶成章宣布重建光复会,总部建在东京,彻底与同盟会决裂。章太炎虽为会长,但权力实际掌握在筹备光复会独立已久的副会长陶成章手中。

光复会分离了出去让孙中山深为不满,孙中山遂于当月将南洋、美国旧金山等地的新立的同盟分会改为"中华革命党"。

1911年,辛亥革命爆发。章太炎从东京致电陈其美,表态愿与孙中山回国一道图谋统一之策。孙中山回国后,亦以一句"不过偶于友谊小嫌",尽释前嫌。孙中山聘章太炎为总统府枢密顾问。在聘函中,孙中山评价他"撷百家之精微,为并世之仪表"。二人重逢后,相谈甚欢。不久,刘师培在四川被抓,章太炎立即奔走营救,总统府、教育部分别致电四川,指令保护。是年11月,他结束了长达5年的流亡生活,带领一众门下弟子,自日本神户坐船回国。对于章太炎的归来,代表同盟会立场的《民立报》不仅于16日发表了章太炎"回国返沪"的消息,而且极为友好地宣称:"章太炎,中国近代之大文豪,而亦革命家之巨子也。"

1912年1月14日,被梁启超誉为"坚苦刻厉"的"今之墨子"的陶成章被暗杀后,黄兴急电保护章太炎。章太炎认为此事应与孙中山有染,于是攻击陈其美的同时,也捎带了孙中山。5、6月,以激进著称的同盟会员戴季陶以笔名"天仇"在《民权报》上发表一系列文章,从《哀章炳麟》《该死的章炳麟》《杀》到《章炳麟非人》《水性扬花之人妖》等,持续不断地对章太炎破口大骂。

《民权报》之所以对革命元老章太炎恨之入骨,主要原因有两条:其一,章太炎"运动各界排斥同盟会";其二,认为章太炎投靠袁世凯,并且在袁面前"力诋孙、黄",是"阿权""朝东暮西"和"伪诈百出"。

其实,袁世凯窃据大总统后,章太炎与梁启超等都一度被其蒙骗,将拯救中国的希望寄托在这位窃国大盗身上,为之出谋划策,做了一些和孙中山的主张背道而驰的事情,如孙中山主张中华民国在南京建都,章太炎被袁世凯欺骗,力主在北京建都。章太炎的背道而驰,遭到了于右任等同盟会成员的攻击。

不久,刘师培投入袁世凯阵营,鼓吹复辟,被袁世凯任命为参政院参政,拜上大夫。

1913年3月20日,宋教仁被刺后,章太炎、孙中山、梁启超等均认识到了袁世凯的狼子野心。章太炎毅然辞去东三省筹边使一职,梁启超则撰写讨袁檄文,并指示弟子蔡锷回云南发兵讨袁。二次革命爆发后,章太炎执意冒险入京,要与袁世凯当面论理,"以大勋章作扇坠,临总统府之门,大诟袁世凯的包藏祸心",最终被软禁达三年之久。在章太炎被软禁期间,已经做好了死的准备,他在给妻子汤国梨的信中写道,"不死于清廷购捕之时,而死于民国告成之后,又何言哉!"当时章太炎他在七尺宣纸上篆书"速死"二字。

章太炎希望自己死后能与刘伯温地下为邻,以示敬仰。便写信给青田人杜志远,托他与刘伯温的后代商量,表达自己葬在青田刘伯温墓旁的愿望,刘家的后人同意了章太炎的请求。为自己选定了墓地后,章太炎手书"章太炎之墓"五个字,打算死后刻在自己的墓碑上,写完后寄给杜志远,便只求"速死"了。幸运的是,不久袁世凯称帝失败,太炎先生重获自由,亲选墓地和手书墓碑一事便作罢。

在袁世凯就任大总统的这段时期内,孙中山曾盛赞章太炎为"革命先觉,民国伟人",还曾与黄兴、蔡元培等人一起出席了他的婚礼。

袁世凯死后,章太炎尽管在政治主张上继续与孙中山、黄兴等人分分合合,但彼此的私人友谊却是重归于好了。1916 年 10 月 31 日,黄兴逝世后,章太炎在其追悼会上送挽联曰:"无公乃无民国,有史必有斯人。"1924 年,孙中山在北京病重期间,章太炎亲自开出医方,托人带去。1925 年 3 月,孙中山逝世后,章太炎赶往孙宅,参与治理后事。1927 年,国民政府定都南京后,章太炎自命"中华民国遗民",拒绝承认国民党的青天白日旗为国旗,采取不合作的态度。国民党迎孙中山灵柩至中山陵安葬时,章太炎写下的墓志铭,也未被蒋介石采用,只在墓碑上刻下"天下为公"四字。

1927 年前后,章太炎与素有怨隙的吴稚晖依然交恶,章士钊曾在他们之间进行调停。在吴稚晖成为蒋介石的红人后不久,蒋介石制造中山舰事件,篡夺北伐军领导权,攻占长沙。章太炎发表《讨蒋介石》通电反蒋:"蒋中正为赤俄之顺民,奉赤俄之政策,叛国反常。"

蒋介石发动"四·一二"大屠杀后,多次痛骂过蒋介石的章太炎被指名为第一号学阀,遭到国民党当局通缉。此后,晚年的章太炎与梁启超一样,逐渐放弃政治生涯,埋首书斋,还原了书生本色。

1936 年 6 月 14 日,章太炎临终时交代子孙莫做汉奸。病逝之前,曾回信给被他通电执行"自绝于国人,甘心于奴隶者"不抵抗政策的蒋介石,要他基于爱国主义,为了抗日必须容共。

4. 章门弟子

章太炎是近代杰出的革命家,也是在学术上很有造诣的著名学者。他在经学、哲学、文学、语言学、音韵学、文字学等多方面都有建树。

章太炎一生有两个比较集中的讲学期,一是 1908 年至 1911 年流亡日本期间,二是晚年退出政坛在无锡、上海、苏州等地教学。但其弟子最有成就者大多为日本的那批学生。曾被他晚年自信地戏封的几个弟子(封黄侃为天王,吴承仕为北王,汪东为东王,钱玄同为翼王,朱希祖为西王),也都是在日本期间收入门下的。

虽然章门弟子没有一个能全面继承章太炎衣钵的,但章太炎的革命性或者说是"叛逆性",却被他的大多数弟子继承了。

下面我们选几个章太炎最具代表性的弟子简单叙述一下。

1908 年 10 月,在留日青年学子的要求下,章太炎在东京成立"国学讲习会",教授国学。鲁迅与周作人、陈大齐、康宝忠、钱玄同、钱家治(钱学森之父)、刘文典、汪东、朱希祖、沈兼士、马幼渔、许寿裳、黄侃等慕名前往听讲,成为章太炎弟子。

章太炎与黄侃

章太炎与弟子黄侃,国学造诣都很精深,他们的学问被世人尊称为"章黄二学"。

1905 年黄侃经湖广总督张之洞推荐,进入日本早稻田大学读书。此后,黄侃与章太炎住在一幢楼内,但他并不认识住在楼下的章太炎。一天夜里,黄侃站在窗台上解小便,被楼下开着窗户正在看书的章太炎痛骂,黄侃不但不认错,反而予以回骂,经人劝阻双方才罢休。第二天,黄侃得知昨晚骂他的是大名鼎鼎的章太炎后,主动道歉。二人就这样成了朋友。不久,黄侃向章太炎请教怎样学习国学,章太炎给他推荐了几位国学学者,同时表示有机会自己也可以指导他。不料黄侃听后,当即就给章太炎叩头行拜师礼,成了章太炎门下的弟子。

1908 年,黄侃生母病重去世,其本人被清政府追捕,辗转到日本后,黄侃请苏曼殊绘"梦谒母坟图",并请章太炎题字后,将此图终生随身携带,一刻不离。

章太炎因反对袁世凯称帝被软禁后,在北大教书的黄侃冒着生命危险前往探视,还以"问学"为借口,经常晚上留下来伴宿,以宽解章太炎的愁闷。

黄侃一生傲慢,但始终以师礼待章太炎,极力维护他的声誉。章太炎也孤傲一世,但对黄侃的才华却刮目相看,章太炎戏封他为弟子当中的"天王"。

章太炎与钱玄同

钱玄同很受章太炎的倚重,在章太炎的所有弟子中,钱玄同协助老师做了不少事情,关系也最为密切。下面我们不妨详细介绍一下钱玄同的来历。

在民国初年新文化运动的诸位大师中,钱玄同的家世最为显赫。

1887 年 9 月 12 日,钱玄同出生于浙江吴兴的一个书香之家,曾取名怡,后受章太炎反清思想影响取名夏,字德潜,号疑古,五四运动时,改名玄同。

钱家是吴兴声名显赫的望族,始兴于钱玄同的伯父钱振伦。钱振伦不仅是清道光十八年(1838 年)间的进士,还是大学士、两代帝师(同治、光绪)翁同龢的姐夫。同治十年(1871 年),钱玄同的父亲钱振常与张佩纶、鲁迅的祖父周福清同榜高中进士,曾官至礼部主事。光绪八年(1882 年)钱振常辞官离京南归,辗转于江浙几个书院以教书为业,"治小学,能究文字之变迁。"在钱振常的门生中,就有后来著名的教育家蔡元培。

钱振常 62 岁时老来得子,生下第二个儿子钱玄同。

作为二公子的钱玄同,尽管备受家人的宠爱,但他从小就因为身体虚弱,而且不爱运动,生活习惯不好,一生都在忍受发寒热、神经衰弱、心血管疾病、视网膜炎等病痛的折磨,以至于他四十多岁时,走路就要依靠手杖了。钱玄同易烦躁、易激动、情绪化的性格和常年忍受病痛不无关系。

三岁时,钱玄同就在父亲的严格要求下,开始读书识字。11 岁时,精熟五经与《史记》等史书的钱玄同已被誉为"神童"。经学深湛的父亲的亲自教导,让钱玄同受益终生,钱玄同后来多次提及。

1898 年,钱玄同的父亲去世,长兄钱恂为他聘请塾师以继续学业;四年后,母亲也去世。此后钱恂就成了对他影响最大的家族成员。钱恂年长钱玄同 34 岁(其子钱稻孙与钱玄同同年出生,1912 年中华民国教育部的周树人、许寿裳、钱稻孙受命研拟国徽图案,钱稻孙成为中华民国国徽图案的绘制人,后叛变投靠日伪),是维新派的知名人士,早年曾在张之洞幕下奔走,先后担任过清政府驻日本和荷兰、意大利等欧洲各国大使,为晚清著名外交家。其夫人单士厘也是一位晚清奇女子。她以外交使节夫人身份,随同丈夫钱恂出国长达 10 年之久,迈着一双小脚遍游日本和欧洲各国,写下迄今为止所知的中国第一本女子出国游记——《癸卯旅行记》。她后来被称为中国妇女解放的一颗启明星。

1902年因为其母病故，一直在为科举考试作准备的钱玄同"丁忧"在身，依据旧制，只能放弃科考。1903年的"苏报案"爆发前后，章太炎和邹容等人的《驳康有为论革命书》、《革命军》、《浙江潮》、《汉声》、《警世钟》等文，像一枚枚巨型的炸弹，把反叛的种子种在了钱玄同的心底，促使钱玄同的思想发生了剧变，影响了他的一生。1905年，钱玄同在上海南洋中学读书期间，眼界大开，接触到了更多的新思想。1906年，钱玄同作为浙江省官派留学生赴日留学。在日本，对章太炎"极端地崇拜"的钱玄同，单独赶到《民报》社拜见了流亡日本的章太炎，不久又结识了刘师培等人。

钱玄同非常希望拜章太炎为师。在他的大力推动下，章太炎遂成立了国学讲习会。讲习会受到大家的欢迎，办得非常成功，聚集了黄侃、朱希祖、马裕藻、沈兼士、许寿裳、周树人兄弟等一大批留日学生，钱玄同由此结识了影响他一生的良师益友。而年龄最小，但异常活跃的钱玄同也给鲁迅等同学留下了很深刻的影响。

章太炎讲学时，钱玄同报名、听课都非常积极、认真。课余时间，章太炎常与学生们一起聊天，气氛很活跃，钱玄同兴奋得一会儿从榻榻米的这边爬到那边，一会儿又从榻榻米的那边爬到这边，鲁迅送他绰号："爬来爬去"。

钱玄同崇古之情很深，也深得章太炎古文经学之真传。钱玄同的崇古，有时候连章太炎也自叹不如。在章太炎教授下，本就很有家学渊源的钱玄同学问大长，成为章太炎最得意的弟子之一，而这段求学经历，对钱玄同后来的文学研究方向产生了决定性的影响。

在学业上，章太炎对钱玄同的影响可以说是最大的，在生活上，大哥钱恂对他的影响可以说也是最大的。无论是钱玄同在家乡读书，还是在日本留学，以及后来回国任职、任教，都得到了大量来自哥哥钱恂和嫂嫂单士厘的帮助。钱玄同留学日本时的费用就是他们给的，当他生病，嫂嫂还陪他去医院看病，忙前忙后地给他调药送食。

尽管钱玄同接受了"新文化"思想，提倡打破"长子为父"这样的"旧礼教"，但他对哥哥仍然是恭顺和敬畏的，并且为人处世等方面深受其影响。比如他曾经表示过不再行拜跪礼，但每到过年时他还是随哥哥一起去拜祖先。钱恂曾大量将当时西方的金融学、政治学等知识介绍到中国,但他最钟情的还是小学(指传统的汉语言文字学,内容包括三位一体的文字、音韵、训诂),钱玄同一生便在小学领域里成就卓著。钱玄同还和哥哥钱恂一样,经常说出一些耸人听闻的偏激言辞。1898 年,钱恂曾发表江浙等地被日本所割占是一大幸事的怪论,引起别人非议。钱玄同则更是离谱得一度发表"人到四十就该死,不死也该枪毙",得到鲁迅响应的废除汉字等极端主张也是他第一个提出的。另外,钱玄同的终身大事,也是由哥哥钱恂做主定下的。

偏执的人往往能够做出很大的贡献,钱玄同也是这样,他在文学研究领域与革命事业方面都发挥了不能被忽视的积极作用。

早在 1903 年,钱玄同读了章太炎《驳康有为论革命书》和邹容《革命军》后,就把革命看作是天经地义的事。1904 年,时年 17 岁的钱玄同剪掉辫子,同时,为响应梁启超等人向古文发起的挑战,与朋友一起创办《湖州白话报》半月刊,开始走上与满清王朝决裂之路。1906 年,在日本早稻田大学习期间,开始与章太炎等人交往,并于次年加入同盟会。

1910 年,钱玄同与章太炎、陶成章在东京创办白话文刊物《教育今语杂志》。不久回国执教于海宁,并逐渐成为冲击封建文化,宣扬新文化运动,提倡民主、科学的一员猛将。

1911 年,钱玄同受到吴兴老乡、今文经学大师崔适的影响,跟他学习今文经学。崔适和章太炎师出同门,均为俞樾弟子。这样,钱玄同既学习了古文经学,也学习了今文经学,对分别重视微言大义和史学名物的两派,进行了一次兼容并蓄的收纳。

1911 年辛亥革命后,钱玄同开始在《新青年》上倡导"文学革命"和文化教育改革,与胡适、陈独秀、李大钊、鲁迅等一起发起白话文运动、"国语运动"(包括统一国语、制定拼音文字、改古文为白话文等内容),并躬身力行,成为"文学革命"的主将之一和文化教育改革文字、音韵领域的权威人物。如 1918 年他主编了中国第一本白话文加注音符号的小学"国语"教科书并进行试教;与黎锦熙一起创办《国语周刊》,其后与黎锦熙、赵元任等制定的汉语拼音方案,成为现在汉语拼音的前身;负责最后审核吴稚晖等编写的《国音字典》;1934 年,完成的《第一批简体字表》,为建国后的文字改革奠定了基础;写就我国高等学校最早的音韵学教科书《文字学音篇》,培养了如茅盾、罗常培等一批杰出的学生。

1918年,《新青年》编辑部迁到北京后,至1919年,钱玄同与陈独秀、胡适、李大钊、沈尹默、刘复等人成为该杂志轮流编辑。《新青年》也在他的推动下,始用白话文出版,鲁迅的第一篇小说《狂人日记》,就是在他的鼓励下写成并发表在《新青年》上的。

钱玄同一生交游很广,与刘半农、章太炎、周作人、蔡元培、陈独秀、李大钊、胡适等人都结下了终生的友谊,但也与之前的同窗好友黄侃、鲁迅等人因为各种问题产生过矛盾。1926年,顾颉刚的《古史辨》出版后,引起了学术界的轰动。但鲁迅对"古史辨派"(大胆疑古的"古史辨派"包括胡适、钱玄同、顾颉刚等人)的观点是不赞同的,于是撰文进行了抨击。钱玄同与鲁迅的关系开始逐渐疏离,后来甚至发展到偶尔碰见也"默不与谈"的地步。1936年鲁迅病逝后,钱玄同写下《我对于周豫才君之追忆与略评》一文,道出鲁迅的三大长处和三个短处。钱玄同指出的鲁迅三大长处是:"治学最为谨严","绝无好名之心","有极犀利的眼光";三点短处是:"多疑、轻信和迁怒"。

日寇占领北京,大举入侵中国后,痛恨自己无力上阵杀敌的钱玄同坚守晚节,并恢复旧名"钱夏",以示抗敌不做顺民之意。1939年1月,钱玄同突患脑溢血逝世于北平,留下妻儿,一个人走了。

钱玄同的夫人名字叫徐婠贞。徐婠贞祖父徐树兰曾官至兵部郎中。徐树兰一生酷爱藏书,1903年他在绍兴建古越藏书楼之前,蔡元培曾受邀到徐家帮助校书。徐婠贞的父亲徐元钊曾是钱玄同的父亲钱振常龙山书院教书时的学生。

1904年冬,钱玄同由兄长钱恂做主与徐婠贞订婚。但对于这桩包办的旧式婚姻,钱玄同心里起初很不痛快,甚至新婚之夜还用"是夜难过,真平生罕受者"这样的语句来形容。尽管如此,钱玄同还是隐忍不发,没有做出任何造次之举。此后,在漫长的婚姻生活里,钱玄同与夫人之间一直保存着和睦的关系,他的好友、教育家黎锦熙后来无限钦佩地称钱玄同是"纲常名教中的完人",大概也多出于此。

1926年,徐婠贞被确诊为肿瘤,医疗费高昂,而且病情严重,一度被告知病危,但她在钱玄同和儿子们的精心照顾下,顽强地活到了1949年。1927

年，钱玄同在给胡适的信中透露了那"一年多以来，贫（我）病（我妻）交攻，心绪恶劣，神经衰弱"的生活状况，夫妻俩可以说是患难与共的。

钱玄同和徐婠贞生有六个子女（其中三个夭折）。钱玄同以做"新中国的新人物"为目标来培养他们。在这样的理念下，他努力让孩子们接受新式教育，让他们自己选择专业方向。

钱玄同开放开明的教育思想，对儿子们产生了重大的影响。几个孩子长大后都颇有作为，次子钱三强后来的成就和知名度甚至超过了乃父钱玄同。

1933 年的双十节，钱玄同以"从牛到爱"（要学习牛顿和爱因斯坦）四字题赠给正在清华大学读书的儿子钱三强。这四个字后来不仅成了钱三强的座右铭，也成了他墓志铭——刻在了他的墓碑上。

章太炎与鲁迅

鲁迅始终对章太炎怀有深深的敬意。鲁迅在去世的前十天里，先后写了《关于太炎先生二三事》、《因太炎先生想起的二三事》两篇文章，怀念老师，为他辩护。

章太炎抵日本后的第二年，鲁迅弃医从文，与陶成章、陈其美等革命党人交往渐频，开始结识章太炎。从 1908 年至 1909 年，约一年的时间里，鲁迅每周都到设在章太炎家里的"国学讲习所"特别班，与周作人、许寿裳、钱家治、钱玄同、朱宗莱、朱希祖等人，听章太炎讲《庄子》、《尔雅义疏》、《说文解字》、《文心雕龙》等课程。

据说，鲁迅与章太炎的魏晋风骨一脉相承。因为鲁迅在《坟》的《题记》和《集外集序言》里提及他早年"喜欢做怪句子和写古字"，是"受了章太炎先生的影响。后来虽然改做白话了，但偶作文言，亦仍保有魏晋风格。"

章太炎被袁世凯软禁期间，鲁迅也是常去探望。章太炎写下《庄子·天运》里的一段话赠给鲁迅："变化齐一，不主故常；在谷满谷，在坑满坑；涂郄守神，以物为量。"

鲁迅在章太炎身上学到的并不仅仅关于经学和小学的知识，章太炎的革命精神和人格魅力，对鲁迅一生的影响或许更大。起初，鲁迅不仅折服他渊博的学识及和蔼可亲的长者风度,更钦敬他的革命精神。但"五四"运动后,章先生慢慢落伍了,白话文运动多年后,他维护文言攻击白话,鲁迅素所敬重的老师"原是拉车的好身手",现在却"拉车屁股向后"了,怎么办?是尊师还是重道?鲁迅选择了后者,写了《趋时和复古》等文章,对章先生进行了尖锐批评。

章太炎去世后,鲁迅对老师给予了公正的评价。鲁迅在《关于太炎先生二三事》中这样写道:"我之所以知道中国有太炎先生,并非因为他的经学和小学,是为了他驳斥康有为和作邹容的《革命军》序,竟被监禁于上海的西牢。那时留日本的浙籍学生,正办杂志《浙江潮》,其中即载有先生狱中所作诗,却并不难懂。这使我感动,也至今并没有忘记……""前去听讲也在这时,但又并非因为他是学者,却为了他是有学问的革命家,所以直到现在,先生的音容笑貌,还在目前。""考其生平,以大勋章作扇坠,临总统府之门,大诟袁世凯的包藏祸心者,并世无第二人;七被追捕,三入牢狱,而革命之志,终不屈挠者,并世亦无第二人;这才是先哲的精神,后生的楷范。"

5."湘女多情,鄂女多音"

章太炎的第一桩婚姻,根据章氏自定年谱我们可以知道是发生在光绪十八年,他25岁的时候。不过章太炎的最初婚事有点奇怪——未娶妻先纳妾。究其原因,可能一方面是因为章太炎早年患癫痫病,没有哪家的大家闺秀愿意嫁给他,只好与自家丫鬟王氏拜了天地,另一方面是因为章太炎对王氏没有特别的好感,希望以后娶更中意的女子为妻。

章太炎与王氏结婚后,共生下三个女儿。1903年,章太炎32岁的时候,王氏就亡故了。此后十余年间,章太炎倾心于革命事业,对儿女情长之事淡然处之,何况他四处奔波,多次避难海外,也一直没有时间和精力考虑再娶,再者符合章太炎内心择偶标准的女子,也不是那么容易找到的。一直到45岁那年,章太炎才在朋友们的劝说下,登了一则征婚启事,其条件是:"鄂女为限;大家闺秀;文理通顺;夫妻自由平等;夫死可改嫁,不合可离婚"。

这则启事一出,立即引起轰动。章太炎为什么要找湖北女子为妻呢?

一说是章太炎认为"鄂地首义之区，女子亦殊不凡"；另外一说是章太炎曾回答袁世凯关于这个的提问道："湘女多情，鄂女多音。湖北人语音之中，保存着许多古音，而本人正是研究古音的，若有鄂女应征，自当结秦晋之好。"也可能是两者兼而有之。

老友蔡元培看到启事后，将上海神州女学校长才女汤国梨介绍给了章太炎。于是，章太炎在孙中山先生的秘书长张通典等人的帮助下，开始与时年30岁的汤国梨书信往来，展开了爱情攻势。其实，汤国梨是浙江乌镇人，并非鄂女，只是年幼时曾在鄂地生活过两年。

1913年6月，章太炎在朋友的帮助下，送了汤国梨四件金饰为信物。6月15日，与汤国梨在上海哈同花园举行了婚礼，孙中山、黄兴、陈其美等二百余人到场，证婚人蔡元培。

之后章太炎在苏州买下了自己一生唯一的一处房产，与妻子终老于此。

就在章太炎结婚后不久，就传出袁世凯要做皇帝，要改称国号为洪宪帝国的消息。为了劝阻袁世凯，刚刚新婚后约一个月的章太炎不顾众人劝阻，告别妻子与黎元洪等人，从上海赶到北京，遭袁世凯软禁。

章太炎被困期间屡求速死，并且绝食以示抗议，鲁迅等曾予以劝止。

章太炎被囚禁后，刚刚新婚的汤国梨四处求救。这时，袁世凯"为谋久羁先生，乃诱胁其接眷入京"，还派人千方百计诱使汤国梨移家北京，被汤国梨识破。不久，章太炎长女自杀，章太炎悲痛欲绝，两度绝食。

在章太炎被囚的三年时间里，汤国梨一边写信安慰与鼓励丈夫，一边找徐世昌和黎元洪等求援。

1917年4月，汤国梨和章太炎先生的长子出生后，章太炎不及照顾妻儿，随孙中山南下广州成立护法军政府，任护法军秘书长。对此，深明大义的汤国梨没有任何抱怨，只说他是一个"有国无家"的人。

日本占领东三省后，对国民党感到失望的章太炎与汤国梨定居苏州，夫妻联袂，创办"章氏国学讲习会"，汤国梨担任教务长。此后，二人夫唱妇随，厮守在一起20余年。

1936年章太炎病逝后，汤国梨继续着章太炎的教育事业。1980年，汤国梨去世。

6. 亦儒亦侠，章太炎的"喜怒哀乐"

章太炎卒逝时，有一挽联是"经学驾唐宋而上；其人在儒侠之间"。写出了章太炎学术成就和为人性格的一面。章太炎学问虽博大精深，但脾气古怪、个性乖张，故有"章疯子"之称。

"笼中何所有，四顾吐长舌"，这是章太炎用以自嘲的诗句。回头来看，他的几次"疯颠"原因各异，但都反映了狂狷率性、爱国忧民的名士风骨。

章太炎的疯是出了名的，癫是出了名的，狂也是出了名的，而他的味道又远远不止于疯、癫、狂三项。他的学问淹通博洽，造诣精深，是灵光岿然的国学大师，那些著作，绝非普通疯子所能结撰。但他更喜欢别人称他为革命家，只要前脚迈出书斋，说话行事，他就恣睢放纵，常常会做出些令"高级食肉动物"极端头痛和难以收场的事情。他有包天巨胆，不怕杀头，不怕坐牢，想鸣就鸣，想吼就吼，想骂就骂，想咒就咒。

不过，章太炎虽"疯"，却总体现的是铮铮铁骨、浩浩正气。

1906年7月15日，章太炎在东京留学生欢迎会上发表演说时称："我是有神经病，而且听见说我疯颠，说我有神经病的话，倒反格外高兴。为什么缘故呢？大凡非常可怪的议论，不是神经病人，断不能想，就能想也不敢说。说了以后，遇着艰难困苦的时候，不是神经病人，断不能百折不回，孤行己意。所以古来有大学问成大事业的，必得有神经病才能做到……为这缘故，兄弟承认自己有神经病；也愿诸位同志，人人个个，都有一两分的神经病。"

章太炎的癫也是很猛的。在"中国议会"成立大会上，章太炎除了对该会宗旨猛烈抨击外，还当众剪去辫子扬长而去，连会议也不参加。要知道，清政府当时虽已摇摇欲坠，但毕竟专制大棒还在手，政权还在握。难怪众人被他吓得目瞪口呆。

章太炎的狂更是前无古人后无来者。章太炎对梁启超不屑一顾，认为其"有一字能人史耶？"而他对自己却毫不谦虚，"吾死以后，中夏文化亦亡矣。"

有一次章太炎想难为梁启超一下，出个上联："今古三更生：中垒、北江、南海。"历史上有3个人起名"更生"，一个是汉朝的刘向，本名更生，官至中垒校尉；一个是清代的洪亮吉，世称北江先生，他曾经被发配充军，后即自号更生；另一个就是梁启超的老师康有为，世称南海先生，变法失败后流亡国外，改名更生。梁启超想了半天，也对不上来，问章太炎下联是什么，不料章太炎自己也对不出。

尽管学问很大，但章太炎在别的方面却很健忘，甚至连自己的家庭住址也记不住。在上海有一次坐人力车，对车夫说回家，却说不清家在哪里，结果满大街转了几个时辰，由家里派出许多人才找到他。

章太炎是一个性情直率之人，学生们对此很了解，所以尽管他有不少怪癖之行为，他还是获得了学生们的爱戴。鲁迅晚年在给朋友的信中说，尽管不赞成老师的某些办事，如大骂白话文、与军阀们周旋等，不过若再见面，还要执礼甚恭，主要是佩服他的学问与人格。他爱惜人才表现得最充分的是对待刘师培（字申叔）之态度。刘师培 19 岁时即中举，20 岁参加会试失败，在上海结识了章太炎、蔡元培，从此参加革命。在国学方面，他与章太炎并称"二叔"（章太炎字枚叔）。章太炎认为刘之学问是"千载一遇"，推崇备至。章太炎的学生周作人曾回忆说，章先生勤奋好学的精神给他留下很深印象。章氏在东京时，为了更好地进行革命宣传，在大量阅读东西方书籍的同时，还订出学习梵文之计划，为的是研究佛经印度哲学。一天，他与鲁迅忽然接到先生的信，是邀请他们去听梵文课的。他如约到智度寺，发现报到的只有章太炎先生和他两人。1936 年，章太炎身体已很虚弱，但他仍然坚持讲学。有时气喘发作，饭也不能吃，他还要去上课。夫人劝他，他说："饭可不食，书仍要讲。"6 月初的一天，他在院内散步时，突然昏倒，从此卧床不起，15 天后逝世，终年 67 岁。他留给家人的遗嘱只有两句："设有异族入主中夏，世世子孙毋食其官禄。"

章太炎一生孤鲠，半世佯狂，其胆色才情是一般书生难以望其项背的。

鲁迅：
寄意寒星荃不察，我以我血荐轩辕

> 鲁迅，他是中国历代书生中的第一剑客，他侠肝义胆，坚定刚烈；他铁骨铮铮，横眉冷对；他投笔如剑，所向披靡！
>
> 据传有一位外国人曾这样说中国——中国只有两个半人：一个是鲁迅，一个是毛泽东，还有半个是蒋介石。且不论这句话是否有道理，但是我们不能否认的是——作为一介书生的鲁迅在那个动荡的岁月，对中国的深刻影响力。

1. 少年乡谊与兄弟情

他出身于官宦之家，他的亲祖父曾是晚清翰林院官员与江西金溪县知县，他们家族从明朝万历年间就已经生活得相当不错。延续了几百年小康生活与人丁兴旺的书香门第，最终孕育出了一位世界级文学大师。

他一共兄弟三人（老四因病夭折）：老大周树人（即鲁迅），老二周作人，老三周建人。作为老大的周树人，自出生之日起就背负了家庭里长辈们的厚望，而伴随着这种厚望而来的就是周围人的关心与疼爱——鲁迅，就是在这样的环境下与他的兄弟们一起长大。

鲁迅在7岁正式进学之前有过两位老师：叔祖周玉田和（周）子京公公。

周玉田学识不错，平日也较为淡泊；子京公公文理不通却醉心功名富贵，科举失败之后因为精神失常而死。子京公公的凄惨遭遇给鲁迅留下了深深的印象，小说《白光》就是以他为故事和人物原型创作。两位截然不同的前辈师长给鲁迅的人生启迪必然是刻骨铭心的，而对他们的怀念也必然是超越时空的。

7岁那年，鲁迅进了绍兴很有声望的书塾——三味书屋，书屋的主人是以学识渊博、德高望重之隐士风范为世人称道的寿镜吾老先生（他因看透当时贪官污吏当道，立志决不同流合污，不仅自己身体力行，他还把儿子锁在房内，不许他参加科举，后来儿子逃出一考中举做了县令，老先生坚决不要儿子的银子，每每大骂其是不听话的畜生），在鲁迅的眼里寿镜吾老先生是一位"极方正、质朴、博学的人"。在三味书屋，鲁迅不仅接受了系统完善的传统文化教育，也潜移默化地"遗传"了老先生"耿直方正"的品格，不仅仅如此，鲁迅更是青出于蓝而胜于蓝，他发扬了这种"耿直方正"的品格，不到猛辣犀利、尖刻刺骨决不罢休！

寿镜吾老先生生活简朴，注重礼节，很有魏晋名士风采；他设立的教规也很严格，甚至是很严厉，稍有越矩，则被呵斥。虽然戒尺是有的，但是体罚却不常有，即便体罚，也不过轻轻几下，足见其所望也厚，其爱犊之情也深。贤哉良师，教人不可忘怀！

师者，于学生的人格影响在第一，于学生学问的飞速进步在其次。鲁迅的学识，后来全在于自修，而鲁迅的风骨，惟有三味书屋铸其魂。

那时，兄弟三人都非常爱看带图画的书，因为不能随时在课堂上来看，但课下或者家里看看总还是可以的——有一次，父亲发现了他们在偷偷看那类画书，不仅没有骂他们，父亲自己也似乎很有兴趣地翻阅了一会儿，最后把书还给了他们。

他们三兄弟合作描画，把《西厢记》、《东周列国志》、《野菜谱》、《诗中画》、《海仙画谱》、《海上名人画谱》等等，从头到尾地画完了以后，一册册地装订好。因为太爱这些图画书了，三兄弟几乎花完了他们所有的零用钱。这种合买图书、合作描画与收藏的过程，使三兄弟之间的亲密程度达到了一般家庭的孩子们难以达到的高度。三兄弟的少年时结下的情谊也深深地影响了他们每个人的人生走向。

也许是喝过出身贫困的奶娘——庆太娘的乳汁的原因，鲁迅从小就无少爷习气，一生都对穷苦人充满了同情。在屠家小店有一位外号叫"豆腐西施"的老板娘——宝林大娘每年都要出面筹款，在她家小店附近搭戏台，请卖唱的女人去唱花调。宝林大娘有一个被称为宝姑娘的女儿，从小就被许给位于深山里的一家远亲，但宝姑娘本人并不愿意，因此男方闹到抢婚，宝姑娘被抢走后又被抢回来，几经周折才得以解除婚约，可是经过这样一闹，闹得满城风雨，宝姑娘名声受损，从此躲在家里，不敢出门见人，没有几年便郁郁而终，一命呜呼了。曾几何时也是"豆腐西施"家小店门外花戏小看客的鲁迅，后来在《祝福》里所写到的祥林嫂，就有这位宝姑娘的影子——相似的遭遇，一样的凄惨结局。

那一年，鲁迅将近八十岁的曾祖母去世，因为是家族里最为年长的人去世，所以丧事办得很隆重，从天津赶回来奔丧的祖父，单单在路上就花了一个月的时间。彼时正值年关，人手缺乏，家里请了短工章福庆来帮忙，一起来的还有他的儿子名叫运水的，也进了城来玩。鲁迅那年十二、三岁，运水比他大两三岁；"紫色的圆脸，头戴一顶小毡帽，颈上套一个明晃晃的银项圈"，这少年便是鲁迅小说《故乡》里的闰土了。

少年的鲁迅对年纪相仿、乡下来的运水，一见如故、相见恨晚：运水满肚子的稀奇事物，深深地打动了鲁迅年少的心，深深地勾起了他对那神秘、离奇、有趣的农村生活的无尽向往与好奇；而鲁迅作为周家"少爷"的毫无门第之见，平起平坐的一副不耻下问的讨教模样，也使运水闭塞的内心不由得为之敞开。少年密友最为难忘，就存在于相互的这一片纯真之间。

"相见时难别亦难"，他们都曾为了这份友谊洒下过男儿的热泪，然而现实似乎永远是残酷的，他们终归于分道扬镳，天渊相隔。在鲁迅的笔下我们看见这位与他情投意合的默契的朋友，曾使得他在一段时间里整日思念，天天期盼相见。然而，这份友谊最后在鲁迅的内心深处定格成了这样一副美妙的画——"深蓝的天空中挂着一轮金黄的圆月，下面是海边的沙地，都种着一望无际的碧绿的西瓜。其间有一个十一二岁的少年，项带银圈，手捏一柄钢叉，向一匹猹尽力地刺去……"

关于故乡，除了寿镜吾老先生，也许运水就是鲁迅最为怀念的人了吧！

时过境迁，二十几年以后，等到鲁迅回到故乡处理举家北迁的事情，再次与运水相见时,那种隔膜分明已经难以消除了——一见面,满脸皱纹的,一副农村老头子模样的运水不再像少年时那样与他很亲热地打招呼了,而是卑怯地叫了他一声——"老爷"!

有时候,痛心,是一副"清醒药",它使鲁迅深刻地思考制造这种悲剧的社会悲哀所在。带着周家赠送的好几样物用,带着和"少年闰土"拥有相似模样打扮的儿子,运水走了。他的这一走,也永远地带走了鲁迅少年时的美好憧憬,不过,这样的别离在鲁迅的心里却也并不是只有悲哀,因为这种悲哀只能让鲁迅更加沉默而有力地战斗!

不过,与亲兄弟之间相比,与运水的交往都是更加短暂和片断化的。因为,周家三兄弟之间的命运是休戚相关,患难与共的。他们有过一起寄人篱下的经历(祖父犯案被抓时,他们躲进了舅舅家),他们有过一起共同玩耍、共同学习、共同成长的时候,他们甚至有过不为人知的兄弟一起"上阵"的时刻——有位绰号叫"武秀才"的家伙欺负过三味书屋的几个同学,为了打抱不平,鲁迅曾怀揣腰刀准备要教训他!

三兄弟自小听话懂事,彼此从来没有什么大的矛盾与争闹,而且都有进取心。祖父坐牢与父亲去世后,家境日下,鲁迅渐渐感到了家族长辈们的不待见,就连玉田公公也因为一点事情就对他加以呵斥。于是,鲁迅逃离了家乡,考入了南京的新式学校。这时,二弟跟着祖父在杭州读书,三弟因为身体不好,在家自修。兄弟之间于是常常诗文互答,互相激励,互通消息,戚戚然感情弥深。后来二弟考入南京水师学堂,与大哥的陆师学堂所在距离不远,二人经常步行互访,有景同游、有书同读,甚是相得。

1902年鲁迅从陆师学堂毕业以后,获得公费留学资格,东渡去了日本。在日本,鲁迅接受了新的生活,积极追求进步,入学第一年就剪掉了辫子,成为了当时他所在的江南班级中的第一人。

一年后,鲁迅回国探亲,二弟周作人闻讯从南京赶回家,三弟周建人也正在家中,三兄弟共聚在母亲的膝下,不过此时的三兄弟都已经是颇有思想的青年了。

三兄弟昼夜相谈,难分难舍。

鲁迅告诉二弟,一定要等待机会,设法去日本留学。看着两位哥哥都是壮志在胸的样子,三弟周建人也非常希望出去求学,他也为此做了很多的准备工作。可是在这最后的关头，母亲却哭了，母亲对他说：你们都走了，那我怎么办呢？

显然这多少有些出乎三弟周建人的理解，因为前面的两位哥哥都自由地高飞了。周建人一开始还在劝说母亲想开点，但是母亲却不肯放他走。虽然周建人也想陪着母亲相依为命，为她减少孤单的痛苦，但是他的内心依然是那么不甘心！

对此，两位哥哥都沉默了，他们都知道这个疙瘩的难解。最后，大哥这样告诉三弟：你如果留在家里，一面可以自修，一面可以料理家务，照顾母亲，母亲可以放心，我们在外面也可以放心。以后我们学成回国，我们兄弟还在一起生活，挣钱一起花，永远不分家。

对此，三弟依然是有苦难言的。他在内心深处是不希望让别人来养活的。他最后沉默了。

经过两位哥哥一起琢磨，三弟获得了一个新名字——"周建人"。三弟高兴地接受了，从此他以这个名字开始了他的"新生活"。显然，这是三弟人生的一个巨大的转折点，而在这个转折点上，我们看到的是他的牺牲。

在一个淫雨霏霏的午后，兄弟在河岸边分手道别：一个去日本，一个去金陵，一个回家。

1906 年，因为母亲的一再催促，鲁迅迫于无奈回家与朱安完婚。此时二弟刚刚获得公费出国留学的机会，所以婚后第四天，内心抑郁的鲁迅便带着二弟周作人一起乘船去了日本。

到了日本以后，兄弟二人住在一起，生活与学业上彼此都得到亲密的照应。在很长的一段时间内，兄弟二人因为大量买书而变得穷困潦倒，内心却不亦乐乎。二弟似乎应该更加逍遥自在，因为生活上的琐事基本都由大哥悉数代办，照顾得很妥帖。

为了得到筹办文学杂志的资金，兄弟二人密切合作，翻译了很多英文和俄文的著作。鲁迅擅长俄文，偏爱短篇小说，而周作人擅长英文，偏爱中长篇小说。这段时间，二人思想相近，共同奋斗，成就斐然，可以说这是中国翻译界的一段佳话。

为了照顾老家母亲与三弟的拮据生活，也为了让婚后的二弟能够继续完成学业，鲁迅放弃了继续深造的计划，开始了回国教书的生涯。然而在苦苦支撑了一段时间后,他的薪资实在难以支付两处的开支。二者舍其一,鲁迅只能选择让"乐不思蜀"的二弟回国工作。一切都那么无奈,二弟最后无奈地放弃了他眼中的"第二故乡"——日本。其实,这时周建人也开始工作了,不过薪资相对来说却少得可怜。

不久,在绍兴发生了一件有趣的喜事——周建人与其二嫂的妹妹相识并结婚,就是说中国的兄弟俩娶了日本的姐妹俩,所以这不能不说是绍兴一桩罕见的喜事。

因为对家乡以及整个南方教育的失望,鲁迅北上到了北京。之后,鲁迅为二弟谋得了在北大担任文科教授的工作。三弟则继续留在绍兴工作。

很快,在北京任职的兄弟二人,在新文化运动和新旧论战中共同作战,他们的才华因为得到充分的释放而获得了巨大的声誉,也逐渐奠定了他们在中国文学批评史上的地位。

鲁迅和周作人在文学事业上取得巨大成就的同时,也获得了颇丰的稿费收入,使他们举家北迁成为了可能。1919 年,经过近一年的准备,鲁迅独自一人完成了在北京八道湾买房的壮举(其中也独自借了一些钱),兄弟三人等全家十三口人于当年年底搬了进这个很大的宅院——显然,大哥在兑现和实现当初对三弟说的"一家人永远不分家"的许诺与梦想。

安定的家庭生活使鲁迅与周作人在文学上取得了更大的成就。鲁迅迎来了人生中的创作最高峰,他的代表作《故乡》、《阿 Q 正传》等就是在这一时期完成。

然而,人生难料,岁月如梭,时间到了 1923 年的某一天,鲁迅与周作人的关系骤然间发生变故——到了无话可说,甚至是仇人相见分外眼红的地步(此前约一年左右,三弟周建人因为不愿意被二位哥哥养活已经离开八道湾,独自去了上海)。纵观古今,兄弟阋于墙的事情数不胜数,不料却也发生在如此亲密的兄弟二人身上。

到底是什么原因造成了他们二人的不和?这是一个迷,任何的试图的解答都没有确凿的证据,因为当事人都没有任何明确的书面说法,所以人们只能停留于猜测。然而,即便是猜测,我们也需要一个较为准确的谜底,其中最有可能的是因为——周作人的日本老婆是一个不折不扣的悍妇,而周作人又自小就比较懦弱,所以他在悍妇跟前一直唯唯诺诺、偏听偏信;而这个日本女人平时花钱大手大脚,特别爱摆阔,弄得鲁迅常常还要靠借钱来维持整个大家庭的开支(鲁迅的所有薪水都是交给他的二弟媳处理的),时间久了,鲁迅自然要说她几句,然而不料这个日本女人怀恨在心,竟然对周作人说大哥要非礼她。周作人大怒之下,当即写信与大哥绝交,兄弟二人一生就此断绝来往。对比当初兄弟三人北上同居一院其乐融融的情形,此时此刻是何其悲哀。

大哥就是大哥,被打被驱逐的大哥鲁迅最后一言不发地独自退出了自己掏腰包购买的八道湾的院落,除了书和少数生活衣物等,什么都没有带走。在他看来二弟只是犯"糊涂"、犯"迂"了而已——不过,这种突然的打击使得鲁迅过早地添了许多白发——我们不难想象,这样的伤害对鲁迅是多么残酷!

有一点需要提到的是,从在日本留学时候开始一直到二人失和,鲁迅与周作人发表的文章和小说的署名经常是不分彼此的,以致后来产生了一点小分歧。二人失和后,笔名才完全区别开来。不过,即使闹得狗血喷头,其后二人仍然在某些方面保持了一些合作,如创办《语丝》和应对某些激烈的论战等。

然而不久,在时局动荡,生计维持出现困难的情况下,鲁迅不得不去南方的广州、上海等地的高校教书,其间与许广平结婚,并成为了南方革命的先锋战士和革命旗帜——这些都遭到了周作人的攻击。尽管不在北京了,大哥鲁迅直到去世甚至在去世后都在直接或者间接地照顾着三弟的生活和事业发展,同时仍然会每个月给二弟汇钱——这些用心良苦的努力,也许只有某些"糊涂"的人会视而不见。

周作人的"糊涂"确实是他的朋友们所见怪不怪的。周作人性格天生冷漠,平时不喜欢说话,常常给人一种距离感。无论在私下,还是在公开场合,他都把自己的亲生母亲喊成是"鲁迅的母亲"、"他的母亲"。他的一些朋友如叶公超等,对此感觉非常刺耳,表示难以理解。1936 年 10 月,北大召开的鲁迅悼念会上,老舍听见周作人这样公开称呼自己的母亲,非常反感地说:连自己的母亲都不认,更何况国家!果然,周作人最后拒绝了一些朋友劝他离开北平一起南下的好意,投靠了日本侵略者。

2. 鲁迅与至交知己许寿裳："同声相应,同气相求"

鲁迅给人的印象似乎总是太过严肃而不容易亲近的,可是,当你真正走近他,你就会被鲁迅的忠厚与善良所感动;他一生有过很多"敌人",但却几乎没有一个真正的"私敌",他的一生不乏朋友在身边环绕,更不乏至交知己,而他所引以为至交的,大多为忠厚、正直、笃实之人,如许寿裳、范爱农、台静农、曹聚仁等人。

许寿裳,性格忠厚,是鲁迅的绍兴同乡。鲁迅与许寿裳相识于异国他乡,相知于意气风发的青年时期。他们是一见如故的同班同学,他们纯洁的友谊保持了一生一世,他被认为是鲁迅的第一至交。

1902 年,鲁迅东渡扶桑以后,辗转进了日本宏文书院学习。许寿裳因为与鲁迅同是浙江人而被编排在同一个班里。

那时,他们都是指点江山、激扬文字的有志青年,他们一见如故,他们反感于那些整天跳舞游荡的某些贵族同学,经常聚集在一起讨论中国民族性、中国的积弱、中国如何进步、理想的人性、古今中西的文化等问题。在日本期间,他们一起撰文写稿创办《浙江潮》杂志,一起报名学习柔道,一起学习俄文,一起剪辫子,一起参加反抗各种压迫的活动……学成回国后,他们同在一个学堂教书,又一同在教育部工作。

长期在一起的学习、生活和工作经历,让他们成为了交往时间最长,关系最亲密的至交好友,可谓是家事国事天下事,彼此关心,几无隔阂。用许寿裳自己的话来说,他与鲁迅"'同声相应,同气相求',在东京订交的时候,便有缟带纻衣之情,从此互相关怀,不异于骨肉"(《鲁迅的思想与生活》,许寿裳)。

纵观他们的一生,他们为对方伸出援手、相互帮助的例子不胜枚举。

有一次,许寿裳在为杂志投稿时,想换一个笔名,正在左右为难时,鲁迅经过思虑后建议他用"毓其",许寿裳欣然予以采纳。

在日本留学时,许寿裳是《浙江潮》的主要编辑,鲁迅则作为杂志的撰稿人,既为杂志补充了稿源,同时自己也得到了稿费收入。

1909 年,鲁迅从日本留学回国前需要找工作时,他给在浙江省两级师范学堂担任教务长的许寿裳写信,让许寿裳帮忙为他联系工作,许寿裳把鲁迅推荐给校长沈钧儒,沈钧儒表示热烈欢迎——鲁迅由此得到了他在国内的第一份工作。

同年 11 月,当许寿裳被学校的新任校长无理压制时,鲁迅挺身而出,站在斗争的最前列,鲁迅被校长骂为"拼命三郎"。同样,后来,鲁迅在北京著名的"女师大"一案中,许寿裳同样与鲁迅站在一起,生死与共。

1934 年,当许寿裳女儿生病时,鲁迅殚精竭虑亲自打理,将侄女视为己出——"倾奉到十二月五日惠函,备悉种种。世瑒来就医时,正值弟亦隔日必赴医院,同道而去,于时间及体力,并无特别耗损,务希勿以为意。之语诊金及药费,则因与医生甚熟,例不即付,每月之末,即开帐来取"。

1935 年鲁迅为了出席许寿裳女儿在上海举行的婚礼,把正在抓紧翻译书稿的工作也停了下来。

如此以上种种足以看出鲁迅与许寿裳情同手足、历久弥香的友谊之深厚。如果说二人真正算得是异性兄弟,估计没有人会反对,所以谁能说许寿裳不是鲁迅的第一至交呢?

鲁迅逝世后第二年,许寿裳与周作人共同编撰《鲁迅年谱》,此后,他一直是鲁迅学说传播最有力者之一,坚定地维护鲁迅在文学和社会进步发展中的作用和地位。许广平先生为许寿裳先生的《亡友鲁迅印象记》所撰写的《读后记》中写到:"回忆是不轻的沉痛。幸而许先生能在沉痛中淘尽出一些真材实料,为我辈后生小子所不知不见。"——对于许寿裳的贡献深表认可。

1946 年夏,许寿裳应留日同学、同乡、台湾省行政长官陈仪邀请,任台湾编译馆馆长、台湾大学教授等职,在各种场合经常批评国民党所主导的法西斯教育改革。1948 年 2 月 18 日,现代著名教育家、传记文学作家、一代民国耆宿、常被鲁迅担忧的"老实有余,机变不足"的至交老友——许寿裳于台大宿舍被匪徒杀害。

斯人逝去,江河不返,唯有那彼此高山流水般的友谊将成为永远流传的佳话,令人敬仰,使人向往。

3. 鲁迅与范爱农的纠葛

鲁迅绍兴同乡、光复会成员范爱农，字斯年，名肇基。其人家境贫寒，性情率直，在与鲁迅的交往中，从一开始的彼此有所芥蒂，到最后成为至交好友，其间颇具戏剧性。他给鲁迅留下了不可磨灭的印象，他也是鲁迅最怀念的不多的几个人之一。

芥蒂之始：在日本留学时，一日，鲁迅与同学一起去接新到日本留学的同乡。

"汽船一到，看见一大堆，大概一共有十多人，一上岸便将行李放到税关上去候查检，关吏在衣箱中翻来翻去，忽然翻出一双绣花的弓鞋来，便放下公事，拿着仔细地看。我很不满，心里想，这些鸟男人，怎么带这东西来呢。自己不注意，那时也许就摇了摇头。检验完毕，在客店小坐之后，即须上火车。不料这一群读书人又在客车上让起坐位来了，甲要乙坐在这位子，乙要丙去坐，做揖未终，火车已开，车身一摇，即刻跌倒了三四个。我那时也很不满，暗地里想：连火车上的坐位，他们也要分出尊卑来……自己不注意，也许又摇了摇头"。不想，鲁迅的摇头都被范爱农他们这一群新生看在眼里，这第一回相见的不投机给他们留下了不好的印象，所以令范爱农他们深为不满。

而接下来，讨论安徽巡抚恩铭被刺杀一事，芥蒂则更加深了。鲁迅发言主张发电声明，但他话未说完，就被一个人粗鲁地打断了："杀的杀掉了，死的死掉了，还发什么屁电报呢。"

鲁迅循声望去，发现"这是一个高大身材，长头发，眼球白多黑少的人，看人总像在渺视。他蹲在席子上，我发言大抵就反对；我早觉得奇怪，注意着他的了，到这时才打听别人：说这话的是谁呢，有那么冷？认识的人告诉我说：他叫范爱农，是徐伯荪的学生。"

范爱农一直与鲁迅针锋相对，鲁迅不明就里，认为他是故意作对，所以自然也很愤怒："从此我总觉得这范爱农离奇，而且很可恶。天下可恶的人，当初以为是满人，这时才知道还在其次；第一倒是范爱农。中国不革命则已，要革命，首先就必须将范爱农除去。"

然而岁月如梭,他们谁也想不到他们芥蒂是那么简单地就消散了。

自从鲁迅与范爱农闹得彼此心存芥蒂,不欢而散后,二人从此好几年再也不曾见面,直到1911年春,二人在绍兴街上却偶然迎面碰见。也许是因为原先就有很深印象的原因,他们很快相互都认出了对方,不约而同道出了对方的名字,不约而同地相视一笑。这让人想起鲁迅的著名诗句"渡尽劫波兄弟在,相逢一笑泯恩仇"。大凡心地善良、心胸坦荡的人,在遇见过去的对手时才能够坦然地笑起来吧!

毕竟不是以往的年轻鲁莽了,沧桑过后,同学同乡之情谊尚在。当他们坐下来聊起了过往的不快时,心态都是平和的,而且发现原来过去的一切皆有缘由。而到这时鲁迅方才知道,在他当初迎接的"一群里,还有后来在安徽战死的陈伯平烈士,被害的马宗汉烈士;被囚在黑狱里,到革命后才见天日而身上永带着匪刑的伤痕的也还有一两人"。"茫无所知"的鲁迅,就这样"摇着头将他们一并运上东京了";一向崇尚革命,同情革命的鲁迅,就这样让这些革命英雄们"讨厌"起自己来。此时,鲁迅在内心深深地后悔自己当初的无知与武断了。

而眼前这位已经生了白发的、"穿着很旧的布马褂,破布鞋,显得很寒素"的、历尽磨难的同学,则让鲁迅深感同情,恰巧的是,此时的鲁迅也满怀苦闷地赋闲在家。所以,他们很快成为了相谈甚欢的谈伴和酒逢知己千杯少的酒友。范爱农每次进城,必来找鲁迅喝酒。如此一来,彼此渐渐熟透了,感情也在与日俱增。是啊!在家乡绍兴,他们还有哪个可以与之把酒言欢,相互鼓励的呢!

辛亥革命后,鲁迅被王金发任命为师范学堂的监督,范爱农为监学。不久,鲁迅又由许寿裳引见到了南京民国教育部任职。可是,当鲁迅再从南京赶往北京的时候,工作勤恳的范爱农的学监一职却"被孔教会会长设法去掉了"。此后范爱农生活日益拮据,在日子难以为继的时候,他不断地写信给鲁迅,在信里他反复言辞激愤地论及世事和凄苦地诉说生活的艰难,希望鲁迅能够帮他联系一份工作。然而,心有余而力不足的鲁迅虽然很想帮忙,却一直找不到机会——那时鲁迅也是很不得志地在沉默的压抑中生活着。就这样,不久的一天,鲁迅就忽然听说醉后的范爱农"掉在水里,淹死了"。

鲁迅凭着直觉,怀疑范爱农是自杀,不相信他会淹死,"因为他是凫水的好手",之所以这样说,可能是因为没有能够帮助范爱农摆脱困境而产生的一种自责心理的表现。所以,无论是不是自杀,鲁迅肯定都会觉得自己对不起这位好朋友,对不起那些见了他"摇头"的革命战士们!

心情憋闷的鲁迅几日里寝食不安,最后写下《哀范君三章》以悼念这位好友:

"风雨飘摇日,余怀范爱农。华颠萎寥落,白眼看鸡虫。世味秋茶苦,人间直道穷。奈何三月别,竟而失畸躬!"

"海草国门碧,多年老异乡。狐狸方去穴,桃偶已登场。故里寒云恶,炎天凛夜长。独沉清冷水,能否涤愁肠?"

"把酒论当世,先生小酒人。大圜犹酩酊,微醉自沉沦。此别成终古,从兹绝绪言。故人云散尽,我亦等轻尘!"

4. 烈火青春:瞿秋白、方志敏、郁达夫与鲁迅

瞿秋白、方志敏、郁达夫,三个在中国近现代历史上响当当的名字,在与鲁迅的生命中也存在着难以回避的交集之处。他们有的和鲁迅相交不多,有的和鲁迅只有一面之缘,有的和鲁迅甚至素未谋面。尽管他们不是与鲁迅常来常往的好友,但他们却是与鲁迅互为志同道合、心灵默契的知音。

然而,这样的几个人在鲁迅的眼里却并不是几个人,他们代表的是一个群体,一个爱国的有着红色背影的群体。这个群体里的人们,在那个白色的岁月里,在不同的时间、不同的地点,不约而同地从烈火中向鲁迅身边聚拢。他们把他们生命里最大的信任交给鲁迅保管,他们把他们想说最知心的话告诉给鲁迅。在他们的心里,鲁迅就是他们的精神领袖,他们在鲁迅那里可以找到浇灌和滋润他们的纯洁、坚定、乐观的理想之甘泉。

1932 年的一天,鲁迅在上海的家中迎接了一位稀客,这位稀客不是别人,正是被王明等人开除了中央领导职务,到上海调养身体、治疗肺病的瞿秋白。

对这样的一位稀客,鲁迅款待他就如遇见久别重逢后的亲人,鲁迅满腹

衷肠，似乎有万千言语等着想要与他诉说。而女主人许广平则还记得她在女师大做学生时，所见到的被请去做讲演的瞿秋白的样子，但此时的瞿秋白看起来显得更加"沉着稳重"了。

鲁迅和瞿秋白之间的谈话，是那种亲人相见后的无话不及，小到个人日常生活、彼此的遭遇，大到文学领域的情况，你来我往，对话热烈，绵绵不已，直欲彻夜长谈，只恨时间太匆匆。

瞿秋白留学过苏联，精通俄文、英文，对中国文言也颇有根底，而马列主义理论更加充实和发展了他的独到新颖的文学

鲁迅与瞿秋白（徐悲鸿画）

见解。瞿秋白言语通达，思想精深，甚为鲁迅尊敬。这一回相见，让鲁迅深感意犹未尽，所以在内心非常渴望再次相会。

是年9月，鲁迅一家特意上门拜访瞿秋白。寒暄之后，瞿秋白就在书桌旁边开始向他们讨教关于他正在研究的中国语言文字学方面的问题，由此，整个上午的"谈话主题就放在他所写的文字方案的改革上了"——作为一党的领袖，还有心思研究起语言问题，我们固然可以说他有文学天赋，但我们也可以想见当时瞿秋白在遭到排挤后心情的抑郁——做这样的研究，无疑是故意在给自己注射一种精神的麻醉剂，借此或许暂时能够得到一时的平静。

在四处躲避的日子里，瞿秋白深知自己随时都有可能牺牲。他一共到鲁迅家避难过三次。后来，他曾托人买了一盒玩具赠给鲁迅的孩子，只希望自己牺牲后，后生们还能够记得他。

《鲁迅日记》中记录了瞿秋白在1933年2月间的第二次到家中避难的部分情形。

那时萧伯纳初到中国，宋庆龄作为东道主在私宅内专门设宴欢迎他的到来，被邀请同席的除了鲁迅，还有斯沫特列女士、杨杏佛、林语堂等，主宾一共七人。

鲁迅回到家后，把宴会的情况对瞿秋白复述了一番。鲁迅和瞿秋白都觉得萧伯纳到中国来，只见了这几个人，痛感中国报刊报导得太慢太少。为了纪念萧伯纳的这次中国之行和表示对萧伯纳的重视，鲁迅夫妇和瞿秋白夫妇立即分头行动，把各大小报摊有报导此事的刊物都细细搜罗了一番，再把报导中需要的部分圈定下来，然后剪贴下来，"连夜编辑，鲁迅写序"，几乎在一夜之间就完成了《萧伯纳在上海》一书。

这样的合作还有不少，瞿秋白还曾以鲁迅的笔名创作了一些文学作品——瞿秋白的才思敏捷，连鲁迅也深感惊叹。

然而，两人这样的紧密合作与和谐相处毕竟是短暂的。为了安全起见，瞿秋白不得不四处搬迁。这样的情形让鲁迅深感到焦虑，常常"为之寝食不安"，深深"感觉到少不了这样的朋友，这样的具有正义感的，具有真理的光芒照射着人们的人"。

1934 年初，瞿秋白离开上海去江西中央革命根据地，临行前到鲁迅家中叙别。晚上，鲁迅"让出床铺给秋白同志睡，自己宁可在地板上临时搭个睡铺"。1935 年，瞿秋白被敌人捉去后，鲁迅竭力设法营救，然而不久却传来了瞿秋白被害的消息（两度担任中国共产党最高领导人的瞿秋白，在福建长汀县被国民党军逮捕，6 月 18 日慷慨就义，时年 36 岁）。鲁迅痛苦得以至于很长时间"连执笔写作也振作不起来了"。

"人生得一知己足矣，斯世当以同怀视之。"——这是鲁迅赠给瞿秋白的一句诗。

生于 1899 年的瞿秋白，在出身上，与鲁迅一样都是出身于破落的地主官僚家庭，二人有着相似的家庭背景与生活经历，而这种相似的经历造就了他们相似的性格与气质。对于革命，他们在内心都有着某种道义上的认同和某种现实上的彷徨；在文坛上，对于鲁迅来说，瞿秋白不仅是一位才思敏捷、学识精深的后起之秀，更是他的一位知己和战友（瞿秋白是唯一一位同时被毛泽东视为他的"老领导"、知己和老师的人）；瞿秋白曾对鲁迅发表过最为客观，最为及时，最为有力的历史性评价，给鲁迅以强大的精神支持和战斗援助；在生死与共，进行革命活动的过程中，他们彼此都从对方的身上汲取了大量的精神财富。

或许是由于瞿秋白与鲁迅有过这段短暂的合作与切磋，瞿秋白深刻认识到自己的天赋和真正擅长的是文学领域而非搞政治，自己偏于柔弱的本性只适合做个文人，而不是做个能够经历腥风血雨考验的政治家。自知时日无多的瞿秋白，在狱中拖着病弱之躯以书生的悲剧情怀和革命者的勇气写出了《多余的话》一书。在书中，瞿秋白直面自己的内心，毫不伪饰地把自己的灵魂展示给世界。

此后，很多人特别是共产党内对《多余的话》里的消极情绪普遍持批评态度。但鲁迅仍然义无反顾地抱病编校瞿秋白的译文集，亲自撰写出版广告，完成后交内山完造将书稿寄到日本印制，以实际行动来向这位知音表达敬意与祭奠。

鲁迅和瞿秋白肝胆相照、生死与共的友谊，在中国近代革命史和文学史上，谱写了光彩夺目的传奇诗章。

与瞿秋白和鲁迅有过生死之交不同的是，方志敏虽然与鲁迅相交不多，却也是可以把他和鲁迅以知己论的一位彼此默契的好朋友。尽管方志敏与鲁迅的交往交结的种种情况，众说纷纭，一团迷雾，但是谁也不能抹杀的是，他们二人之间的交往已经成为了旷世传奇。而成就这一传奇的则来自于一篇妇孺皆知的不朽奇文——《可爱的中国》。

说起《可爱的中国》与方志敏和鲁迅的交往情形，近几十年来在学术界颇有争议。有人对方志敏为什么要把自己写的一些重要文章交给一个无党派的人士，以及方志敏是否和鲁迅有过直接接触，还有方志敏与鲁迅的交往的历史过程到底是怎么样的等一些问题，提出过这样和那样的推理，一时怀疑与被怀疑，知情人与非知情人，争论不已，闹得不可开交。那么，方志敏与鲁迅的人生契合点、历史契合点与精神契合点究竟在哪里呢？

方志敏与瞿秋白是同龄人，都生于 1899 年。从年纪的层面来说，他们都算是鲁迅的后生晚辈了，事实上，他们也一直把鲁迅当作一位长者加以尊敬。然而，这也并不只是对待一个长者的那般的尊敬，这其中甚至还有可能带着部分崇拜的成分。因为，在他们看来，鲁迅相当于是他们的精神之父。当他们还在孜孜不倦地在学校学习时，鲁迅已经是革命文坛上的旗手和领军人物了；他们就是读着鲁迅的充满战斗与批评精神的文学作品成长起来的；他们是在读着鲁迅文章的过程中，开始了对革命学问与文学的探索，做出了参加革命斗争的选择。他们与鲁迅在精神上高度契合，他们之所以走上革命的道路,可能有部分是受到了鲁迅的感染与启示。

然而,具体方志敏是如何与鲁迅结识的,众说纷纭,一直是个迷。也许,作为文学爱好者的方志敏并非像方志纯(方志敏堂弟)说的那样——方志敏"在上海时","结识了鲁迅";也许,方志敏曾经在地下斗争的其他时刻认识了鲁迅;也许,方志敏作为学生时,就曾经私下里独自去拜访过鲁迅;也许,方志敏根本就从来没有见过鲁迅,也许……太多的也许,但所有这些也许,都不妨方志敏把鲁迅当作一个可以完全信赖、可以倾诉衷肠的朋友知己和前辈长者;所有这些,都不妨方志敏把鲁迅当做一个可以交托生命、并肩作战的革命导师和革命战友。

据与鲁迅关系非常密切的共产党员冯雪峰(方志敏著名的《可爱的中国》就是在 1936 年传到冯雪峰手中的)回忆,方志敏在狱中给鲁迅写过一封信,但鲁迅先生"看过后就把它烧掉了"。《胡风回忆录》(胡风在上海时任中国左翼作家联盟宣传部长,与鲁迅常有来往)中说此信的"内容是要求鲁迅请孙夫人宋庆龄向蒋介石保释他出来"。

无论方志敏在狱中是否给鲁迅写过信,无论方志敏有没有把他在生命的最后一百多天里写的《可爱的中国》、《清贫》、《狱中纪实》等十几万字文稿交给鲁迅,我们谁也不能否认的是——他们之间的信赖可能是毫无条件的,人与人之间最美好的信任,甚至可能就发生在这样的两个从来没有见过的人之间。若要什么他们之间交往的佐证,可能所有的证据只是来自于他们对于共同信念的追求而已。更何况,鲁迅先生一直以来都是旗帜鲜明的同情革命与支持革命的人,他对他曾经帮助过的很多革命者的名字,可能连他自己也想不起来了,或者不需要、不能够,甚至是根本就不想记下他们的名字。据许广平先生回忆:"解放后,我见到一些负责同志时,他们说曾到过我们家里,是为秋白同志去的,这才知道是他来过了。许多党内同志也说见过鲁迅,或说到过我家。但那时是铁的纪律要紧,我们从不问人姓名和地址。"一个典型的例证便是——开国大将陈赓到上海养伤时就曾经与鲁迅有过两次谋面(《陈赓大事记》)。当时交通已经相当便利,倏忽之间的会见,可能根本就没有什么当事人、见证人留下任何笔录,让后人去印征。

历史的细节不可能被完全捕捉,正如呼啸而过的风再也不可被追踪。但是,留在心间的那惊心动魄的感觉,此刻寻思起来却还是与那时那刻一样清晰。

鲁迅不是一个人在战斗，鲁迅从不孤独。在鲁迅披荆斩棘的革命文学道路上，还有一位如同一颗硕大明亮的文学之星不时地出现在他的左右，此人就是被后人称作"20世纪最富才华最具个性最有民族气节的文人之一"的郁达夫。

郁达夫，出生于1896年12月，原名郁文，字达夫，浙江富阳（现属杭州市）人，中国现代著名小说家、散文家、诗人。其代表作《故都的秋》等被作为范文选入高中教材。

除了都是浙江人外，郁达夫与鲁迅有着较为相似的人生轨迹：都曾在日本留学，都曾经任职北大，都选择了文字作为一生的事业，都在革命文学阵营里独当一面、独具一格而又相互欣赏。

郁达夫在文学领域具有很高的天赋。1921年6月，年仅25岁的郁达夫与郭沫若、成仿吾、田汉等人在东京酝酿成立了新文学团体创造社。几个月后，出版我国现代文学史上第一部短篇小说集《沉沦》，在当时引起轰动，一举成名。从此郁达夫多产而高质量的创作不断引起世人的关注，很快便奠定了他在新文学运动中的重要地位。

1927年初，声名远播的郁达夫来到上海，不久便结识了鲁迅。1928年，他在鲁迅的支持下，主编《大众文艺》，并且开始了很紧密的文学合作，如合编《奔流》月刊等。对于鲁迅、郁达夫这一对文坛密友，曹丕在《典论·论文》中所言的"文人相轻"法则，之于他们却毫不适用。他们之间的友情在现代中国文坛一度被传为佳话，他们之所以会成为至交，不仅仅因为他们有相似的经历，也不仅仅因为他们都是性情真挚之人，彼此能够真实做人，真诚以待，更是因为两人都是深具社会责任感、爱国热情高涨的作家，因此能够在革命文坛上，互相理解，携手并进，同生死共患难，拼尽全力促进中国文学革命和革命文学事业的发展。

鲁迅赠郁达夫诗

对于处于论战中心遭受"论敌"饱和式攻击的鲁迅,郁达夫一直奋不顾身地捍卫着鲁迅这面大旗于不倒——对鲁迅的人格和见识,郁达夫说:"至于我对鲁迅哩,也是无恩无怨,不过对他的人格,我是素来知道,对他的作品,我也有一定的见解。我总以为作品的深刻老练而论,他总是中国作家中的第一人者,我从前是这样想,现在也这样想,将来总也不会变的。"对于鲁迅的杂文笔力,郁达夫评价:"能以寸铁杀人,一刀见血!"对于被"群盲竭尽蚍蜉力"进行恶意诋毁的鲁迅小说,郁达夫以"不废江河万古"对"群盲"表示不屑,同时对鲁迅的小说给予高度肯定。而鲁迅也对郁达夫的才华极其欣赏——1936年,美国记者斯诺采访鲁迅时,问五四以来中国最优秀的小说作者有谁,鲁迅说了八个人,其中就有郁达夫。

改革开放以来,热爱鲁迅的人们常常援引一段名言反击那些恶意贬损鲁迅形象的不良思潮:"没有伟大的人物出现的民族,是世界上最可怜的生物之群;有了伟大的人物,而不知拥护、爱戴、崇仰的国家,是没有希望的奴隶之邦。"这段文字便是出自郁达夫的《怀鲁迅》一文。

郁郁不得志,不被世人理解的郁达夫在一些人的眼里是个离经叛道、放浪形骸的人,以至于招来胡适、梁实秋等人的痛斥,然而对理解他的人(如鲁迅、郭沫若等人)来说,他所有的言行,不过是因为他的性情直率和反抗旧封建思想的一种夸张式的体现而已。

人都说自古才子总多情,郁达夫自然也不例外。纵观郁达夫如同流星一般的生命过程,与他在身体和心灵的轨迹上有过交叉的中外女子当以数十计。然而,在所有的这些女子之中,有一个对郁达夫影响最深的女子,这就是在当时被人们传颂为"天下女子数苏杭,苏杭女子数映霞"的"杭州第一美人"王映霞。

1927年,31岁的郁达夫在上海朋友的家中邂逅了19岁的王映霞,郁达夫一见倾心,随即便展开连番的进攻,在不知道熬了多少个不眠之夜后,送出了不知道多少封情书后,在摆了一连串的真真假假、虚虚实实的龙门迷幻阵后,1928年2月,郁达夫终于得偿所愿,"抱得美人归"——正式完婚!才子佳人,喜结良缘,轰动一时。当时柳亚子赠诗郁达夫,以一句"富春江上神仙侣"对他们的结合表达了无限的羡慕与祝福。可是,他们的幸福似乎并没有维持得天长地久。郁达夫很快察觉,他的"第一美人"的身边仍然还有一些赶也赶不走的追求者，这其中包括权倾天下的军统戴笠和浙江教育厅厅长许绍棣。所以，他们婚后在上海日子并不安宁，这主要是因为军统头子戴笠明目张胆地不断骚扰。为躲避戴笠，郁达夫与王映霞决定移居到杭州生活。对于这件事，鲁迅是不赞同的，为此还特写了《阻郁达夫移家杭州》一诗。诗的大意是告知郁达夫，隐居杭州也未必是良策，还不如离开杭州，搬迁到更远，更为辽阔的远方——戴笠触及不到之处，去过自由的生活。

可是，鲁迅先生的建议，没有被他们采纳。在所谓的"证据"——"来杭养病"的戴笠频频造访家中，以及看到了一封许绍棣写给自己老婆的情书之后，怀疑与盛怒之下郁达夫爆发了，从此夫妻感情日下，一发不可收拾，终以离婚之悲剧告终。1938年，郁达夫带着妻子赴新加坡主编《星洲日报》，1940年与王映霞离婚。

1942年郁达夫流亡苏门答腊，因为他会日语，不久被当地日本宪兵强迫去当翻译。在做翻译期间暗中保护了不少仁人志士和华侨，并获悉了日本宪兵的许多罪行，这招至了杀身之祸——1945年9月17日被日本宪兵秘密杀害，以至于连尸骨也无处找寻。

郁达夫性格刚烈，崇尚气节。他多次直面痛斥日本侵华暴行，并且表示，即使做不成文天祥、陆秀夫，也要做伯夷、叔齐。并赋诗"松树梅花各耐寒，心坚如石此盟磐。首阳薇蕨钟山菽，不信人间一饱难"以明志。

郁达夫曾说人们"把鲁迅的死，看作了日本侵略中国的具体事件之一"，那么他用自己的死来控诉了日本侵略亚洲的永远不能更改的事实。

1952年经中共中央人民政府批准，郁达夫被追认为革命烈士。

5. 鲁迅与他的日本朋友

提起鲁迅的日本朋友，也许很多人自然会想起《朝花夕拾》中的那篇被选入初中教科书的散文《藤野先生》。其实，藤野严九郎先生只是一个对中国人没有什么偏见的、比较客观的、教书育人的学者，尽管他曾经帮助过留学时代的鲁迅，但他并不了解鲁迅，鲁迅对他也只是怀着一种对待良师般的感激之情。纵观鲁迅一生，与他交往并且保持良好关系的日本朋友，据说有包括增田涉、鹿地亘、杉本勇乘等在内的五、六十人之多，其中，与鲁迅关系最为密切的当属内山完造。

实事求是地说，内山完造与鲁迅是真正的生死之交。

内山完造（1885 年—1959 年），日本岗山人。1913 年，20 多岁的内山完造作为日本商家外派人员来到中国，在上海一住就是 35 年。起初在上海推销药品，兼售基督教福音书。1916 内山完造回日本与美喜子结婚后，携夫人一起到了上海。

1917 年"结实而矮的"内山完造以妻子美喜子的名义在虹口开设内山书店，销售图书包括基督教的福音书、日文与中文书籍。书店经营后期，还大量出售包括马列著作在内的诸多在当时被禁售的书籍，其中包括代售的鲁迅自费出版的《铁流》等进步文学读物。20 世纪 30 年代的上海，很多中国书店里面买不到的书，内山书店有卖；中国书店不敢销售的书，内山书店也能卖。所以，书店的顾客除了日本人外，还吸引了很多中国的知识分子和青年学生前来光顾。

在内山书店中，书籍都是公开陈列的，读者可以随手翻阅，店堂里摆着长椅和桌子，读者可以在那里坐下纵情看书。在书店外的人行道上，还免费向过往行人供应茶水。内山书店店内所有书籍，不管金额大小，包括中国人在内的任何国籍的读者都可以进行赊账购书——这样的做法无论是在当时看来，还是放到现在来看，都实在是令人叹为观止的。内山完造本人对中国人也非常友好、和善，一点都没有当时日本人的盛气凌人的态度，内山完造因此赢得了很多中国人的信任和尊敬。其间，内山就结识了不少当时在中国文化界名声卓著的进步人士，并与不少人结下了深厚的友谊，其中就包括如鲁迅、郭沫若、田汉等。

1927 年，鲁迅入住虹口后，开始与内山完造相识。从此，两人来往密切，内山书店也从此在鲁迅的生命里写下了浓墨重彩、无法回避的一笔。从 1927 年 10 月他首次去内山书店到 1936 年逝世时止，约九年间，他去内山书店达五百多次，平均几乎每个星期都要去一趟，购书共达千册，平均一个月就好几部。

内山书店不仅是鲁迅主要的购书场所，也是鲁迅著作代理发行店，还是鲁迅躲避国民党追捕通缉的秘密住所，以及鲁迅接待秘密客人的地方，甚至成为了中共地下组织的联络站——北平与东北地下党等转给鲁迅的信、方志敏在狱中写给党中央的报告等都由内山书店转交。内山完造为中国的进步力量，特别是文化进步力量做了很多事。他多次掩护、营救一些进步作家，"左联五烈士"（指 1931 年 2 月 7 日被国民党反动派同时杀害的柔石、胡也频、殷夫、李伟森、冯铿五位左翼革命作家）被捕后，曾四次掩护鲁迅避难，也曾为遭通缉的郭沫若、陶行知提供避居之所，周建人、许广平、夏丏尊等人被捕，亦经他营救获释。

从鲁迅的书信以及许广平、唐弢、阿累等人的回忆文章可以看到，鲁迅生前在上海的写作之余会常常到内山书店坐坐，了解书籍销售情况，会见朋友等。鲁迅去世后，内山完造是治丧委员会委员；抗战后，内山完造是在日本推介鲁迅的第一人，曾多次到中国凭吊鲁迅墓。1959 年 9 月 20 日内山完造在北京协和医院病逝，根据其遗言安葬在上海万国公墓，与鲁迅永久为伴。

鲁迅还有另外两个比较重要的日本朋友，一个是增田涉，一个是鹿地亘。

增田涉（1903 年—1977 年），日本岛根人，中国文学研究家。1931 年，经由内山完造的介绍，开始与鲁迅交往。不过，从鲁迅的日记和他们的通信来看，鲁迅完全把增田涉看作是自己的异国学生。若说鲁迅有一个最喜爱的日本学生，那么则非增田涉莫属。

鲁迅亲自给增田涉解读《中国小说史略》，帮助其阅读一些文学作品。增田涉还经常到鲁迅家里吃饭，喝酒。1931 年，鲁迅为回国的增田涉写了《送增田涉君归国》一诗相赠："扶桑正是秋光好，枫叶如丹照嫩寒。却折垂杨送归客，心随东棹忆华年"。回国后的增田涉每月至少要给鲁迅写两封信，请教问题。鲁迅则见信必复。从 1932 年 1 月至 1936 年鲁迅去世，鲁迅总共给增田涉写了约六十封信。他们在信中不仅谈文学，还聊家庭生活等事，鲁迅寄了几张海婴的照片给增田涉，增田涉也几次把儿子、女儿的照片寄给鲁迅。鲁迅去世后，增田涉成为日本研究鲁迅的权威，著有《鲁迅传》等。

鲁迅还有一个重要的日本朋友是鹿地亘。鹿地亘（1903 年—1982 年），本名濑口贡，日本小说家、翻译家，东京帝国大学毕业。他积极参加日本无产阶级文艺运动,是日本无产阶级艺术联盟的骨干人物。"九一八"事变后,他发表了许多反战言论,因此被日本当局逮捕,1936 年 1 月,刚出狱不久的鹿地亘和夫人池田幸子到了上海,开始了他在中国的抗日反战宣传斗争,后组织成立"在华日本人反战同盟"。

在上海,他也是由内山完造先生介绍与鲁迅相识,两人一见如故,成为至交。鲁迅去世后,鹿地亘在鲁迅先生的学生胡风等人的帮助下,先后翻译了鲁迅的《坟》、《野草》、《华盖集》、《续华盖集》、《而已集》、《二心集》等作品。1945 年国共谈判期间,毛泽东在重庆桂园接见了鹿地亘夫妇,毛泽东高度肯定并且感谢了他们为中国人民的抗战所做出的贡献。

6. "横眉冷对",鲁迅笔下的黑名单里都有谁

"横眉冷对千夫指"出自鲁迅《自嘲》一诗,其由来在 1932 年 10 月 12 日的《鲁迅日记》里有记载:"午后,为柳亚子书一条幅云:(略)。达夫赏饭,闲人打油,偷得半联,添成一律以请之。"全诗即:

> 运交华盖欲何求,未敢翻身已碰头。
>
> 破帽遮颜过闹市,漏船载酒泛中流。
>
> 横眉冷对千夫指,俯首甘为孺子牛。
>
> 躲进小楼成一统,管他冬夏与春秋。

在鲁迅的创作生涯里,他倾注了大部分的精力进行杂文创作,为我们留下了六百多篇、上百万字的珍贵作品。鲁迅的杂文具有透辟的思想洞察力、锐利的文化批判力和强烈的艺术感染力,通过不拘一格的形式,以及寓热情于冷峻之中的文笔,抨击了时政、鞭挞了习俗、揭示了生活的哲理,开创了现代杂文的新风——"鲁迅风",成为中国近代杂文史中最为著名的一份子,影响了一代又一代的杂文作者。鲁迅的杂文在中国的思想史和文学史上树起了一座最为高大壮观的丰碑。

在我们研究历史,研究鲁迅的杂文的时候,我们无法回避的是那时政坛与文坛的硝烟,因为鲁迅的杂文造诣正是在各种论战中,在各种评议中产生并且不断得以提高、升华,直至登峰造极之境。

关于敌人，古希腊哲学家安提西尼曾经说过："重视你的敌人，因为他们最先发现你的错误"；爱尔兰哲学家埃德蒙·伯克说："同我们角斗的对手强健了我们的筋骨，磨炼了我们的技巧，我们的对手就是我人的帮手"；《变形记》作者弗兰兹·卡夫卡说："真正的对手会灌输给你大量的勇气"；藏族有谚语："认识了毒草，等于找到了良药一剂；看清了敌人，等于找到了一位老师"……所以一个真正的强者应该感谢他们的敌人，向他的敌人学习，跟他的敌人较量，而不是徒然无力地抱怨命运的不公。而鲁迅就是生活中的一位智者和强者，他"敢于直面惨淡的人生，敢于正视淋漓的鲜血"，作为思想战士的鲁迅，其战斗的精神和意志令对手不仅望而生畏，同时也让他们肃然起敬。在战斗中，鲁迅是"哀痛者"，因为他不希望看到中国社会有那么多的愚昧、野蛮、残酷、令人感到愁苦的事情存在或者一直存在下去，他的希望是有朝一日国人的觉悟、觉醒与自强，永远不要做奴性十足的"观客"；在战斗中，鲁迅也是"幸福者"，因为战斗对手们锻造了他钢铁般的意志，练就了他"如匕首，似投枪"，"如千军万马"般所向披靡的笔力。可以说，是论敌和对手成就了"鲁迅"，没有那个时代和那个时代下的论敌，就没有鲁迅文学；可以说，鲁迅并非是一个作为单纯个体的"人"，而是一种思想高度，是一种精神境界，从这个意义上面来说，鲁迅没有"私敌"，他与所有的所谓的"敌人"和"对手"，只不过是进行着一场思想高度和精神高度光明正大的比量或者说是较量。佛门尚且有"斗法"，更何况在"佛门净地"之外？

那么，我们现在就这样的心态来看看究竟有哪些人曾经与鲁迅有过在当时具有一定影响力的"斗法"吧！

鲁迅一生中唯一一场官司

1925 年的北京，发生了一桩轰动一时的大案。在这个案件中，不仅两个主角都是当时的"名流"——一个是鲁迅，一个是章士钊，而且他们还是上下级的关系——鲁迅是教育部的一个科长，章士钊是教育部部长——这是那个时代少见的"民告官"案件。

章士钊是中国近代史上赫赫有名的人物，他与袁世凯、段祺瑞、孙中山、黄兴、陈独秀、毛泽东等人都有交往，在孙中山的广州军政府当过秘书长（孙中山非常欣赏和推崇他,赞他"行严矫矫如云中之鹤,苍苍如山上之松,革命得此人,可谓万山皆响"),在段祺瑞的执政府当过司法总长、教育总长,新中国成立以后曾任全国人大常委等,他在早年和后来都做过许多值得称道的事情,但是我们在中学课文《论"费厄泼赖"应该缓行》中读到的那个"落水狗",指的就是他。

案件起因:女师大(北京女子师范大学的简称)风潮。

1923年,应好友——女师大首任校长毛邦伟之邀,鲁迅做了女师大的兼职教师。其时,鲁迅正式的本职工作是教育部社会教育司的佥事(相当于现在的科长)。

1924年,教育部任命杨荫榆出任女师大校长。关于杨荫榆,她的侄女,钱钟书的夫人杨绛女士曾说她多年在国外苦读,没看见国内的革命浪潮,不了解国内的情形,这样的背景导致她一心只强调学风,反对学生涉足政治。然而,那时的学生经过五四运动的启迪,曾经长期以来被封建制度束缚的女性,思想都已经活跃起来,她们信奉和追求自由,热爱国家,关心世界,如果要对她们实行封建家长式的教育,那只能是妄想。

1924年秋季开学,杨荫榆粗暴地勒令3个未能按时返校的学生退学,引发了女师大学生的义愤,爆发了声势浩大的"驱杨运动",群起告状,声明不认可她的校长地位,要教育部撤校长的职,此事一直闹到1925年春天,双方仍然相持不下。鲁迅等人也参与其中。

鲁迅一开始对这件事并不怎么关注,依旧每周照常去女师大上课,下课铃一响,便挟起包回家,不做过多评论。担心局势失控的教育部一度表示可以考虑撤换杨荫榆。孰料,到1925年5月,女师大的学潮激化起来,这源于看重杨荫榆的章士钊于4月以教育总长到任,他以司法总长兼任教育总长的身份公开支持女师大校长杨荫榆整顿校风,接着杨荫榆粗暴地一举开除许广平、刘和珍等六名学生自治会干部,然后是段祺瑞发布恫吓性的命令。

一方面是柔弱的女学生,一方面却是从校长到总长最后到总理,恃强凌弱到了这个地步,让很多有正义感的教员都看不下去了。鲁迅采取了合法的斗争方式,只做些代学生草拟教育部呈文和发表宣言之类的事,也就在这个时候,鲁迅和女师大的学生许广平等人开始来往,通信日渐频繁,好感逐渐加深。鲁迅一度公开表态支持女师大学生,随后又联络其他一些教员,联名反对杨荫榆，这才有了鲁迅、沈尹默、钱玄同等七教员共同发表《对于北京女子师范大学风潮宣言》反对杨荫榆的做法。

从支持杨荫榆的章士钊那一面，几位向来就有点看不惯鲁迅的教授立刻就有了反应，如陈西滢等人转弯抹角地讽刺他挑动学潮。然而接下来，在与各大学校的广大师生的对抗中，杨荫榆等颓势难挽。章士钊最后没有办法，只得无奈地让杨荫榆走人。

不过，章士钊依然认为女师大的学生们啸聚男生，蔑视长上，礼教全荒，在国务会议上主张停办女师大，另外成立国立女子大学。刚刚平静的风波再次波涛汹涌起来。

鲁迅等6名女师大教师反对改组，宣布成立"女子师范大学校务维持委员会"，鲁迅出任校务维持委员会委员兼总务主任。

对于这样的情况，章士钊来了个釜底抽薪之计。8月12日，章士钊给临时执政的段祺瑞呈送了一个免去鲁迅职位的公函，大意说：我们教育部的周树人，在我们教育部下令停办女师大之后，纠合党徒，附和女生，倡设校务维持会，充任委员，违法抗令。我们需要将他免职，以示惩戒云（章士钊在"以示惩戒"之后，打了一个括弧，宣称免鲁迅职还缺少"高等文官惩戒委员会核议"，他们稍后再补办，以完备法律手续）。因此，在教育部干了14年的鲁迅遭到撤职，接着在教育部的会议上，甚至还有人提议不发鲁迅被解职以前的薪水，要从经济上打击他，以断绝鲁迅的生活来源。

对此，鲁迅非常愤怒，他的好友加同事许寿裳和齐寿山也愤而辞职支持他的反抗。鲁迅一面连续写出大量的杂文（他在这一年写下的杂文中，差不多有一半是在和他们打笔仗），猛烈地还击陈西滢，一面自己拟好状子，向法院控告章士钊的"违法"之举。就论战的笔力而言，如陈西滢那般教授根本不是鲁迅的对手，所以不多久，陈西滢的朋友徐志摩就出来调解，要求双方"带住"，不过鲁迅认为他们是在"串戏"，写了《我还不能"带住"》一文给予回击。

从当时有法律效力的《文官惩戒条例》和《文官保障法草案》来看，当时文官分为四种九等，除特任官外，第一、二等为简任官，第三至五等为荐任官，第六至九等为委任官，鲁迅属荐任官。根据当时的惩戒制度，文官的惩戒处分分为褫职、降等、减俸、申诫、记过五种。其中受褫职处分者，其期限为二年以上，六年以下，在此期间，不得复任。但惩戒须按一定的程序：荐任官属于各部或各省各级行政官署或直隶于各部总长者，各该长官认为其有应付惩戒之行为时，须备文声叙事由，草拟一个阐明事实和理由的惩戒文书，按照程序上报，交给高等文官惩戒委员会审查通过才可照准。但是段祺瑞却在收到章士钊呈送公函的当天，没有走那个程序就立即下令照准。这也难怪鲁迅为什么会交30元诉讼费给平政院，状告章士钊。准确地说，不是状告章士钊，而是章士钊领导下的教育部及所属政府。

在法庭，鲁迅不谈自己的行为是不是不当，该不该被开除，而是牢牢抓住"补办"这两个字大做文章，指控教育部"程序违法"，因为未经法定程序就免他的职是对《文官惩戒条例》和《文官保障法草案》的无视和亵渎。

对此，章士钊以教育部的名义辩解说，当时女师大形势危急，"深恐群相效尤"，如果不采取处分鲁迅的果断措施，其他人可能继续跟着起哄，致使"此项风潮愈演愈烈，难以平息"（章士钊致平政院的答辩书）。

经过衡量，大概在半年后，平政院终于发出一纸坚认程序、保障人权的裁决书："……乃竟滥用职权，擅自处分，无故将树人免职，显违《文官惩戒条例》第一条及《文官保障法草案》第二条之规定。此种违法处分，实难自甘缄默……"判定鲁迅胜诉，并撤消了章士钊的命令，准许鲁迅在教育部复职；只是此时章士钊已经离开了教育部。

虽然鲁迅获得了这场官司的"胜利"，残酷镇压学生运动的"老虎总长"章士钊也在女师大风潮一事中丢了教育总长，也就是教育部部长的位子。但是鲁迅因为与独裁者的斗争使得他在北京的处境逐渐恶化。女师大风潮还没有结束，又发生了1926年3月18日的段祺瑞士兵在执政府门前枪击请愿学生的"三一八惨案"。异常愤怒的鲁迅在《语丝》上发表文章，称这是"民国以来最黑暗的一天"。这更加触怒了官方，据当时的《京报》上的消息透露，在内阁讨论通缉北京学界人士的名单中，赫然列着鲁迅的名字。在此后一个多月的时间里，鲁迅先后往"莽原社"和外国人办的医院躲避，有一次竟只能在一家医院的仓库里躲了十来天。

"三一八惨案"发生时，章士钊任段祺瑞政府秘书长。后被国民军驱逐下台，章士钊出走天津，继续在日租界出版《甲寅》周刊。章士钊利用该刊提倡尊孔读经，以捍卫国粹为名竭力反对新文学运动、新文化运动，反对白话文，反对"欧化"，引得骂声一片。当时的尊孔和读经都是当局的愚民工具，软刀子杀人。章士钊不知看没看到这一点，偏巧章士钊国学也有些问题，一个"二桃杀三士"的典故，被鲁迅挖苦得无地自容。鲁迅著文痛骂段祺瑞、章士钊为"落水狗"，而章士钊本人则曾在"女师大风潮"中就被鲁迅先生痛斥为"是凶兽样的羊，羊样的凶兽"，至此章士钊成为鲁迅一生中骂得最多最狠的人物之一。

人无完人，历史也需要这样全面地来加以分析评判。尽管在鲁迅和章士钊的纠葛中，错的是章士钊，但是我们不能忘记他早期在反清革命中的斗争以及后来的贡献——李大钊同志在北京被奉系军阀逮捕，他四处奔走营救；能够保持民族气节，拒不同汪伪政权合作……

鲁迅一生都在骂什么

因为犀利、泼辣、所向披靡的杂文风格，鲁迅恐怕是中国有史以来最具特色的一代宗师。在人们的眼中，鲁迅爱骂，且擅长于骂。

鲁迅出生于封建半封建的中国，生活于内忧外患、民族灾难深重的年代，他为破除国人的愚昧，振作中华儿女的精神，毅然决然弃医从文，以笔作枪，针砭中国的种种丑恶现象，抨击当时的腐败政治及社会弊端，爆发出一种令五千年腐朽文化胆颤的破坏力，即使在近八十年后的今天我们仍能感到它的杀伤力。但鲁迅的存在，引得当时形形色色的封建文人、官僚地主等卫道者们群起而攻之，鲁迅一时成为众矢之的，无时无刻不被人辱骂污蔑。如浙江国民党省部、上海微风社等斥骂鲁迅为"堕落文人"、"文妖"。

被鲁迅所痛骂的人和事不可计数，像清朝遗老刘承干，曾为袁世凯称帝鼓吹的复古派刘师培，其他如戴季陶、张资平、陶亢德、杨邨人、穆木天、陈西滢、潘公展、章士钊、杨荫榆、军阀段祺瑞等。此外，鲁迅还骂过一些对文学事业卓有成就的人，如胡适、林语堂、梁实秋、郭沫若等。尽管他们或是鲁迅之前的朋友，或是同一阵营里的战友，但他们的某些错误趋向，也是眼里不揉沙子的鲁迅所不能放过的。

另外，鲁迅还批判过左联作家中的某些人，如周扬、田汉等。但首先是有人以"无产阶级革命文学家"自居，希望别人都听其号令，他们在众多的文章中,不断给鲁迅加上"懒,不作事"、"调和"、"破坏国家大计"、"带上了极浓厚的右倾机会主义色彩"等罪名,攻击鲁迅是"左的宗派主义"、"文坛的霸主"等。对于来自同一阵营的明枪暗箭,鲁迅痛心但又不得不采取"横战"的对策。

而为了揭露封建社会的黑暗和启示人民的愚昧,鲁迅写出了《狂人日记》、《故乡》、《孔乙己》、《祝福》等作品。

对于社会,鲁迅说"中国太难改变了……不是很大的鞭子打在背上,中国人自己是不肯动弹的"(《娜拉走后怎样》)。

对于国人,鲁迅说"在中国,尤其是在都市里,倘使路上有暴病倒地,或翻车摔伤的人,路人围观或甚至高兴的人尽有,有肯伸手来扶助一下的人却是极少的"(《经验》)。"其实,中国人并非没有'自知之明'的,缺点只在有些人安于'自欺',由此并想'欺人'。比如病人,患有浮肿,而讳疾忌医,但愿别人胡涂,误认他为肥胖"(《立此存照》)。

鲁迅不仅仅骂人骂社会,他还骂中国传统文化。他在新文化运动时期猛烈地攻击中国传统文化,把传统文化踩在脚底,贬到最低。他曾公开劝青年说少读,或竟不读中国书。然而从他的具体言论看,他攻击的都是中国传统文化的糟粕。鲁迅本身就是一个对传统文化十分热爱和珍视的人,他在对中国传统文化的考据、收集保护、提炼等方面,都非常尽心地做了很多的工作。鲁迅的真实意图很明显,青年应该把大好的青春去为中国做实事,中国有太多的急务都在等着青年去做,万不可把时光浪费在故纸堆中。

几十年过去了,鲁迅的文章在今天对我们依然有着巨大的启示和警示意义。为了社会进步,为了中华之崛起,今天的中国仍需要"鲁迅",需要"鲁迅精神",需要像鲁迅一样敢于抨击时弊,针砭腐败,鞭挞丑恶,"鞠躬尽瘁,死而后已"的文艺战士。

鲁迅与他的论战对手们

与鲁迅有过文字交锋或者被鲁迅抨击过的著名人物有很多,如:陈西滢、梁实秋、林语堂、叶灵凤、徐志摩、高长虹、胡适、施蛰存、张资平、吴宓、章士钊、田汉、郭沫若、顾颉刚、钱玄同等。他们被鲁迅抨击的原因主要有以下几种：

(1)因意见相左或个人问题而误会的，如郭沫若、叶灵凤等。

(2)因文化营垒不同而政见不一的，如梁实秋、陈西滢、徐志摩、胡适等。

(3)因文风和处世态度发生分歧的，如林语堂、高长虹、施蛰存、张资平等。

尽管与鲁迅有过论战的人很多，但是总览鲁迅一生，与以下少数人的纠葛最为著名。

鲁迅 VS 陈西滢

陈西滢，原名陈源，少年出洋，留英博士。回国十余年后再度赴英，后任中国驻联合国官员，退休后定居伦敦，晚年与夫人凌叔华女士致力于中英文化交流，客死英国。陈西滢一生大部分时间生活在英国，是一个典型的绅士阶级，他对中国社会既缺乏认识又缺乏共鸣。回到积贫积弱的中国，他的居高临下更在胡适等人之上。心怀民族主义为少，而藐视与讥刺为多。但他一生也做了很多有益的事情，如李四光的回归就得自他夫妇的襄助。

陈西滢在鲁迅的论敌里可谓鼎鼎大名，与鲁迅的交恶始于学潮，交恶时间也极长。他与鲁迅的论战，主要是围绕"女师大风潮"、"五卅运动"和"三一八惨案"。当时女师大校长杨荫榆（杨荫榆乃杨绛先生姑母，日寇侵华时因怒骂鬼子等抗日活动，被日寇杀害）实行家长制的管理，压制学生思想和活动，引发风潮，平息后压制更烈。1925年5月，风潮又起，杨荫榆呼警打入学校，殴伤学生多人。在这场风潮中，鲁迅始终站在学生的立场，而陈西滢则站在当局一方，指责学生压迫校方，说当局万不可再敷衍姑息下去，又发表《闲话·粉刷毛（茅）厕》说学潮是北京教育界势力最大的某籍某系的人暗中鼓动，影射鲁迅"暗中挑起风潮"。鲁迅当天即写下《并非闲话》一文作为回应。6月5日，鲁迅再发表《我的"籍"和"系"》于《莽原》周刊。论战序幕由此拉开。

1926年3月18日，北京各界群众在天安门集会，抗议日本联合美、英、法等国侵犯中国主权，并到段祺瑞执政府门前请愿。段祺瑞命卫队开枪弹压，制造了死伤达二百余人的"三一八惨案"。对此，陈西滢在3月27日发表《闲话·三月一十八日血案的真相》，"劝告女士们，以后少加入群众运动"。鲁迅其后发表杂文《空谈》，说"这并非吝惜生命，仍是不肯虚掷生命，因为战士的生命是宝贵的。在战士不多的地方,这生命就愈宝贵。"此后,鲁迅与与陈西滢的论战进一步激化。

鲁迅与陈西滢的论战,持续时间之长,涉及范围之广,牵扯人之多,为近代文坛所罕见。陈西滢诬陷鲁迅先生编撰的中国第一部小说史专著《中国小说史略》是抄袭之作,吹捧章士钊,与梁实秋、徐志摩等人一唱一和。鲁迅直言其替暴君奔走,却以局外人自居,把公理插到粪车上去,把绅士衣装丢到臭毛厕里去。后来胡适做老好人出面劝架,遂亦牵扯其中。

鲁迅 VS 梁实秋

梁实秋,原名梁治华,字实秋,是中国现代文学史上最著名的散文家之一,其散文集创造了中国现代散文著作出版的最高纪录。梁实秋为绅士阶层人物,国家社会党党员。

鲁迅和梁实秋的论战可谓旷日持久,前后长达八年,论战内容涉及教育、翻译、文学、批评、政论等诸多领域,包含女子的性格、人性、阶级性、翻译理念、普罗文学、文艺政策等众多方面。不过,鲁迅与梁实秋论战的焦点还在于文学是否有阶级性,梁实秋以为文学没有阶级,"把文学的题材限于一个阶级的生活现象的范围之内,实在是把文学看的太肤浅太狭隘了"。而鲁迅坚持认为,文学是有阶级性的。

1930年2月,左翼文学理论家冯乃超发表《文艺理论讲座(第二回)·阶级社会的艺术》,对梁实秋的某些观点提出批驳,并称梁实秋为"资本家的走狗"。梁实秋遂于1930年2月《新月》上发表《"资本家的走狗"》,不承认自己是"资本家的走狗",并于同期刊载的另一篇文章《答鲁迅先生》中,影射鲁迅才是"到党去领卢布"的走狗(鲁迅逝世后,在梁实秋的《关于鲁迅》一文中,把鲁迅描述成一个龌龊的善于专营的人,似乎就从来没有什么主义可言)。这样,便有了鲁迅批判梁实秋的著名杂文《"丧家的""资本家的乏走狗"》,把论战推向了最高潮。文中写道:"凡走狗,虽或为一个资本家所豢养,其实是属于所有的资本家的,所以它遇见所有的阔人都驯良,遇见所有的穷人都狂吠。不知道谁是它的主子,正是它遇见所有阔人都驯良的原因,也就是属于所有的资本家的证据。即使无人豢养,饿的精瘦,变成野狗了,但还是遇见所有的阔人都驯良,遇见所有的穷人都狂吠的,不过这时它就愈不明白谁是主子了。"

另外,鲁迅的"硬译"也引起了鲁迅和梁实秋之间的很大争议。这事起因于1929年秋,上海水沫书店出版的由鲁迅编译的《文艺批评》一书,梁实秋随后在《新月》杂志上发表《论鲁迅先生的"硬译"》一文,对鲁迅的翻译风格加以批评。梁实秋认为,"不妨把句法变换一下","以使读者能懂为第一要义",以为鲁迅先生的"硬译",近于"死译"。而"死译"最后是"没有出路"的,"我们硬着头皮看下去了,但是无所得。'硬译'和'死译'有什么分别呢?"尔后,鲁迅以《"硬译"与"文学的阶级性"》进行反批评。

八年之中,二人的论战文字前后共达约四十万字。

鲁迅 VS 胡适

胡适,原名嗣穈,字适之。著名学者、诗人、文学家。留美期间曾从学于杜威,深受其实验主义哲学的影响。因提倡文学革命而成为新文化运动的领袖之一。在很多人心中,胡适是唯一可与鲁迅在民国时期文坛上并驾齐驱的人物。

根据鲁迅的日记记载,鲁迅与胡适的交往,始于1918年,1923年和1924年期间来往较为频繁。1924年以前,他们从相识到成为好友;1924年以后,他们因政治观点有所不同,关系开始日趋恶化,以鲁迅或直接或间接地批评胡适为多,而胡适公开回应者少。

在五四运动之前,胡适在《新青年》发表《文学改良刍议》后,鲁迅与胡适在反对文言文,提倡白话文,反对旧道德旧礼教,提倡科学与民主方面,有着比较一致的思想观点与主张。在反对旧文化,在学术研究,倡导新文化的过程中,他们还有很多合作互补之处。

关于革命文学的主张,鲁迅在总体上没有超出胡适,但是受到了胡适的一些影响后,鲁迅在新文学的实践方面,做了比胡适更多的尝试。鲁迅在《〈自选集〉自序》一文中说,"我做小说,是开手于1918年,《新青年》上提倡'文学革命'的时候的"。"这些也可以说,是'遵命文学'。不过我所遵奉的,是那时革命的前驱者的命令,也是我自己所愿意遵奉的命令,决不是皇上的圣旨,也不是金元和真的指挥刀。"(《南腔北调集》)

在理论上提倡新文学革命的同时,胡适以实验主义的精神,决心以白话作诗来进行新文学创作的实践和突围。经过努力,终于将在平时生活中零星写成的近七十首新诗结集为《尝试集》出版,成为中国现代文学史上第一部白话诗集。在胡适孤军奋战,遭到学衡派与甲寅派的围攻时,鲁迅挺身而出,写下《估学衡》等文章,帮助胡适给予章士钊等以有力的回击。

胡适对鲁迅多有赞誉仰慕之情。鲁迅发表《狂人日记》后,胡适称誉鲁迅是"白话文学运动的健将"。而曾经"很想做一部《中国小说史》","可惜没有试办的工夫"的胡适,在三年后,看到鲁迅出版了《中国小说史略》时,胡适称赞说"这是一部开山的创作,搜集甚勤,取材甚精,断制也甚严,可以替我们研究文学史的人节省无数精力"(胡适《白话文学史·自序》)。

如果要说鲁迅与胡适之间的分歧,怕是要从"整理国故"开始说起。

"整理国故"其实是新文化阵营中李大钊、陈独秀、胡适和鲁迅等为了反对黄侃、刘师培等人支持下的,企图以研究"国故"为名,行复古之实的"国故社"而提出的口号。但是胡适过度宣传了他的"整理国故"的主张,偏离了"整理国故"口号提出的本来意义。胡适劝青年"踱进研究室"整理国故,说"发明一个字的古义,与发现一颗恒星,都是一大功绩",要求中学的国文课以四分之三的时间去读古文,这都在客观上支持了诋毁新文学的复古派。而到了1925年女师大风潮中,胡适则走到了学生运动的对立面,以进研究室"求学"为借口,反对学生运动。他在《爱国运动与求学》一文中阐述"呐喊救不了国家",认为学生时代的青年不应该"跟着大家去呐喊"。

鲁迅眼见许多封建老学究、旧式文人大搞复古活动,令不少无知青年迷失了方向,他先后写了《以震其艰深》、《所谓"国学"》、《望勿"纠正"》、《未有天才之前》、《青年必读书》、《读书杂谈》、《碎话》等大量的文章,深刻尖锐地指出"整理国故"内容和方向的转化所带来的害处和荒唐,阐明了"整理国故"的误入歧途,号召广大青年关心时事,走出故纸堆,去参加各种社会斗争。

因为女师大风潮,1926年陈西滢与鲁迅发生激烈论战时,胡适还在致鲁迅、周作人和陈西滢的信中说:"你们三位都是我很敬爱的朋友……我最惋惜的是……结果便是友谊上的破裂……"(《胡适来往书信选》)。可是到了1932年的时候,鲁迅与胡适之间的分歧和矛盾就开始变得很深了。

1932年宋庆龄等人在上海组织成立了"中国民权保障同盟",同盟的任务是公开反对国民党的一党独裁统治,援救所有被国民党关押的爱国的、革命的政治犯,争取民众的出版、言论、集会和结社的自由权利。鲁迅任上海分会执行委员。不久，胡适被推举为北平分会的主席。本来，胡适理应支持"中国民权同盟"的工作，然而，由于他拥护国民党政权，常常站在国民党当局的一边，是非不清，黑白不分，甚至攻击"同盟"。

1933年2月19日，胡适在《独立评论》上发表《民权的保障》一文，主张"一个政府为了保卫它自己，应该允许它有权去对付那些威胁它本身生存的行为"。

为此，2月28日，宋庆龄、蔡元培电请胡适更正，而胡适不予理睬。3月3日，中国民权保障同盟会议议决将胡适开除。1933年6月18日，鲁迅在致曹聚仁的信中说："我但于胡公适之之侃侃而谈，有些不觉为之颜厚有忸怩耳。"而就在鲁迅写这封信的这天早晨，因积极参加同盟活动的中国民权保障同盟总干事杨杏佛在上海被特务组织"蓝衣社"暗杀，闻讯，鲁迅当即赶往出事地点，随后又冒着生命危险出席杨杏佛的入殓追悼仪式（特务扬言在杨杏佛入殓时还要暗杀鲁迅。鲁迅明知随时都有被杀害的危险，仍毫不犹豫地决定去送殓，出门时连钥匙也不带，说："无怨于生，亦无怖于死！"）。"是日大雨，鲁迅送殓回去，成诗一首"（即《悼杨铨》，许寿裳《亡友鲁迅印象记》）以缅怀英雄："岂有豪情似旧时，花开花落两由之。何期泪洒江南雨，又为斯民哭健儿。"

当鲁迅为被称为中国"为人权流血第一人"——杨杏佛被遇害而伸张正义的时候，胡适对这位昔日的学生，甚至可以说是在上海方面所有的同人中，曾经与他交情最好的朋友之死，却置若罔闻，始终未置一词（胡适粉饰国民党监狱时，杨铨曾予以驳斥）。

鲁迅爱骂人，而且以横眉冷对式的冷峻闻名于世。不过，鲁迅并不是总是在骂人，也不是见谁都骂，鲁迅的骂只不过是他表达抗议的唯一手段。鲁迅在他的《死》一文中，在留下七条遗嘱之后有一段著名的文字："……曾想到欧洲人临死时，往往有一种仪式，是请别人宽恕，自己也宽恕了别人。我的怨敌可谓多矣，倘有新式的人问起我来，怎么回答呢？我想了一想，决定的是：让他们怨恨去，我也一个都不宽恕。"鲁迅以如此的坚定和决绝，为自己作为文艺战士的一生画上了圆满的句号。

7. 孺子牛,俯首甘为谁?

"横眉冷对千夫指"的下句是"俯首甘为孺子牛",异常的冷峻后面透露着慈爱,在文坛上残酷厮杀的鲁迅,亦有其柔情的一面。在那些青年晚辈的面前,鲁迅呈现出另外一副完全不同的形象。这又是怎么样的一副形象——

站在前进行列最前面的我们的同志,朋友,父亲和师傅!憎恶黑暗有如魔鬼,把一生的时光完全交给了我们,越老越顽强的战士!

……在这四年里,我历尽了艰苦,受尽了非人的虐待,我咬紧了牙,哼都不哼一声。就是在我被人随意辱骂、踢打……的时候,我总是昂着头。我对自己说:

"鲁迅先生是同我们一起的!"

这样我就更加坚强起来。

(阿累《一面》)

念念不忘

鲁迅一生写了无数的战斗檄文,然而很多都是在心情异常沉重、压抑、苦命、悲痛中创作的:"我将深味这非人间的浓黑的悲凉;以我的最大哀痛显示于非人间,使它们快意于我的苦痛,就将这作为后死者的菲薄的祭品,奉献于逝者的灵前。"鲁迅化悲痛为力量,以血为墨,谱写生命的抗争之歌。

鲁迅《纪念刘和珍君》

刘和珍,先就读于南昌女子师范学校,后作为鲁迅的学生就读于北京女子师范大学。积极参加学生爱国运动,带领同学们向封建势力、反动军阀宣战,成为著名的北京学生运动,特别是女师大风潮事件的领袖之一。1926 年在"三一八惨案"中遇害,死时年仅 22 岁。

刘和珍是鲁迅的忠实读者和坚定的思想追随者,五四运动前夕,就经常阅读《新青年》等进步书刊。鲁迅在女师大教课时，刘和珍"生活艰难中，毅然预定了《莽原》全年"，甚至于在她死后，她的同学"程君"去问鲁迅："先生可曾为刘和珍写了一点什么没有？"并且认真严肃地告诉鲁迅："先生还是写一点罢；刘和珍生前就很爱看先生的文章。"致使鲁迅深感悲痛之余还感到一种愧对与惶恐。

鲁迅深知刘和珍不仅是一名品学兼优、多才多艺的好学生，更加难能可贵的是，她还是一名积极主动追求思想进步的社会实践者。五四运动爆发以后，在南昌女子师范学校读书的她不顾学校的阻挠，组织同学走上街头讲演，呼吁抵制日货。在森严的校规之下，带头与进步同学一起同南昌学生联合会联系，成立女师学生自治会，迫使学校取消不合理的校规。1921年，刘和珍带领同学在江西首倡女子剪发，在女师掀起剪发高潮，学校当局以她"首倡剪发，有伤风化"为名，将她开除。但是刘和珍并没有屈服，其后，她在南昌组织成立了进步团体"觉社"，并主编《时代文化》月刊和《女师周刊》，作为思想传播的阵地。

1923年秋，刘和珍来到北京，考入北京女子高等师范。思想进步，成绩优异，多才多艺，善于团结同学的她，很快受到同学们的尊敬和信赖，被推选为女师大学生自治会主席。1924年11月爆发了女师大驱逐校长杨荫榆的运动——著名的女师大风潮，刘和珍作为女师大学生自治会主席起草了驱杨宣言，是这次风潮的主要参与和组织者。

1926年3月12日，日本等各国侵犯中国主权，引起各界极大愤慨。3月18日，刘和珍以学生自治会的名义在电话里请林语堂准停课一日。随后，在两千多群众的示威游行队伍中，刘和珍担任女师大队伍的指挥走在前面，被段祺瑞的卫队枪杀，同时罹难的共有47人，伤二百余人，李大钊亦负伤。

"始终微笑的和蔼的刘和珍君确是死掉了，这是真的"，"我应该对她奉献我的悲哀与尊敬"——鲁迅的悲伤与愤懑变得无以复加，他的冷峻与温柔走向了两个极点。

鲁迅与殷夫

"同时被难的四个青年文学家之中，李伟森我没有会见过，胡也频在上海也只见过一次面，谈了几句天。较熟的要算白莽，即殷夫了"（鲁迅《为了忘却的记念》)。

殷夫(1909 年—1931 年),学名徐祖华,又名白莽,浙江象山人。殷夫有三个哥哥、两个姐姐。大哥徐培根、三哥徐文达都是国民党军队的军官,他们总是企图以自己的模式来塑造殷夫,但殷夫却坚定地走上了无产阶级革命的道路,与反动势力进行艰苦顽强的斗争。为此,殷夫前后经历了四次被捕,最终被国民党杀害,遇害时年仅 22 岁,为"左联五烈士"之一。

"左联五烈士",指殷夫、柔石、胡也频、李伟森、冯铿五位左翼革命作家。他们同于 1930 年加入中国左翼作家联盟,除殷夫外,其余四人均为共产党员,其中李伟森时任共青团中央宣传部长。鲁迅从来就很关心他们,对他们寄予厚望,柔石、殷夫、胡也频等生前都得到过鲁迅的亲自指导。在他们牺牲后,鲁迅先后写下《中国无产阶级革命文学和前驱的血》、《为了忘却的记念》等文章,深情地称颂烈士们的革命精神和革命贡献。

殷夫与鲁迅大约有过三次以上的见面。与鲁迅的初次相见,根据鲁迅《为了忘却的记念》一文和鲁迅的日记分析,大致应该是在 1929 年的一天。见面原因是:"我们相见的原因很平常,那时他所投的是从德文译出的《彼得斐传》,我就发信去讨原文,原文是载在诗集前面的,邮寄不便,他就亲自送来了。看去是一个二十多岁的青年,面貌很端正,颜色是黑黑的"(鲁迅《为了忘却的记念》)。

初次见面,白莽对鲁迅的印象并不好,因为鲁迅在"第二天又接到他一封来信,说很悔和我相见,他的话多,我的话少,又冷,好像受了一种威压似的。我便写一封回信去解释,说初次相会,说话不多,也是人之常情",并且"将我所藏的两本集子送给他,问他可能再译几首诗,以供读者的参看。他果然译了几首,自己拿来了,我们就谈得比第一回多一些"——这是他们第二次的见面,见面之前鲁迅还"托柔石亲自送去"两本他非常喜爱的书——"一本散文,一本诗集"以示歉意和鼓励之情。第三次相见时,白莽显得很窘迫,"因为在一个热天",白莽"却穿着一件厚棉袍,汗流满面",并且告诉鲁迅"他是一个革命者,刚由被捕而释出,衣服和书籍全被没收了,连我送他的那两本;身上的袍子是从朋友那里借来的,没有夹衫,而必须穿长衣,所以只好这么出汗"。鲁迅"很欣幸他的得释,就赶紧付给稿费,使他可以买一件夹衫"(从《鲁迅日记》中看,鲁迅借给了白莽 20 元钱以救急,并非是支付什么稿酬），同时鲁迅也对自己收藏了很久的珍贵图书的丢失感到痛惜。

但是，鲁迅一直都不知道白莽的真实姓名，直到 1930 年"左翼作家联盟成立之后，我才知道我所认识的白莽，就是在《拓荒者》上做诗的殷夫。有一次大会时，我便带了一本德译的，一个美国的新闻记者所做的中国游记去送他……然而他没有来。我只得又托了柔石"。不想再也没有见到过白莽，因为"不久，他们竟一同被捕"了。

鲁迅与柔石

柔石（1902 年—1931 年），原名赵平复，浙江宁海人。柔石最初从事教育工作，并参加新文学运动。柔石早在北大做旁听生的时候就见过鲁迅，但没有什么交往。1928 年夏他到上海从事革命文学运动，与鲁迅住得很近，开始与鲁迅有较为频繁的往来。他与鲁迅先生组织成立"朝花社"，创办《朝花周刊》。同时在鲁迅的帮助下翻译外国进步文学，编辑《语丝》《朝花旬刊》《萌芽月刊》（《萌芽月刊》由鲁迅主编，柔石等编辑）等刊物，以及与鲁迅合编《近代木刻选集(1)(2)》等。1930 年初，自由运动大同盟筹建，柔石为发起人之一。1930 年 3 月中国左翼作家联盟成立，鲁迅为常务委员，柔石任执行委员、编辑部主任。1931 年 2 月 7 日与殷夫、欧阳立安等二十三位同志同时被国民党反动派秘密杀害。

在鲁迅的笔下，柔石是一个天真、多才而努力的青年。他内心充满童真，不相信"人心惟危"论；他害羞到不敢和女性一起走路；可以一边创作，一边做翻译，到了狱中还在跟殷夫学习德文；为了印制图书，他可以筹借"巨款"，并且包揽下大部分的繁杂事务。

对于这样一位有为青年，鲁迅无论在生活上，还是在文学的道路上，都曾给柔石提供了很多的帮助。在生活上，为了帮助柔石节约开支，摆脱经济困难，鲁迅把自己原来住的房子让给柔石等青年居住，并请他与自己一起搭伙用膳；在文学道路上，鲁迅亲自校阅柔石的《旧时代之死》一书，并推荐给北新书局出版，鲁迅还选了一些外国作品让他翻译。在鲁迅的帮助下，柔石的文学创作水平和创作积极性，都得到了最大的激发。

柔石 1929 年发表的长篇小说《二月》，鲁迅曾为之作《小引》。他最优秀的短篇小说《为奴隶的母亲》，以及长诗《血在沸》（《前哨》第 1 卷第 1 期）等作品标志着柔石对于中国社会的腐朽堕落的理解,以及现实主义创作艺术的表现等方面,形成了自己的独特风格。鲁迅也对柔石非常欣赏:"我从他的作品中学到了青春的活力。"

鲁迅像父亲般地关爱着柔石,而柔石也视鲁迅如严师和慈父。柔石被捕后,敌人从他身上搜到了一份写有鲁迅名字的出版合同,便逼问柔石鲁迅的住址,被柔石断然拒绝。五烈士中的冯铿——柔石的未婚妻,是由柔石带去见鲁迅的,但是最后这对红色恋人在同一天牺牲了,"中国失掉了很好的青年"。

鲁迅与毕磊

毕磊(1902 年—1927 年),湖南澧县人,1922 年官费考入国立广东高等师范学校。1925 年加入中国共产党。

1926 年下半年,鲁迅在和章士钊打完官司后,离开北洋政府控制下的北京,南下厦门,担任厦门大学文科国文系教授兼国学研究院教授。1927 年初,鲁迅又应中山大学之聘,到广州担任中山大学中文系主任兼任教务主任。鲁迅于 1927 年 1 月 18 日抵达广州。当时中共广东区委书记陈延年委派毕磊代表中共与鲁迅取得联系,陈延年吩咐说:"鲁迅是喜欢青年人的,你们去要活泼一点。"25 日下午,中山大学以学生会的名义举行了盛大欢迎会,会议由毕磊主持。会上,鲁迅对时局阐述了自己的看法,勉励青年们要勇往直前。27 日下午,鲁迅在毕磊的陪同下,赴中山大学社会科学研究会发表演说。毕磊曾在《欢迎了鲁迅以后》一文中写道:"鲁迅先生这次南来,会帮助我们喊,指导我们喊,和我们一同喊。"基于这样的认识,鲁迅到中山大学后,毕磊和徐文雅、陈辅国、傅斯年等许多进步学生都拜访了鲁迅,团结和聚拢在鲁迅的周围。

鲁迅在广州期间,毕磊几乎每天都去和鲁迅见面,给鲁迅送党组织主办的刊物。鲁迅在日记中多次提到他送《少年先锋》、《做什么》之事。鲁迅后来离开广州时,仍将他送的《少年先锋》十多本带在身边。由于鲁迅大量阅读了由他送的共产党的刊物,他与陈延年等共产党人有了接触,鲁迅加深了对中国共产党政策的认识和了解。

1927 年 4 月 12 日,蒋介石发动了震惊中外"四一二反革命叛变",又制造了"四一五惨案"——毕磊等二百多名进步学生被捕。惨案发生的当天，鲁迅出席了中山大学的紧急会议，并在第二天下午慰问被捕学生，多方参与营救。之前，蒋介石在上海发动反革命政变后，毕磊因为关心鲁迅而多次冒险到鲁迅家看望。4 月 14 日，他又到鲁迅住处看望，鲁迅认为太危险，劝他不要出去，他说他还要去给同志们送信。然而就在当晚，毕磊不幸被捕。鲁迅闻讯，全力营救，但未获成功，一时间各种不顺遽然涌上心头，愤然辞去中山大学的一切职务，以示强烈的抗议。鲁迅亦开始悟出"唯新兴的无产者才有将来"。

4 月 23 日凌晨，敌人用两艘军舰将毕磊和萧楚女等人押到珠江南岸的"惩戒场"，用铁链将他们捆住，装进麻袋，丢进了珠江。毕磊牺牲时年仅25 岁。

鲁迅后来还反复提及毕磊，怀念说他"常常来谈天的，而今不来了"。1928 年，鲁迅依然耿耿于怀地说："毕磊死了，是被铁链锁住死的。"

热情似火

鲁迅爱憎分明，对于反动势力丑恶现象，他横眉冷对、疾恶如仇；对于朋友特别是青年，他则坦诚相见、百般呵护，真正做到了"俯首甘为孺子牛"。他对青年人一直寄予满怀的期望："愿中国青年都摆脱冷气，只是向上走，不必听自暴自弃者流的话。能做事的做事，能发声的发声。有一分热，发一分光，就令萤火一般，也可以在黑暗里发一点光，不必等候炬火。"

为了发现、团结和培养青年一代，鲁迅与青年作家合办了好几个文学刊物。如 1924 年与孙伏园、俞平伯、废名等一群青年作家合办《语丝》；1928 年与柔石等一批文学青年成立朝花社，合编《朝花周刊》；帮助和支持台静农、李霁野、韦素园、韦丛芜等成立文学社团"未名社"。当时有不少相识与不识的青年作家寄来稿件，向他请教，或者要求为之修改等，鲁迅总是欣然仔细阅改，予以认真的回复。1928 年，一直致力于研究鲁迅作品的后生王任叔把他自己办的杂志《山雨》寄给鲁迅。1929 年，他给鲁迅写了一封信，四天后就得到了鲁迅的复信。大量的回信，占用了鲁迅很多时间，据许广平先生说："他每星期的光阴，用在写回信大约有两天"，"逐字逐页的批改文稿，逐字逐句的校勘译稿，几乎费去先生半生功夫。"

青年作者尚钺给《莽原》撰文投稿，因为字迹比较潦草，鲁迅亲自帮他改正，让尚钺感到非常内疚。他的《斧背》等作品得到过鲁迅的好评，但也被指出不足之处。著名作家艾芜和沙汀曾于 1931 年联名写信给鲁迅，请教小说题材等问题，得到复信后又把《太原船上》、《俄国煤油》等作品寄给鲁迅，鲁迅均回信予以指导。

鲁迅有时甚至自掏腰包刊印青年作者的作品，如《奴隶丛书》中叶紫的《丰收》、萧军的《八月的乡村》、萧红的《生死场》，"便是他出钱印的，他还为它们写了介绍性的《序言》"。鲁迅不仅对青年充满关爱，同时也呼吁大家做"成就天才的泥土"。鲁迅认为有的人自己又"不动笔，青年们写点东西又嫌不好，评头品足地指摘他们，这会使青年不敢写，会使出版界更没有生气的"。

郁达夫曾在一篇文章中说到这样一件事情。在 1929 年周海婴出生前，年近 50 岁的鲁迅一直没有孩子。这个时候有一个鲁迅在广州认识的文学青年，见鲁迅没有儿子而又非常喜欢自己，就一厢情愿地想给鲁迅当儿子，连同女朋友一起住到鲁迅在上海的家里。后来见鲁迅没有这个意思，便要求鲁迅给他谋一份工作。鲁迅对于这个素昧平生的文学青年给予了极大的帮助，托朋友在商务印书馆找一个校对和打杂的工作，由鲁迅私下里出钱给商务印书馆为青年发工资。后来，这个青年也许是有了其他的门路，才自己走了。

因为鲁迅一心为青年的进步做了大量的工作，自然也使得鲁迅拥有了很多忘年之交。下面举几个经典的例子。

巴金与鲁迅

一代文学巨匠巴金在青少年时期就受到了鲁迅很深的影响，后来也得到过鲁迅很多的帮助。巴金坦言："他的书是我的一个指路者。没有他的《呐喊》和《彷徨》，我也许不会写出小说。"

1935 年 9 月，因巴金要编辑《文学丛刊》，希望能够有鲁迅的一个集子，便恳切地向鲁迅约稿，鲁迅带病在一个月内赶写了《采薇》、《理水》、《非攻》、《起死》四篇，未及发表便送给巴金直接收入他的最后一个小说集《故事新编》了，令巴金深受感动。1936 年，巴金遭到别人不公平的批评时，鲁迅在病中请冯雪峰代笔写出《答徐懋庸并关于抗日统一战线问题》一文，为巴金仗义执言:"巴金是一个有热情的有进步思想的作家,在屈指可数的好作家之列的作家……"使巴金感动得热泪盈眶。

13年后,巴金在1949年《人民文学》创刊号《忆鲁迅先生》一文中写道:"这些年来我就没有忘记过他。这些年来在我困苦的时候,在我绝望的时候,在我感到疲乏的时候,我常常想到这个瘦小的老人,我常常记起他那些含着强烈的爱憎的文章,我特别记得:十三年前的两个夜里我在殡仪馆中他灵前的情景……我控制不住自己的眼泪,我像立誓愿似的对着那慈祥的面颜说:'你像一个普照一切的太阳,连我这渺小的青年也受到你的光辉,你像一颗永不殒落的巨星,在暗夜里我也见到你的光芒。中国青年不会辜负你的爱和你的期望,我也不应当辜负你……'"巴金对鲁迅的敬爱是如此真切!

20年后,巴金再次写了《忆鲁迅》一文缅怀鲁迅先生:

"二十年来,我每想到他,我就感到他那强烈的爱,我就看到他那亲切的笑容,他给了我多少的勇气,给了我多少的温暖! 他那抽着烟含笑谈话的姿态永远不会在我眼前消去。"

"对于敌人他从来不妥协不宽恕,即使是跟熟人谈话,倘使话不投机,他也会拂袖而去。然而对于朋友和青年他却善良、亲切、关心到了天真的程度,他纵然上当一次,也并不减少他对新的青年的信任。"

"'鲁迅先生的确是一个伟大的人。'我每次看见他,我就忍不住要在心中说这样的话。他从来不对人说教,不板起脸教训人,他只是关心人,他愿意拿出自己的一切来帮助人,使人变好。站在他面前,你觉得你接触到一个光辉的人格,他的光芒照透了你的心,你的一切个人的打算都消失了。你不能不爱他,你不能不爱他的思想,你会因为你是他的朋友、他的同志而感到幸福,你会极力把自己变好来使他高兴……我觉得鲁迅先生就是这样的一个人。我永远不能忘记他。他的笑容对我永远是鼓励,也永远是鞭挞。"

茅盾与鲁迅

1920年年底,商务印书馆受命负责改组《小说月报》的杂志编辑茅盾写信给王统照,请他帮忙组稿,以完成1921年1月该刊第一期的出版。几天后,茅盾收到一个署名郑振铎的人的来信。郑振铎自称是王统照的好朋友,希望他能参加正在由周作人牵头组织的"文学研究会"——当时鲁迅在教育部任职,根据北洋政府的规定,政府官员不能和社团发生关系,因而鲁迅只能表示支持,但没有参加。但是,茅盾后来还是间接与鲁迅取得了联系,鲁迅、郑振铎、周作人也多次为《小说月报》提供稿件,为茅盾的工作提供了重要的支持,如鲁迅的《社戏》《端午节》《酒楼上》等作品都是在《小说月报》上发表的。茅盾多次与鲁迅讨论《小说月报》的革新和编辑问题,经过改革,最后把原本是鸳鸯蝴蝶派地盘的《小说月报》,变成了文学研究会作家的阵地。

直到1926年,茅盾才与鲁迅有了第一次会面。鲁迅去厦门大学任教,路过上海时,郑振铎为鲁迅接风,邀请茅盾作陪。1927年10月,鲁迅搬到景云里23号,就住在矛盾家的前面。当鲁迅知道茅盾遭到国民党的通缉而行动不便后,便在三弟周建人的陪同下,主动登门看望,令茅盾感到大喜过望。

1930年,茅盾加入中国左翼作家联盟,从此,茅盾和鲁迅并肩作战,联系得更加密切,多次共同发表宣言声明和参与一些社会活动。

1931年青年作者、茅盾夫人孔德沚之弟、共产党员孔另境在天津被捕。鲁迅得讯后立即写信给自己两位曾经的学生李霁野和台静农,请他们设法营救,但没有成功。无奈,他写信给做过教育总长的前同事汤尔和,说明孔另境不是共产党,请他设法在张学良面前说项,终使孔另境由李霁野、台静农保释出狱。

茅盾在《鲁迅论》里写道:"鲁迅板着脸,专剥露别人的虚伪的外套,然而我们并不以为可厌,就因为他也严格地自己批评自己分析呵!绅士们讨厌他多嘴;把他看作老鸦,一开口就是'不祥'。并且把他看作'火老鸦',他所到的地方就要着火。然而鲁迅不馁怯,不妥协。""然而攻击老中国的国疮的声音,几乎只剩下鲁迅一个人的了。"

郑振铎与鲁迅

郑振铎是温州人,与鲁迅经历相似的地方很多:同为长子,出身于破落的封建士大夫家庭,幼弟夭折,曾寄居于乡下,进享受官费的学校就读,学的是理工科但都成为驰名中外的文学家兼大学教授,到过国外,兴趣爱好相似,都是强烈的爱国者,不是共产党员但同情、支持并参与了中国共产党领导下的革命活动,拥有很多共同的朋友。

在郑振铎的心目中,鲁迅是一位可敬的长者和老师。在1920年冬郑振铎在筹建文学研究会时曾写信请鲁迅参加。从1923年郑振铎做《小说月报》

主编之后，经常向鲁迅约稿，书信来往较频繁，还常互赠各自出版的著作或译作。郑振铎写信向鲁迅请教冯梦龙的"三言"问题，鲁迅不仅很快复信，而且附带送了一张他亲手抄录的《醒世恒言》目录，使郑振铎深为感动。瞿秋白牺牲之后，鲁、郑一起为出版其翻译论文集《海上述林》而奔忙。他们还共同编印了两种彩色水印木刻笺谱，畅销一时，引起不小的反响——1936 年 10 月的一天，在鲁迅病逝前不久，他还抱病与曹白、黄新波、陈烟桥等青年木刻作者促膝长谈。

鲁迅称赞郑振铎："在中国教授中郑振铎君是工作和学习都很勤谨的"。郑振铎则认为"只有鲁迅，周作人还是不断的努力着，成为新文坛的双柱"。

孙伏园与鲁迅

著名副刊编辑，有民国"副刊大王"之称的孙伏园，在山会初级师范学堂和北京大学学习期间，两度成为鲁迅的学生，也得到鲁迅的青睐和全力支持，与鲁迅共同创办《语丝》等刊物。孙伏园的名字也在《鲁迅日记》中频繁出现。1921 年孙伏园在北京《晨报副刊》当编辑时，请求大名鼎鼎的鲁迅给副刊写专栏文章。鲁迅欣然表示同意，遂创作《阿 Q 正传》发表于其上，一举奠定了孙伏园的文学编辑之路。孙伏园后来撰文回忆说："凡是和鲁迅先生商量什么事情，需要他一些助力的，他无不热烈真诚的给你助力……即如他为《晨报副刊》写文字，就完全出于他要帮助一个青年学生的我，使我能把报办好，把学术空气提倡起来。我个人受他的精神的物质的鼓励，真是数也数不尽。"

冯雪峰与鲁迅

冯雪峰（1903 年—1976 年），浙江义乌人，1921 年进入浙江省立第一师范学校。不久，和同学潘漠华、赵平福（柔石）、魏金枝（短篇小说集《七封书信的自传》，被鲁迅誉为"优秀之作"）等参加了由朱自清、叶圣陶指导的青年文学社——晨光社。1922 年，冯雪峰、应修人、潘漠华、汪静之结成湖畔诗社，先后出版诗集《湖畔》（曾寄赠给鲁迅，希望给予指正）、《春的歌集》等。1925 年到北京，他一面自学日语一面到北京大学旁听鲁迅的课，期间曾去拜访过鲁迅。一年后，他翻译的日本短篇小说《花子》，经过鲁迅亲自作了校改和润色后在鲁迅主编的《莽原》杂志发表。1927 年冯雪峰加入中国共产党。

1928 年春，冯雪峰离开北京到上海，从事翻译工作。从 1929 年迁居茅盾家中(两家房门相对),到居住在拉摩斯公寓,冯雪峰与鲁迅一直住得很近,彼此往来非常方便,经常聚在一起交谈到深夜。从 1928 年 12 月至 1936 年 10 月鲁迅逝世,冯雪峰几乎一直与鲁迅在一起。二人从师生到战友,彼此相知相契,过从密切。

1928 年的一天,柔石带着冯雪峰去见鲁迅(这时鲁迅并不知道冯雪峰是共产党员),想向鲁迅请教在日文翻译方面所遇到的一些疑难问题。同时,邀请鲁迅参加了他正在筹划编一套马克思主义文艺理论的翻译丛书。

根据党的指示,冯雪峰还影响和追随鲁迅,参加了不少革命组织的革命活动。鲁迅参加中共领导的第一个社团组织是中国自由运动大同盟,公开向社会宣告了他站在中国共产党一边。接着,鲁迅以发起人和主要领导人的身份加入了中国左翼作家联盟。另外,鲁迅还作为核心成员加入了中国民权保障同盟,曾参加营救罗登贤、陈赓、廖承志等共产党人的活动。由冯雪峰具体筹划的国际反战大会等活动,鲁迅也积极参与,给予支持。

冯雪峰作为沟通党与鲁迅之间的重要桥梁,介绍、联系和安排了很多中共领导人与鲁迅的见面,鲁迅因此会见了不少著名的共产党人。瞿秋白、陈赓、陈云、成仿吾、方志敏等党员就是经冯雪峰得以和鲁迅相识、接线联系和交往的。1936 年 4 月,冯雪峰向鲁迅传达了中共中央关于建立抗日民族统一战线的精神,鲁迅表示支持。同年 10 月,鲁迅病逝。冯雪峰以鲁迅的学生和中共地下党负责人的身份主持了鲁迅的葬礼。

冯雪峰整理了不少鲁迅珍贵的讲话等各种资料。《回忆鲁迅》是冯雪峰关于鲁迅的回忆录,毛泽东看后曾给予批示。

鲁迅与二萧

说起鲁迅与二萧的关系,需要先从萧红与萧军的传奇爱情谈起。

1911 年 6 月,萧红出生于黑龙江呼兰县一个地主乡绅之家,本名张乃莹,为张家长女,萧红为其笔名。

萧红自小就在饱受歧视、缺乏关爱的环境下长大,因为当时家人重男轻女的思想非常严重。她的亲生父亲、母亲虽然都读过书——父亲张廷举甚至还接受过新式教育并且一直在教育领域工作,曾担任教育局局长,但同样思想非常守旧,对女儿很少给什么好脸色,并且一直反对她上学读书。全家上上下下,只有为人憨厚老实的祖父张维祯(张廷举是过继给伯父的)疼爱她，关心她，亲自教她读书识字，祖父也因此成为萧红最爱的亲人。

1919 年 8 月，萧红的母亲病故后不久，父亲就娶了继母到家。此时的萧红在家里简直就成了一个外人，父亲每次经过她的身边都以白眼看她，偶尔做错了什么事情，萧红就会被父亲训斥得浑身发抖。

次年，在祖父的支持下，萧红才得以正式进入一所小学读书。几年后，又升入本县第一女子高小读书。在这期间，由于受到新文化运动和学生运动的感染，萧红的思想日渐趋于解放，一向不爱说话的萧红也变得激进、敏感，甚至是任性起来。

1926 年，萧红小学毕业后，要求继续读书。辍学一年后，萧红于次年离开呼兰县，进入哈尔滨市东省特别区立第一女子中学读书。

萧红初二放寒假那年，她由父亲做主，与当地一位军官的儿子、小学教师汪恩甲订了婚，媒人是萧红的六叔、张廷举的异母弟张廷献。张廷献与汪恩甲的兄长汪大澄曾是同班同学，二人毕业后，都留在了哈尔滨工作，彼此过从甚密，经常来往，后因为萧红读书期间常去六叔张廷献家里，而被正在物色弟媳的汪大澄看到。由此，汪大澄请张廷献回呼兰老家向其兄长说亲。张廷举看到男方条件不错，立即就同意了这门亲事，准备萧红初中毕业后再完婚。萧红对此也没有表示什么不满。

初三那年，萧红最亲切的祖父去世了，萧红非常悲痛，因为她失去了家中唯一的支持呵护她的人。

在哈尔滨读书期间，萧红在参加学生运动的过程中，认识了一个改变了她一生命运的人——远房姑表兄陆振舜（一说名叫陆哲舜，字宗虞，哈尔滨人，地主家庭出身，其母是萧红家族里的一位姑姑）。

萧红认识了姑表兄陆振舜后，彼此逐渐互生好感，但陆振舜早已家有妻室，他们在同学眼里也只是以表兄妹交往。1930 年，在哈尔滨东省特别区区立法政大学就读的陆振舜，开始极力鼓动即将初中毕业的萧红不要成为旧式包办婚姻的牺牲品，要她成为一个"新青年"、"新女性"，与他一起到北京读书去。而逃离令人备感压抑的家庭，到新文化运动的圣地北京去学习，自然对萧红也是很有诱惑力的。于是，深受其影响的萧红，在反复考虑后，不久就向父亲提出了到北京读高中的想法。

萧红的想法自然打乱了父母先前的计划——他们准备在萧红初中毕业

后，就把她嫁出去完事。因此，萧红遭到了父亲的怒斥。但是萧红并不甘失败，她态度坚决地与父亲和继母大吵大闹，激烈对抗起来。继母把萧红的亲舅舅从乡下找来，以管教他这个不听话的外甥女。面对蛮横强硬的舅舅，萧红毫不退让，甚至找到一把菜刀要与舅舅拼个你死我活。

在这次抗争中，萧红以硬碰硬、近乎刁蛮的做法，不仅没有取得胜利，而且遭到了邻居、家族里一些旁观者的白眼，以为她确实是个不知好歹的"叛逆分子"。

与家人"谈判"失败了的萧红回到学校后，一度陷入了痛苦的悲观之中。很快，同学们就发现了她的变化，等知道了内情后，大家纷纷鼓励她振作起来，希望她勇敢地学习"娜拉"——易卜生笔下一个不堪歧视，为了追求个人的自由解放而毅然离家出走的女主人公。与此同时，从法政大学退学后到北京就读于中国大学的陆振舜也从北京转告她，他已经为她到北京做好了准备；还在暑假前，托他的中学同学、后在北大读书的李洁吾，回哈尔滨后去找他的表妹萧红现身说法。

显然，毕业后就立即嫁人对于萧红来说是可怕的。她此时已经接近20岁，思维已经趋于成熟、解放。她与未婚夫不仅没有任何感情，她也深知一个初中毕业的女人，嫁了人后的生活是什么样的。她对那种没有理想、没有自由、没有前途的生活早就感到了些许的恐惧。因此，她决定把命运操控在自己的手中，所以中学一毕业，她就从家里骗了一些钱，偷偷去了北京，从此迈出了漂泊流浪、人生艰难坎坷的第一步。

萧红到了北京后，很快就进入了女师大附中。她与表哥陆振舜同住在二龙坑的一座小院里，并且还请了一个保姆照顾他们的生活。不久，一些从哈尔滨来的校友开始经常光顾他们的小院。周末闲暇的晚上，大家围坐在一起，彼此无话不谈，经常聊到很晚方散。萧红对这样的生活很满意，她兴奋地给告诉同窗好友沈玉贤自己舒适而惬意的生活，言语之间，不无得意和庆幸之感。

然而，萧红的舒适和惬意不久就被打破了。

原来，萧红和表哥陆振舜虽然互有好感，但他们来到北京的目的却有很大的差别——萧红到北京主要是为了读书，而陆振舜更多的却是对萧红的爱慕——他希望他和萧红之间能够有个结果，他甚至写信回家向妻子提出离婚了。陆振舜以为萧红也是同样爱他的,不然她不会听从他的意见逃婚,这么决绝地跟他一起来到北京。因此,他向萧红提出同居的要求。可是令他意想不到的是,萧红竟然断然拒绝了。陆振舜自然不肯罢休,他开始纠缠起萧红,希望她的态度能够有所缓和,在半推半就之间完成同居。然而,萧红的态度却异常坚决,明确表示她不爱他。

为了断绝陆振舜的念头,萧红一怒之下,给知心好友李洁吾写了一封告发陆振舜非礼她的信,并且当着陆振舜的面交给李洁吾看。李洁吾知晓内情后,也非常生气,当即对同窗好友的"无耻之行"予以痛斥。陆振舜羞愧难当,难过得哭了起来。此后,陆振舜的非分之想彻底断绝,与萧、李二人和好如初。萧红重新开始了惬意的学生生活。

没过两个月,萧红的这种生活就再也无法维持下去了。原来,萧红与陆振舜离家出走一事,不知道怎么就在整个呼兰河县城被人添油加醋地传得沸沸扬扬,萧红一家,甚至整个家族一时间都笼罩在一种可怕的舆论强压之下。萧红的父亲因为教女无方,被迫辞去教育厅秘书职务,家族中还在上学的子弟不堪舆论的压力,也纷纷转到外地去读书。不久,张家辗转打听到和萧红在一起的陆振舜家中的地址,上门向陆家施压。陆家也很恨儿子铸下这样的"大错",很快就去信要陆振舜把萧红带回来。遭到拒绝后,陆家便狠下心来,切断了对陆振舜经济上的支持,使在北京的萧红和陆振舜立即陷入衣食无着的境地。就是在这样的情况下,萧红还是在努力坚持着,甚至一度因为衣衫单薄而冻得生病。就这样,萧红一直坚持着读完了整整一个学期,这时候已经到了1931年1月北京冬天最寒冷的时候。

寒假开始后,早已身无分文的萧红打点行囊准备与陆振舜一起回家,这时未婚夫汪恩甲也赶到北京来接她。于是,萧红告别李洁吾等好友,离开了北京。

回到哈尔滨眼看就要到"家"时,萧红又开始犹豫了。一方面她实在不想回到那个她早就想逃离的家,何况此时那个"家"又因为她而声名扫地了,她感到也没有脸面回去。另外一方面她也不想因为结婚而放弃学业。所以,她知道自己不能回去,一回去很可能就无法脱身了。所以,她对汪恩甲说,她不想回去不是因为不愿意嫁给他,而是她想要继续读书,她希望他能够支持她继续读书,他如果也能和她一起去北京读书,就最好不过了。

对于汪恩甲来说,他是很喜欢萧红的,他也不反对萧红继续读书,因为他也算是接受过"新思想"熏陶的"新青年"。然而,也正是由于他是个"新青年",所以他深知"新青年"的骨子里都是反对他们这样的包办婚姻的,因此他很害怕夜长梦多,害怕有一天萧红把他甩了,跟别人谈了"恋爱"。所以,他决定不如来个"生米做成熟饭",这样就不怕她跑了。最后,汪恩甲对萧红说,他可以支持她继续读书,但是要先同居,成为事实上的夫妻之后,他才能消除后顾之忧。

萧红几番思虑之后,她同意了汪恩甲的条件。所以,她和汪恩甲住进了哈尔滨的一家旅馆,一个年关连家都没有回。转眼一个月过去,新学期快要开始的时候,萧红又回到了北京。

不久,汪恩甲也到了北京,与萧红住在了一起。不过,他到北京的主要目的是想把萧红纠缠回去完婚。然而,他却是在他大哥汪大澄的极力反对之下跑到北京的。汪大澄早就看不惯萧红忤逆亲长,私自跟别人跑来跑去的作风,因此,他一度要求弟弟解除和萧红的婚约,只不过因为汪恩甲的坚持而未能如愿而已。

汪恩甲在北京与萧红同住了一段时间后,见很难说服萧红跟他回东北,感到非常着急,这时,哥哥断绝了对他的经济支持,而且更加要命的是,汪大澄竟然不经过弟弟的同意,私自与张家解除了婚约。汪恩甲把这件事一说,连萧红也坐不住了。二人商量之后,决定立即收拾东西回东北以挽救他们的婚姻。

汪恩甲到家后,苦苦哀求大哥同意他与萧红结婚——他已经把萧红带回来了,现在只要大哥点头了。可是,汪大澄死活不同意弟弟的请求,因为萧红在他心里的形象已经彻底毁了。

汪大澄单方面的行为,让萧红感到很生气。她说服了汪恩甲后,一纸诉状就把汪大澄告上了法庭。可是,让萧红始料不及的是,这本是很容易打赢的官司,却因为汪恩甲当庭翻供而输掉了——汪恩甲害怕哥哥名誉受损以及受到惩罚。

萧红的官司输了,在法庭上旁听的张廷举和张家亲友们也颜面尽失,狼狈不堪。所以,张廷举回家后,立即把萧红送到张氏家族在阿城福昌号屯的宅院,严加看管起来——张家宅院砖厚墙高,有持枪护院时刻把守。

萧红被软禁后，无时无刻不生活在一些人的监视和奚落之中，与动辄被伯父暴打的肉体苦痛相比，这种精神的折磨和压抑是最为痛苦的，也是萧红所不能忍受的。不久，在封建家庭气氛极其浓厚的这个宅院里，连萧红的生命也受到了威胁。于是，萧红在同情她的姑婶的帮助下，逃离了那个关押了她七个月的"人间地狱"，只身一人跑到了哈尔滨。

萧红逃跑后，盛怒之下的张廷举宣布开除她的族籍，断绝与她的父女关系，并且严令萧红的弟弟张秀珂等人不许与她来往，否则与她一样处置。从此，萧红与父亲丧失了任何感情联系，甚至父女二人再次相遇时，彼此也是冷眼相向，擦肩而过。

1931 年 11 月份的哈尔滨，天气已经转冷，衣衫单薄的萧红孤苦伶仃地在哈尔滨的街头四处流浪。她也曾一度找过同学，在同学家里过了一段饥一顿饱一顿的日子，但自尊让她无法心安理得地在人家里待下去，她最后选择了离开，并且最终成了一名街头流浪女。尽管如此，她还是多次固执地拒绝了一些不理解她的亲友们的施舍，宁可饿死。

随着冬天的到来，萧红每天都在为怎么在寒冷的夜里找个栖息保命之所而发愁。这种举目无亲、无处栖身的处境，深深地使她觉得自己连一只有主的狗、一名堕落红尘的妓女都不如。不过，萧红毕竟是萧红，她无论如何也不会堕落到去做妓女——在一个风雪交加的夜里，无处安身的萧红曾被一位年老色衰的暗娼收留，但她在第二天便毅然离开了那里。

尽管萧红离开了，但是这样的经历还是启发了她，因为她想到了她曾经的未婚夫汪恩甲。她和汪虽然解除了婚约，但是他们已经成了"事实上的夫妻"。尽管名分可能难以指望了，但是从道义上来说，萧红觉得这个令她失望的男人应该对她负有一定的责任。所以这样想过之后，萧红在走投无路的情况下，主动地找到了汪恩甲，要求他对她负责。

汪恩甲依然是喜欢萧红的，他只恨自己不能把她接回家里。但很快，他找了一家熟人开的旅馆，将衣衫褴褛的萧红安置了下来，二人就在旅馆里开始了夫妻般的同居生活，并且一住就是半年。1932 年 5 月，日军已经占领了哈尔滨，旅馆老板也开始向汪恩甲和已有了几个月身孕的萧红索要他们欠下的几百元食宿费。不久，汪恩甲就把"萧红"抛弃了——他在一次出门后就再也没有回来。他是跑掉了还是被日本人杀害了？总之，汪恩甲从此就像是人间蒸发了一样，没有人知道他去了哪里。

旅馆老板等了一个多月后，见汪恩甲一直不回来，便将萧红投进一间储藏室里关起来，准备再等一段时间，如果汪还不回来，就将她卖进妓院抵债。

萧红在暗无天日的储藏室里又过了一个多月。在这期间，她曾一度向好友李洁吾等人发出了求救信，可是没有收到回音。眼看着就要被卖进妓院的时候，病急乱投医的萧红突然想到了她喜欢看的一份报纸——《国际协报》。萧红怀着侥幸的心理立即给素不相识的《国际协报》的主编裴馨园（1895年—1957年）写了一封求救信，诉说了自己将要被卖掉的可怕现实。

裴馨园看了萧红的求救信后，第二天就与编辑孟希等人找到了萧红。裴馨园向萧红了解了情况后，表示他们将会与旅馆交涉，不会让她被卖掉。裴馨园找来老板，要他照常为萧红提供饮食，一切费用由他们报社负担。虽然裴馨园无力支付萧红所欠旅馆的巨款，直接将她救出来，但为了及时解救萧红，裴馨园回去后，立即召集了方未艾、萧军、舒群等年轻作者商量办法。只是大家都很贫困，会议最后不欢而散。此时，有能力解救萧红的，也许只有她自己的家里人了。然而，她的"父亲"和"六叔"虽然明知道萧红可怜的处境，但他们早就成了无动于衷的、可悲的旁观者。甚至，他们恨不得她早点死掉。

尽管无力把萧红解救出来，但裴馨园还是很关心她，不时派人去看望她。萧军及其至交好友方未艾、舒群、白朗等人就是在这样的探望中，与萧红相识，并结下了不解之缘。萧军、方未艾、舒群等人对萧红走上文坛发挥了很大的作用，他们后来也都在文坛上有些名声，后来萧军去延安时，毛泽东等领导听说鲁迅的弟子来到了延安，还特别会见了他。这是后话。

萧军见到萧红后，很快发现萧红原来是这样一个美丽而知性的女人。萧红也觉得萧军年轻有为，比想象中要亲切很多，所以两个人的感情迅速升温。原本无动于衷的萧军，也开始为无法解救萧红而苦恼不已。

就在萧红、萧军为了巨额欠款发愁时，一场特大的洪水帮助了他们。

1932年7、8月的哈尔滨，因为连续降雨，致使松花江、嫩江等处水势猛涨，江堤多处决口，哈尔滨一时间一片汪洋，几天之中就有几万人丧生。大水涨到旅馆二楼时，旅馆老板为了逃命，丢下萧红先跑了，准备通知妓院赶来领人。此时整个旅馆只剩下挺着大肚子的萧红一个人，萧军及时赶到，把萧红救了出去，并且安排她住进了裴馨园家的客厅里。

俗话说亲戚可走不可住，更何况还不是亲戚。萧红住进裴馨园家不久，就遭到了他们一家人的厌恶。因为他们不仅打扰了他们的生活，而且两个人的穿着也实在太不雅——萧军浑身上下的衣服满是补丁，而萧红此时还穿着棉鞋。虽然裴家已经不断地在态度上和言语上间接地向他们下了逐客令，但无奈二人实在无处可去，也只能忍辱负重地继续坚持着。

一天晚上，萧红肚子疼得厉害，疼得满床翻滚，豆大的汗珠不住往下掉。萧军意识到孩子马上就要出生了，为了带萧红去医院，他立即去找裴馨园借钱，但遭到拒绝。萧军无奈，只得空手把萧红送进了医院，并且强行住了下来，萧红因此得以顺利地产下一名女婴。

孩子生下来后，萧红的心里丝毫没有做妈妈的喜悦。她清楚地知道，一个连自己都养不活的人，怎么可能再去养活别人。所以，她隐忍着一直不给孩子喂奶，哪怕孩子就在身边，哪怕把奶水挤掉，她也咬牙坚持着。数日后，一个女人把她的孩子领走了。一种永远无法抹平的伤痛，深深地留在了萧红的心里。萧红去世前躺在病床上，还念念不忘她的这个孩子。

送走了孩子，自己却被医院扣住了，因为她此时已经欠了医院不少费用。不仅如此，萧红生病快死时，医生也不闻不问。这时，萧军像一头雄狮一样站了出来。他大吼着如果不给医治，他的女人如果死掉了，他会杀了他们全家！医生害怕了，萧红也很快就被他们治好了。医院这时才明白：他们面对的是两个一无所有的"无赖"，他们应该尽快将其赶走。

从医院出来，他们又回到了裴家。但很快，他们就被裴家驱逐了。萧军拿着裴馨园给的几元钱，带着萧红强行入住一家旅馆。此后，萧军一面做着编辑，一面找国文和武术家庭教师的工作，生活得到部分改善，不久就与萧红搬到了一处固定的住所。

为了填饱肚子，1933 年 5 月，萧红在朋友们的鼓励下，以悄吟为笔名开始了文学创作。

这一年是萧红文学创作起步的一年。是年春天，当时左翼进步作家群的领头人——共产党员金剑啸，进行了一次维纳斯助赈画展，旨在救济去年大水灾中的灾民。萧红积极参加了这次活动。在萧军的帮助下，萧红的两幅画作参加了展览。不过，画展的效果虽然并不理想，但这次活动却使萧红结识了许多志同道合的进步文人。此后不久,萧红就经常与萧军一道去牵牛坊,参加进步文人的聚会。

冯咏秋早年毕业于北京大学中文系,是著名的画家和音乐家,在哈尔滨文艺界比较活跃。他热情好客,他结交的很多文人、艺术家都喜欢在"牵牛坊"聚会,研讨艺术,议论时政,一时,这里成了进步文人重要的活动场所。金剑啸、罗烽、舒群、白朗等左翼文化人都是这里的常客。

冯咏秋与这些志同道合的朋友成立了"冷星社",经常组织研讨笔会,组织文艺创作。在党的领导下,左翼进步作家利用当时的报纸书刊发表小说、诗歌、散文揭露黑暗、唤起民众。萧军、金剑啸、罗烽、舒群、李文光、白郎等纷纷在长春《大同报》"夜哨"副刊和哈尔滨《国际协报文艺》周刊上发表进步文章。萧红在萧军和这些朋友的影响下,开始从事文学创作。1933年5月,萧红以悄吟为笔名发表了第一篇小说《弃儿》。随后,她接连写出《王阿嫂的死》、《看风筝》、《哑老人》、《夜风》、《清晨的马路上》、《中秋节》等多篇小说和散文,从此踏上文学征程,一度成为"夜哨"副刊的主要撰稿人。

为了宣传抗日救国和反抗封建统治的进步思想,以金剑啸为首的一些进步文人还成立了"星星剧团"和"口琴社",演出进步剧目和歌曲。当时,"星星剧团"最初的排练场地就在牵牛坊。金剑啸任"星星剧团"的导演,萧军、萧红、白朗、罗烽等都是团员。剧团刚刚成立时,萧军作词、金剑啸作曲还写了一首歌曲。在几个月的时间里,他们排练了好几个戏,其中有国外的进步短剧,也有自编自演的剧目。剧团准备找到场地后进行演出,但几经周折都没有演出成功。最后,当形势发生变化,日伪势力清查得越来越频繁的时候,剧团的一个成员被捕了,剧团因此被迫解散。这段经历,被萧红记在了《牵牛坊》一文中。

1933年10月,萧红和萧军共同的文学成果——靠舒群等朋友资助自费出版的短篇小说与散文合集《跋涉》在哈尔滨出版了。萧红署名悄吟,萧军署名三郎。《跋涉》的出版,受到读者的广泛好评,更引起文坛的关注,为萧红继续从事文学创作打下了坚实的基础。二萧的名字第一次一起出现在了世人的面前,一个挣脱了苦难的旧式女子以崭新的知识女性形象出现在了世人的面前——萧红人生第二生命开始焕发出了光彩。

萧红与萧军合著的小说集《跋涉》,因为书中带有鲜明的进步色彩,引起了特务机关的注意。为躲避迫害，萧红、萧军在中共地下党组织的帮助下，于1934年6月逃到青岛，住进舒群的家里。是年10月，青岛地下党组织遭到破坏，舒群被捕，萧红、萧军又逃到了上海。就在这个过程中，萧红开始创作她的成名之作《生死场》。

这部小说的构思始于哈尔滨时期，前半部的片断曾于1934年4月至6月，在哈尔滨《国际协报》的《文艺》周刊连载。全书共有十七节，描写了"九·一八"事变前后，哈尔滨近郊的一个偏僻村庄发生的恩恩怨怨以及村民抗日的故事，字里行间描摹着中国人一生的坚强与死的挣扎。在前面十节里，萧红用充满感情的笔调，描写了东北农民贫苦无告的生活，以及对人生的生存死亡的思索。在小说里，那些农民们身受地主的残酷压榨，一年365天，每天都是背向蓝天，脸朝黑土，辛勤操劳，累弯了腰，累跛了腿，还是得不到温饱，受着饥饿和疾病的煎熬……

1934年11月，萧红、萧军从青岛到上海后给鲁迅写了一封信。在此之前他们就和鲁迅通过信，鲁迅也给他们回过信。

鲁迅见信后约他们到虹口内山书店会面。这是他们的初次见面。许广平也这次会见中见到了"中等身材，白皙，相当健康"、"爱笑、无邪的"萧红。

第一次见面鲁迅资助了他们20元钱，以解决他们暂时的生活需要。可是他们连回程的车费也没有，于是萧军又另外向鲁迅要了些零钱坐车。

此后，萧红与鲁迅很快就熟悉了，彼此的交往也逐渐频繁起来。萧红和萧军把《八月的乡村》手稿交给鲁迅，请鲁迅指导和帮助出版。萧红、萧军陆续又写了《货船》、《职业》、《小六》等作品，并且在鲁迅的推荐和介绍下，在《太白》半月刊等几个刊物上刊出。

鲁迅评价萧红创作的《小六》时说："不是客气话——充满着热情，和只玩些技巧的所谓'作家'的作品大两样。"在鲁迅帮助下，萧红与萧军还结识了茅盾、胡风、叶紫等一大批左翼进步作家。

萧红与萧军的生活也逐渐改善了。二人想请鲁迅来家作客，只是鲁迅实在太忙，一直抽不出身。1935年5月2日，鲁迅和许广平带海婴一同到他们的家里看望了萧红和萧军。这次见面后不久，萧红完成了她的长篇回忆散文《商市街》。

1935年12月，萧红的中篇小说《生死场》以鲁迅所编的"奴隶丛书"的名义在上海出版，鲁迅为之作序，胡风为其写后记，在文坛上引起巨大的轰动和强烈的反响，萧红也因此一举成名，这部作品的问世，奠定了萧红在中国现代文学史上的地位。

一开始拿到《生死场》书稿后，鲁迅就托人把这部稿子四处去"兜售"。在半年时间的焦急等待中，萧红不止一次地写信问鲁迅，等到《生死场》即将出版时，萧红看到已出版的叶紫的《丰收》和萧军的《八月的乡村》都有鲁迅写的序。萧红就写信给鲁迅说："他们的书都有您给写的《序》，我也要！"鲁迅接信后，就连夜为《生死场》写了《序言》，第二天即寄给萧红。

鲁迅在《生死场》的序言里给予其客观的评价："描绘北方人民的对于生的坚强，对于死的挣扎，却往往已经力透纸背；女性作者的细致的观察和越轨的笔致，又增加了不少明丽和新鲜。""叙事和写景，胜于人物的描写。"

1936年3月，两萧搬到北四川路底的"永乐里"居住，希望离鲁迅更近一些。此后，他们二人"每夜饭后必到大陆新村来，刮风下雨天，几乎没有间断的时候"。鲁迅多次提醒萧红，不要把自己从北方农村带来的"野气"改掉，不要沾染那种"扭扭捏捏，没有人气，不像人样的江南才子气"。鲁迅还希望她"最好是常到外面去走走，看看社会上的情形，以及各种人们的脸"。

有一段时间，萧红因为与萧军夫妻关系的不和谐，为排遣心中的苦闷，经常到鲁迅家中去坐坐，但是那一段时间鲁迅恰在病中，所以每次萧红来了，大多由许广平作陪。

为了求得解脱、缓解矛盾，萧红、萧军在黄源（1905年—2003年，字河清，浙江海盐人）、许粤华等人的建议和支持下，商定先分开一段时间再说。1936年7月，萧红东渡日本。

身为长辈，虽然鲁迅明白萧红心中的苦闷处境，但他却不好说什么，因此只是爱莫能助。这种情形之下，萧红决定远走日本。病中的鲁迅赞同他们的计划，并为萧红饯行。在萧红走后很长一段时间没有消息，鲁迅经常叨念萧红怎么去了这么久也不见音讯。1937年，萧红与萧军重聚上海，但此时鲁迅已经逝世。

萧红回国后，心情仍然很苦闷。是年8月，日军进攻上海。10月，萧红、萧军撤到武汉，住在好友蒋锡金（1915年—2003年，曾用名蒋铺，作家，先后与茅盾、冯乃超、穆木天、楼适夷、王任叔等人分别合编多份刊物）家里，不久，青年作家端木蕻良和女画家梁白波也住了进来。因为人太多，端木蕻良和二萧三人甚至一度挤睡在了一张床上。1938 年 1 月，应民族革命大学副校长李公朴先生之邀，萧红与萧军、端木蕻良等人，先后从武汉到达山西临汾，在这所由阎锡山创办的大学里担任文艺指导员。2 月，日军进攻临汾，"民大"要撤走，萧红与端木蕻良、丁玲、聂绀弩等人随西北战地服务团到了西安，萧军则因为一心想要投笔从戎去打游击，不顾萧红的坚决反对，独自一人去了延安。临走时，萧军态度坚决地表示：大家以后各走各的路，以后如果还能再见，到时候再决定是否在一起。实际上，萧军这样做基本上等于宣布他要放弃她。不过，萧军在延安住了半个月后，却又好像有所反悔似的答应了丁玲的邀请——回西安参加"西战团"，做抗日文化宣传工作。然而，萧军回到西安后，萧红立即向他提出了分手。萧军看到面前的萧红和文质彬彬、性格内向的端木（即端木蕻良，满族，又名曹京平，辽宁昌图人，著名作家，在清华大学学习期间加入北平左翼作家联盟，开始文学创作活动）两个人，心里立刻就明白了。他平静地点头同意了——此时，萧红肚子里又已经有了他的骨肉。

1938 年 9 月，萧红只身赶到重庆，与先行到此的端木蕻良会合。由于产后虚弱，萧红先是在歌乐山保育院休养，后来则搬到北碚复旦大学宿舍，当时端木在复旦大学新闻系任教。居住重庆期间，由于生活暂时安定，萧红创作了一些散文和小说，其中影响很大的《回忆鲁迅先生》一文就是在这个时期完成的。1940 年 1 月底，受复旦大学教务长孙寒冰先生的邀请，萧红夫妇在未征求朋友意见的情况下，突然离开重庆，飞抵香港。次年 4 月，萧红因肺结核病情加重，被香港跑马地养和医院误诊为喉癌，而错遭切喉手术。几天后，萧红带着遗恨离开了人世。

8. 命里红颜

鲁迅的包办婚姻

1906 年的夏天，鲁迅连续接到家里寄给他的信件，催他回家。最后甚至接到"母病速归"的电报,对此,一直拖延的鲁迅只得立即回国。

为什么家里反复催鲁迅回去呢?原来,鲁迅的母亲不知道听了谁的传言,说有人看见鲁迅已经在日本和一个日本女人结婚了,说得言之凿凿,让鲁迅的母亲听了非常着急。因为她早就给鲁迅在家乡敲定了婚约,而且自己早就和鲁迅的"未婚妻"朱安非常熟悉了。鲁迅不在家的时候,朱安经常去看望未来的婆婆,有时候还一起去看戏什么的。所以,在鲁迅母亲的心目中,朱安早就是自家人了。

尽管鲁迅接受了新知识,走近了新世界,拥有了新思想,尽管鲁迅一百个不愿意回来和那个从来未曾谋面的未婚妻在一起生活,但是他最后还是屈服于"母命难违"的强大压力。

既然不能自主,鲁迅下定决心,干脆就做一个名副其实的木偶。在婚礼上,心里委屈、面色阴沉的鲁迅,机械地配合着别人的指挥完成了所有的仪式。在楼上入了洞房的鲁迅,见到身材矮小、其貌不扬的朱安,心情沉重地独自坐了一夜——这是鲁迅一生中和朱安同房的唯一一个晚上,第二天鲁迅就搬到了楼下去睡了。

结婚后第四天鲁迅便带着二弟周作人东渡去了日本,直到三年之后才回国。

鲁迅回国后,先后在杭州师范学校、绍兴浙江省五中和绍兴师范学校任职,住在学校,很少回家。1912年蔡元培聘任鲁迅到南京教育部工作,更不沾家。1919年鲁迅全家(母亲、朱安和两个弟弟)北迁至北京八道湾居住。

自从结婚以后,无论到哪里,朱安一直陪伴着母亲,操持家务。鲁迅也把生活费用交给朱安,由她安排日常生活。尽管朱安一直受到冷遇,但朱安还是想着能够取得鲁迅的好感,对鲁迅照顾得很周到,她常对在院子里玩耍的小孩子说不要打扰鲁迅写作,洗衣做饭都尽量得到鲁迅的认可,每天晚上为鲁迅铺好被褥(鲁迅不同意她这样做,但朱安依然故我)。朱安偶尔还想着和鲁迅说上句话,但是鲁迅和她话不投机,总是尽量避免和她说话。所以,虽然同住在一个大院,但鲁迅只是决心供养朱安一辈子,根本没有做真正夫妻的意思,他们一直过着分居生活。虽然鲁迅似乎平时表现得很冷漠,但在朱安患病时,鲁迅还是很会照顾她,陪她去治疗。另外,他还定期为朱安的娘家寄钱。

1927年，鲁迅在上海与许广平同居后寄回二人的合影，朱安看见后也没有表现出丝毫不高兴的神情，而且还称许广平为妹；当知道他们有了孩子后，她也非常高兴，认为这等于是自己有了孩子。1947年，比鲁迅年长三岁的朱安去世。

爱 的 归 宿

许广平生于广东番禺，出身名门，是被称为"近代广州第一家族"许家的后人。近代以来，许家名人辈出，如赫赫有名的许崇智是许广平的堂哥。1917年，颇有家学渊源的许广平考入天津直隶女子师范学校，1923年考入北京女子高等师范学校国文系。

鲁迅到女师大给她们讲《中国小说史略》课时，他的学生中就有许广平。当时鲁迅在文学界已经很有名声，是很多青年学生心中的偶像，而且鲁迅的课也讲得很幽默，所以鲁迅在学校里很受欢迎。

每次听课许广平总是坐在第一排，认真地听课，积极地发问，每周的课，她最喜欢的就是小说史。她从心底里敬仰鲁迅学识渊博和深刻精辟的文风。而面对积极表现的许广平，鲁迅也对她深有好感，认为她肯动脑子，有才气。

1924年5月，女师大学潮爆发，许广平是学潮中的一员骨干力量。尽管最后斗争取得了一定程度的胜利，但是在风雨如晦的日子里，在变幻莫测的复杂形势下，很多人都不知道前面的路应该怎么去走，中国教育的未来在何处。次年3月11日，许广平带着这些问题，大胆地给鲁迅写信请教，希望能够得到指导。鲁迅在收到来信的当天，就给她回复了一封长信。鲁迅在心中没有像老师一样说什么循循善诱、答疑解惑的话语，他直言了自己真实的感受："我自己对于苦闷的办法，是专与袭来的苦痛捣乱，将无赖手段作为胜利，硬唱凯歌，算是乐趣，这或者就是糖罢……"

这封信拉近了和许广平的心里距离，让许广平看到了一个严肃而真实的鲁迅。

3月15日，许广平在信中说："我不解何以同在京城之中，而邮递要至三天之久？"4月12日，许广平和同学一起拜访了鲁迅，回来后在文章中对鲁迅的寓所诗情画意地大肆描写了一番，爱慕之情溢于笔端。

之后，许广平去位于塔砖胡同的鲁迅家里拜访，帮着干些家务或者文字杂活，逐渐成了那里的常客，他们二人的情谊也逐渐加深起来。直到1925年10月的一天，许广平把那层窗户纸捅破了：她主动地握住了鲁迅的手。鲁迅报以回握。

1926年"三一八惨案"后，鲁迅因为痛骂段祺瑞政府遭遇人身安全危机。北京很难待下去了，如果继续在北京待下去，他和许广平的关系怕也无法维持，而且南方有几所大学也向鲁迅发出了聘请，于是鲁迅决定和许广平一起去南方开始新的生活。他和许广平商定，各自去谋职，以为将来的生活积攒些钱。虽然是一同南下，尽管已经有人非议，但鲁迅并不害怕别人的非议，他说："异性，我是爱的，但我一向不敢，深恐辱没了对手。然而一到爱起来，气起来，是什么都不管的。"

1926年8月鲁迅到厦门大学任教，许广平回到家乡，在广州女子师范学校任职。1927年1月，鲁迅到广州的中山大学任教，许广平任助教和广州话翻译，他们在白云路租房开始了同居生活。"四一二惨案"发生后，同年10月3日，鲁迅与许广平来到上海，正式同居。1929年，生子周海婴。鲁迅逝世后，许广平经常汇生活费给朱安，直到朱安去世。

胡适：

新文化中旧道德的楷模，
旧伦理中新思想的师表

> 虽然胡适爱把"很"字写成"狠"，虽然他一辈子走的路，不是偏向于"左"，就是偏向于"右"，但胡适却似乎永远"左"得不够"狠"，"右"得也不够"狠"。

1. "激扬文字"的学习与交游

1889 年,死了两任前妻的胡适的在外做官的父亲胡传娶了小他 30 岁的村姑冯顺弟。1891 年胡适(上有三个哥哥和三个姐姐)出生于上海大东门外的一个茶叶店中,成为皖南绩溪县上庄的胡氏大族世称"明经胡氏"的第 42 代后人。

1894 年中日甲午战争爆发后,任台东直隶州知州的胡传,安排胡适母子回到绩溪,在遗嘱里说胡适天资聪明,要让他读书。1895 年,胡传被杀。

回到老家的胡适在母亲的支持下,进入本家私塾读四书五经,课外看了不少各种类型的小说。这里不能不提胡母的贤明:当胡适在外面犯错时,为了照顾胡适的面子,她会关起门来动之以情、晓之以理地进行教导;胡适留美时,她在生活非常窘迫之际,不惜借"巨资"80 元为胡适购买他曾很想要的图书邮到美国——此事感动了一位美国商人,借钱给胡适帮助他还债。

胡适 12 岁时,教课的私塾本家叔叔发现已经教不了胡适了。1904 年,胡适到上海进入父亲的好友张焕纶办的梅溪学堂读书,与郑铁如等同学,开始了解时事和接触外面的世界。第二年年初，在梅溪学堂没有毕业的胡适进入澄衷学堂读书，同学有竺可桢、郭虞裳、张美品、俞颂华等。在读到《天演论》时，胡适取字"适之"。1906 年，胡适因为与张美品等人组织成立"自治会"受到处分，一气之下离开了澄衷学堂。同年夏，胡适报考中国公学。总教习马君武看了胡适的作文爱不释手，向彭施涤、谭心休等人说："公学得了一个好学生。"同年 10 月 28 日，胡适的人生第一篇文章在竞业学会蒋翊武协助傅君剑等人办的《竞业旬报》上面发表，受到老师马君武、彭施涤、谭心休

胡适

等老师和同学钟文恢、鲁楚玉、石蕴山等人的夸赞。之后，胡适开始在上面发表各种文章和翻译小说并成为主笔。第二年，胡适就有了少年诗人之名。

1908 年 9 月，胡适与许怡荪（早逝）、朱经农、汤保民、任叔永等 160 位同学因为中国公学的民主制度被取消而集体宣布退学。胡适被推举为大会书记起草宣言。之后，胡适在他们另行成立的中国新公学担任英语教师，与王云五、辜鸿铭的学生姚康侯等成为同事，学生有杨杏佛（后与任叔永一同赴美留学，与胡适来往甚密）等。

1909 年胡适辞去英文教师一职，生活逐渐陷入拮据。好友王云五见此把他介绍到华童公学教国文。1912 年，胡适推荐王云五到商务编译所工作，可谓是投桃报李了。

1910 年，胡适向好友许怡荪、程乐亭、族叔胡节甫等人借了钱，在杨景苏的帮助下在北京考取了"庚款"留美官费生。同年 9 月，胡适与赵元任、傅友周等进入康奈尔大学学农学（一年后改学文科）。在校期间，胡适专研《诗经》等古文，同时与张慰慈、马君武等国内师友保持通信。

1911 年 8 月，胡适和沈保艾、魏作民、程义藻、蔡吉庆、胡明复、胡达等组织成立演说同志会，胡适任主席。从此，胡适一边发表文章，一边演讲，并且博得了认同，如获得勃朗宁征文奖，1913 年胡适被选为世界学生会会长，成为了学生中的名人。1914 年，胡适、任鸿隽、梅光迪、张耘等成立读书会。

在美留学的七年间，胡适在社交方面可谓是春风得意，结识了很多同学

和朋友,其中著名的人物有黄兴、宋子文、张奚若等,还与国内的陈独秀等惺惺相惜,保存着密切的联系。1916年年底,胡适在陈独秀主办的《新青年》上面发表了《文学改良刍议》,奠定了他在新文化运动中的先锋领导地位。

2. 批评与被批评:校园争锋

在民国时期的文坛上,胡适算是拥有朋友最多的一个,也是最不愿意与人交恶的一个,而他作为文坛的中心人物之一,却自然而然地成了最受争议的人物之一。

树大招风。才华横溢的胡适似乎生来注定就是一个饱受争议的文坛风云人物。尽管胡适本人生性平和,但是却不可避免要与一些人有过争论,骂人与被骂。

胡适在同学之中经常被人说是好立异以自高,凡是别人都认可的,胡适往往能够找出些与众不同之处。他是个不愿意随波逐流、人云亦云的人;对于这一点,连他的至交知己也说他"有意为狂"。这一点,应该也是胡适所言所行常常备受争议的根本原因之一。不过,在学术问题上,胡适还是比较老实的,信奉以求证为第一。

早在1908年,胡适在中国公学时发表过一篇题目叫《论承继之不近人情》的文章,批评中国传统思想里的继承观念,认为人老了,可以不依靠子女而依靠社会。

1911年秋天,胡适就和刚到美国的老同学梅光迪(字觐庄,安徽宣城人)为宋儒方面的问题进行了长篇的辩论。后又与之在男女问题上产生了分歧。胡适在提倡进行文学革命,努力宣扬做白话诗时,梅光迪和胡适之间的辩论纠缠了很久。

同年9月,胡适第一次提出"文言是半死之文字,不当以教活文字之法教之",主张废文言,用白话,表达了文学革命的思想:"文学革命其时矣!";而梅光迪则认为白话固然可用,但文言也断不能废除,与胡适辩论得十分激烈。第二年暑假,他们又聚在一起,继续辩论中国文学的这些问题。正是这种辩论和自己用白话作诗的一直尝试和坚持,使胡适逐渐清楚地认识到中国文学必须来一场革命，旋即旗帜鲜明地提出"文学革命"的口号。

在文学革命的大旗下，胡适不仅使用白话文作文，还提倡和坚持用白话来写诗，无论别人怎么反对，甚至是嘲讽（被认为是打油诗），他始终坚持"作诗如作文"，宁可被人叫"打油"，也不能被叫"返古"。在反对的人中，颇不以为然的梅光迪是同学之中反对最激烈的一个，他坚持认为"文章体裁不同，小说词曲固可用白话，诗文则不可"，"诗文截然两途"，"文学不能围着村姑妇孺转"；对此，胡适列举李白、白居易、苏轼等大量案例予以反驳。

胡适的坚持尽管得到了国内陈独秀等的支持，但在美国很长一段时间是一种孤独的坚持，如好友张奚若也说他写的白话诗不像是诗。但这种争论也促使胡适更加坚持自己的主张，并且在白话诗的探索上逐步完善，最后影响到了周围一些人的效仿（如任叔永、杨杏佛等），还出版了白话新诗集《尝试集》。胡适在日记中写道："若无叔永、觐庄，定无《尝试集》。"

3. 批评与被批评：与胡博士进行学术争论

1917年，27岁的胡适在博士毕业（1927年才完成博士学位的手续）前，受到同学加同乡汪孟邹与陈独秀向教育总长蔡子民的大力举荐，回国后在蔡元培任校长的北京大学做教授。胡适在北大很快找到了知己，和刘半农、沈尹默、傅斯年、俞平伯、周作人、钱玄同等组成了作白话诗的小圈子，形成了有李大钊、陈独秀、马寅初、马幼渔等加入推进新文学革命的文学革命阵营。在倡导新文化运动的过程中，胡适成为新文化运动的领袖人物之一，并且很快获得了很大的社会知名度。

而与胡适争议最多最凶的却是自己的同学梅光迪。1921年，梅光迪到东南大学任西洋文学系主任后，仍固持己见地主张"昌明国粹"，反对用白话作诗。为了反对白话文的文学革命浪潮，1922年梅光迪专门办了《学衡》杂志，作为反对胡适、陈独秀、鲁迅等领导的新文学运动的阵地。该杂志借反对全盘西化为名，宣传复古主义和折中主义，大肆发表反对新文化和新思想的《评提倡新文化者》等文章。

尽管胡适与梅光迪的思想分歧很大，但是他们的关系并没有因为这些争论而恶化。胡适在北大做教授时，曾邀请梅光迪到北大任教，但梅光迪婉言谢绝了。十余年后，他们在美国相遇时，依然相见甚欢，彼此还是老同学、好朋友。

1918 年，在与陈独秀等人共同编辑《新青年》的过程中，胡适认为应坚持只谈文化，不谈政治。而陈独秀和李大钊则对政治思潮很在意，可能为了照顾胡适的意见，陈独秀另外办了一份《每周评论》的小报，专门发表批评时政、讨论政治改革的文章。

同时，胡适因为不主张全盘否定旧文化、主张少提主义等问题，和钱玄同、陈独秀、李大钊等很多人都有过辩论，胡适关于东西文化大争论的序幕也由此拉开。

同年，学生张厚斋给胡适写信说《尝试集》"轻于尝试"，后又在报上发布不实消息说胡适、陈独秀、钱玄同、刘半农被北大"驱除出校"，引得钱玄同和胡适闹别扭，要退出《新青年》，也惹得在南方办学想聘请胡适的陶行知白高兴了一场。

1919 年，黄宗培致信胡适，说他只说女子的贞操问题，而没有提倡男子贞操。胡适没有反对。8 月，辜鸿铭发文批评胡适的文学革命很愚蠢，文言不是"死语言"。胡适拿辜鸿铭的辫子说事与之展开了辩论。

1920 年，胡适关于古代没有井田制的观点，引起了廖仲恺和胡汉民等人的争论。9 月，因为自己的诗被胡怀琛改了三个字，与之辩论。

1921 年，胡适出版的一本新诗研究著作被苏梅狠批。11 月，因为《墨经》和诸子学说的问题被章太炎和章士钊一起批评为"武断"与不懂得诸子之法和说经的区别，胡适反击。

1922 年，胡适开始演讲他推崇的《科学的人生观》，他认为可以用科学的精神、态度、方法来对付人生的问题。后来，张君劢与受到这种思想影响的丁文江发生了争论，把胡适也引入了争论之中。陈独秀为此也与胡适有些分歧。

1923 年初，胡适在鲁迅等人的帮助下，完成了《＜西游记＞考证》，即首次发表作者是吴承恩等问题的考证。2 月，胡适发文列了一个包含 164 种图书的"最低限度的国文书目"。梁启超以为不足，也针锋相对地列了一篇书目，并介绍了读法。此后胡适与陈独秀在很多问题上发生了分歧，如，陈独秀颂扬义和拳,胡适贬低义和拳;陈独秀反对泰戈尔,胡适则亲近泰戈尔;陈独秀信奉唯物论,胡适则反对唯物论;胡适反对陈独秀大讲抽象名词等。

1927 年,开始有"胡适派"和"鲁迅派"的划分。鲁迅认为傅斯年、顾颉刚等人都是胡适派的。此时,文坛左翼和右翼的斗争已公开化、激烈化。但是,胡适对骂战似乎天生不感兴趣。1936 年 11 月,胡适收到苏雪林的来信,要他领导右翼力量,进攻如鲁迅、茅盾、巴金、郑振铎、丁玲、郭沫若、郁达夫等左派,抢夺文化阵地。但胡适认为只要政府能够维持秩序,青年左倾就不足为虑,所以不必惊慌;要全面看待鲁迅,鲁迅有他的长处。

胡适一生酷爱考证,而且成绩卓著,贡献突出。在大量的考证过程中,胡适得到了鲁迅、俞平伯、周作人、梁启超等一大批人的合作与支持,发现、保存、整理和抢救了很多珍贵的极具文物价值的古代文字资料,如敦煌佛经、《水经注》、《水浒传》、《红楼梦》等,在考据学上,探索出了一套"尊重事实,尊重证据","大胆的假设,小心的求证"的科学方法,成为考据学史上的一代权威。

4. 不想做官的胡博士的政治观与政治"试水"

中国学子历来是"家事、国事、天下事,声声入耳"的,性情平和如胡适这样的也不能例外。从 14 岁时起就接触了《新民时报》、《革命军》等进步读物,开始逐渐了解社会与政治等问题的胡适,一生游走于政治的边缘,但总的来看,胡适对政治的兴趣不如对学术的兴趣,胡适本人也多次反复强调自己无意于仕途,多次推掉送上门的官位,以求能够有充分的时间安静地作些学术研究,以文救国。可惜的是,任何学术,特别是文艺文学方面的研究,总也避免不了一个政治立场和为谁服务的问题。学术与政治不是绝缘的。所以,胡适在希望安静做学问的同时,也经常会或多或少、情不自禁地不时表达自己对时局等问题的看法,不时进行一些政治活动的尝试。

胡适在政治方面来说,一开始并不是个保守派,但是说他是激进派似乎也是不对的。随着时局的发展,胡适逐渐落入了保守派的圈子不能自拔,这可能是由于他的性格所决定,也可能是自身经验与身家利益所决定,抑或兼而有之;从胡适本身来说,他对自身特点自己能力的认识也是有一个过程,有一个局限的。

1912年是美国的大选之年,在几个候选人中,参与投票的胡适误打误撞地选对了人——民主党候选人威尔逊当选为总统。虽然是小事一桩,但胡适却很为自己这次政治预测的成功而暗喜——以为自己有

胡适与蒋介石

异于常人的政治敏感性。这让胡适第一次对政治产生了浓厚的兴趣。不久,经他的提议和组织,一个由胡明复等十位同学组成的"政治研究会"诞生了。

1912年11月,胡适发文驳斥曾侵略过中国的,正在四处诋毁中华民国的勃朗特。

1913年,因为看见章太炎的《大共和报》拥戴袁世凯,胡适决定不再给他投稿。

1914年,胡适在缺席的情况下,仍被国际政治学会选为会长。

1915年,中国留美学生会召开特别会议,讨论抵制日本"二十一条"对中国的侵略,胡适未能参加,但是写了一文请会长在会上代读。胡适认为,外患来了,不要惊慌,发急电、痛苦陈辞等都是无用之举;我们在国外也帮不上什么忙,不如镇静处之。胡适的态度让秉农山等不满,甚至有人说胡适不爱国。

胡适坚持他的镇静主义,随后发表的《致留学界公函》一文更加引起了公愤。胡适在文中说:"当务之急,实在应该是保持冷静。让我们各就本分,尽我们自己的责任;我们的责任便是读书学习……在目前的条件下,对日作战,简直是发疯。"

1915年8月,袁世凯的政治顾问古德诺在袁世凯的授意之下,发表《共和与君主》为称帝制造舆论的文章。而在此之前,胡适就在纽约的《外观报》上面发表了《中国与民主》一文,说称帝只会使袁世凯加速垮台。古德诺不仅作文宣传,还四处鼓吹中国无共和的条件。胡适见此继而又写了《古德诺

与中国之顽固反动》的文章予以痛斥。

1916年，胡适对各路护国军讨袁表示不认可，他认为救国要以教育为根本。讨袁的做法无异于挖肉补疮，不是根本的解决办法。

1917年4月，希望看见世界都变得民主的胡适填词《沁园春·新俄万岁》一首，为俄国的二月革命喝彩。同年他回国时，听到张勋复辟的消息，决定二十年不谈政治。1919年6月，陈独秀被捕、胡适接办《每周评论》后，胡适开始发表《多研究些问题，少谈些主义》等政治评论，以实用主义的态度批评大讲马克思主义的李大钊，认为那些"主义"是害人的空谈，学生闹事就和这些有关。李大钊等与胡适进行辩论。

1920年，胡适与蒋梦麟联名发文不赞成学生运动，号召学生应该把精力放在学习上，罢课不能也不是干政的武器。

1921年，教育部全体罢工，胡适发表《好政府主义》呼吁推翻北洋政府，造个好政府。

1922年5月，胡适起草并与李大钊、蔡元培、朱经农、汤尔和、陶行知、梁漱溟、高一涵、张慰慈、丁文江等16人联名发表《我们的主张》宣言，作为改革中国政治，以建设一个好政府的最低要求。有人对胡适提议一起组织一个政党，胡适表示只想做超然、独立、监督政党的政论家。

不久，胡适与蔡元培、梁漱溟等联名撇开孙中山，邀请黎元洪任总统。6月，与丁文江、张君劢、蒋百里、陶孟和、林宗孟、顾维钧等几十个朋友组织定期召开的政治讨论会。7月，中国共产党在《努力》上发表《中国共产党对于时局的主张》，胡适表示"我们并不菲薄你们的理想的主张，你们也不必菲薄我们的最低限度的主张"。胡适希望国会承认黎元洪的临时政府。对于陈炯明的叛变，胡适反对攻击陈炯明（两个月后，陈炯明派陈达材到北京请胡适去广东办大学，被胡适谢绝），认为这是一种革命，不属于"叛逆"；他反对武力统一，对孙中山和吴佩孚都不满意；因为支持联省自治，还和陈独秀等打起了笔仗，孙中山等也对胡适予以反击。《民国日报》痛骂胡适。

9月，胡适撰文《国际的中国》，评论陈独秀等人的民主主义革命和反帝国主义革命侵略两个大目标问题。胡适认为反帝国主义侵略应该包括在民主主义革命之内，完成了民主主义革命，帝国主义侵略自然就解除了。

10月，北大因为向学生收取讲义费，爆发了学潮，胡适认为发动学潮的

"暴乱分子"败坏了北大的声誉。学潮风波平息后，因为带头闹事被北大开除的冯省三找到胡适，要求做旁听生，被胡适严词拒绝。

1923 年，发生曹锟等行贿国会案，胡适发文提出对曹锟、张伯烈加以查办，同时触及黎元洪，遭到攻击。

1924 年，冯玉祥把溥仪驱逐出清宫，胡适认为是倚强凌弱，表示抗议。很快，胡适遭到激烈的批评甚至是谩骂。周作人、王正廷、李书华等都认为胡适这样守旧的立场有损于胡适新文化、新思想领袖和代表的形象。

1925 年 1 月上旬，胡适接受段祺瑞和许世英等拉拢，不顾众人一致反对，决定参加与孙中山的国民会议对着干的、由日本人撑腰的段祺瑞政府组织的善后会议，表示"愿意试一试"。邵飘萍、董秋芳、袁伯谐等对之大加嘲讽和痛斥。胡适的好友任叔永等对此表示理解。

2 月 2 日，在胡适参加善后会议的第二天，宣统进入日本使馆投靠了日本，周作人等人的预言应验了。胡适陷入颜面尽失的被动境地。胡适被人骂为"拥戴段祺瑞为父，并追认袁世凯为祖父，溥仪为曾祖"。3 月 4 日，胡适辞去"善后委员"。胡适的政治尝试惨败。

8 月，胡适因为反对卷入学潮和政潮，以及有人在溥仪的复辟文件中发现胡适的名字，遭到围攻，舆论把章士钊与胡适等同看待。胡适发文驳斥章士钊，与之划清界限。

11 月，《晨报》报馆被烧，认为不该烧的胡适与陈独秀就此事进行辩论，胡适认为无论《晨报》有多少不是，也不应该烧掉。之前有很多人要胡适加入"反赤化"的讨论，胡适没有加入，因为胡适觉得应该容许新事物进行试验——基于这样的理念，胡适来思考苏俄的革命问题；后来胡适就提出把东北作为共产主义的"试验田"，看看效果后再决定是否推广。

1926 年 7 月 31 日，胡适以庚款委员的身份到英国争取退款，中途到莫斯科的胡适在于右任处遇见刘伯坚、蔡和森、马文彦等十余人。曾经和毛泽东一起拜访过胡适的蔡和森劝说胡适组织政党。说得胡适有些心动，表示可以考虑组织一个"自由党"，实行社会主义的政策。在英美期间，胡适肯定北伐战争，积极对中国的文化进行宣传。

1927 年 4 月，"四一二"政变爆发，局势动荡。24 日，不知道蒋介石对自己态度的胡适得到好友顾颉刚、丁文江等建议，从美国到达日本观察时局，以静待动。期间，胡适公开表态："蒋介石将军清党反共的举动能得着一班元老的支持……是可以站得住的……是可以得着我的同情的。"他在一封信中说："我的许多老朋友都站在南京政府的那一边。这个政府代表着温和派和自由派。"胡适眼里的"元老"、"老朋友"是指蔡元培、吴稚晖等人。

1928年，胡适就任中国公学校长，坚持反对国民党禁止学生干预政治。

1929年，胡适发表《人权与约法》等文，批评国民党的人权政策，点名蒋介石，要求制定宪法引导人民参政，引发《民国日报》等国民党控制的刊物对胡适的围剿，上海、天津等地的国民党党部先后提案，要求严惩胡适，好友张元济、蒋梦麟等劝告胡适要少说话，不要开罪政府。吴稚晖、汪精卫等甚至直言胡适是反革命。面对这种生死危机，后经蔡元培的努力疏通，不赞成专制的胡适与国民党的"人权论战"风波方才平息。

1930年，胡适发表《新文化运动与国民党》等文，表示提倡改良，不支持革命；李大钊的死，陈独秀的被铺，都说明改良是对的；骂辩证唯物法。11月胡汉民演讲并且发表《谈所谓言论自由》一文，影射攻击胡适所认为的废除不平等条约是中国急切的要求等思想。

1931年九一八事变后，胡适提出对日外交九条主张，支持不抵抗政策，反对对日作战，反对与日本绝交，主张不合作主义。此后一段时间，胡适抱着与日本直接接触——直接交涉取消满洲国，恢复中国在东北行使主权的幻想。

1932年，胡适在《独立评论》可以承认"满洲自治"，赞扬国联对日本侵略东北的报告书。10月，陈独秀在上海被捕，胡适与傅斯年等电请蒋介石"将陈独秀案付司法审判"。蒋介石复电照办。同时，胡适为陈独秀介绍律师并表示问候。11月，蒋介石接见胡适。

1933年，100名日本兵便侵入承德，接见胡适的蒋介石表示现在不能打……已经让张学良辞职。归来后，胡适作《日本人应该醒醒了》，被社会舆论痛斥为寄希望于日本的悔悟。4月，汪精卫请胡适任国民党教育部长，胡适谢绝。5月，日寇大举攻华，胡适表示要理解和支持国民党的妥协政策，继续主张不抵抗政策。傅斯年见此气得要退出评论社。

1934年，胡适发文希望蒋介石裁军以求统一，说武力统一行不通。

1935年，胡适主张为求得十年的和平，中国可以做出包括承认"满洲国"

之类的让步，一面解决武装割据，一面作长期苦斗的准备；预言第二次世界大战不能避免；强调中国对日要"守"，反对抵抗，中国可以等候 50 年再解决国难；反对华北的"自治"、"独立"。

1936 年，《独立评论》因张奚若发文批评宋哲元被停刊（后经胡适道歉，复刊）；西安事变中，胡适、傅斯年等骂张学良叛国的文章被印成传单，用飞机拉到西安上空散发。

"七七事变"后，没有想到中日关系恶化至此的胡适认为卢沟桥只是局部事件。应蒋介石之邀，胡适离京前关照江冬秀、叶公超、梁实秋等去天津。胡适向蒋介石建议与日本的外交不能断，推荐高宗武。但蒋介石这次战的态度很坚决。胡适、陶希圣、汪精卫等私下议论，认为可以调整中日关系，用外交来收复失地，作一次最大的和平努力。汪与蒋分歧很大。

随着战事的激烈发展，9 月，被蒋介石派到英美进行民间外交的大使胡适，临行前与汪精卫见面时表达了"和"比"战"困难百倍的思想转变，但汪精卫、高宗武等依然希望和谈解决问题。在美国，胡适积极宣传抗日，争取同情，还当面向总统罗斯福建议美国要果断放弃妥协思想。胡适的高调宣传引起了日本的关注。1938 年，胡适被正式任命为中华民国驻美全权大使。

驻美大使胡适在进行"诚实与公开"的外交过程中，始终认为国际社会应该抵制日货，对日本进行经济制裁，实现武器方面的禁运，对敌人不利的国际局势的变化一定会到来。胡适的努力，取得了一些在对美借款等外部支援方面的成绩。但胡适在担任大使期间，一直也备受争议，如汪精卫等叛变，胡适遭到严重怀疑；孔祥熙等认为胡适只拉同情中国的，不与反对党接触，到处领学位的事情也一度让蒋介石很生气；宋子文因个人恩怨，也排挤胡适。

1945 年，胡适作为中国代表团代表出席联合国大会，遇见中共代表董必武时说：共产党不如放下武器，从事单纯的政党活动。董必武则提醒胡适不要忘记历史，要知道共产党是从什么时候拿起武器的。胡适无言以对。

1945 年，日本无条件投降后，胡适给毛泽东写信，劝告中共珍惜和平的机会，"万不可以小不忍而自致毁灭"。此后，蒋介石一直希望胡适能够直接参政，甚至想让他做总统候选人，但被任命为北大校长的胡适，一直想以不直接在政府做官参政的方式为国民党争"面子"，以独立人的身份支持国民党的政治和战争——直到 1949 年 4 月,胡适还接受蒋介石的托付,再次到美国为国民党求援,1949 年 11 月,胡适主办《自由中国》,继续发表学术文章与进行反共宣传。

5. 胡适的为人处世哲学

虽然胡适爱把"很"字写成"狠",虽然他一辈子走的路,不是偏向于"左",就是偏向于"右",但胡适却似乎永远"左"得不够"狠","右"得也不够"狠"。纵观胡适一生,你不能不对他的交友范围之广感到惊讶,似乎所有人都应该是他的朋友——他不仅把国民党一派的如蒋介石、丁文江、傅斯年、陈西滢等看成是朋友,也不仅把共产党一边的李大钊、陈独秀、毛泽东、鲁迅等看成朋友,就连投靠了日本的汪精卫、陶希圣、高宗武、周作人等做了汉奸的人,他也还是把他们看作朋友。

知恩图报不忘本

胡适父亲死后,家道没落,所以在他读书的时候经常受到家族里的叔叔、哥哥以及同学们的帮助。胡适能够赴美留学也是多亏族叔和同学的出资帮助,赴美期间也主要靠官费和朋友向他约稿所得的稿费来维持学校的开支。这些都让胡适懂得帮助别人的可贵和重要性。

1918 年 2 月,胡适发起成立"成美学会",募集资金用以帮助那些无力求学的学生。蔡元培、陈独秀、章士钊等皆给了支持。胡适一度为了帮助学生,把本应寄往老家的孝敬母亲及还款的钱也推迟了。同年,毛泽东专门拜访了胡适,两人谈起了出国勤工俭学的问题。胡适之前写过《非留学》篇,因此,他真诚地劝毛泽东不一定非留学不可。这次谈话对毛泽东起了一定的影响,加上他正和杨开慧恋爱,因此毛泽东最后没有选择去留学。

1919 年,家境不太好的林语堂到美国半公费留学。但在求学期间,他的半公费奖学金突然被停了。正在着急时,他想起了胡适,因为之前胡适曾经对林语堂说等他毕业回国后到北大任教。于是,林语堂请胡适向北大校方借款 1000 美元。后来,林语堂转入德国莱比锡大学攻读博士学位时,又通过胡适向北大借了 1000 美元。1923 年,林语堂学成回国后,去向北大校长蒋梦麟归还以前的借款时,蒋校长感到莫名其妙。过了几天,蒋梦麟告诉林语堂:"那是胡适个人的钱。"原来汇去的钱根本不是校方的,而是胡适自己的钱。

陈之藩曾在他的作品《在春风里》里回忆,自己留美时,曾因生活拮据向胡适借过钱,后来要还钱,胡适在信里说:"其实你不应该这样急于还此四百元。我借出的钱,从来不盼望收回,因为我知道我借出的钱总是'一本万利',永远有利息在人间的。"

1915 年,许德珩考入北京大学时,家里无力支撑,经济相当拮据,一度要靠友人接济。后得校长蔡元培帮助,至国史编纂处从事翻译工作,得以继续学业。1919 年,蔡元培为许德珩、陈宝锷请江西公费资助赴法,二人始得成行。1926 年 10 月,因归国经费无着,许德珩致信向老师胡适借钱,胡适很快寄给他 30 镑。

1954 年,李敖写了一篇评论《胡适文存》的文章,后在《自由中国》发表。为此,雷震写信给胡适,让他特别注意李敖这位后起之秀。1958 年 4 月,胡适约见李敖。交谈中,胡适表示十分赞赏李敖的勤奋,"你简直比胡适之还了解胡适之"。1961 年,李敖向胡适写信诉苦:已经穷得"三条裤子都进了当铺"。虽然李敖没有直接开口借钱,但是胡适看完信后还是送了他 1000 元支票,使李敖非常激动。此事后来李敖在演讲和文章里多次提到。

做学术与做官

早在学生时代,胡适就认为和孙中山、黄兴等人相比,梁启超才是辛亥革命的第一功臣。他认为正是梁启超以他的文章传播了民族思想和世界大势,唤醒了国人的意识,革命才得以成功;一切变革皆由思想的变革开始。基于这样的思想,胡适对于学术、文化思想方面的理论建设的兴趣远远大于参与实际的政治斗争的兴趣。而事实上,胡适也在文学理论、文化考证等学术领域找到了更多的趣味,并且"少年得志",在很年轻的时候就取得了很大的成绩,"爆得大名"。这些成就都鼓励了胡适不断地挖掘自己的潜能,取得更多的成就，最后坚定地维护自己作为学人的声誉，尽可能地避免被政治所污染。

作为"学者"、"名流"的胡适虽然对"官"不感兴趣，但却一生都没有摆脱与"官"之间的联系和纠缠。

早在美国留学期间，胡适就曾与孙科、宋子文等住在一栋楼，还与黄兴有过交谈。

1919年，五四运动前，陈独秀被汤尔和辞去了北大文科学长一职，让陈独秀很气愤。五四运动后，陈独秀被铺，蔡元培辞去校长一职。校长缺空，在北大影响力最大的胡适被人攻击说想做校长，闹得胡适写了辞职信，准备不干了。蒋梦麟知道后写信批评他，说这样就太书呆子气了，辞职还是迟些说。后来蔡元培答应回北大，误解消除，胡适方才气消。

同年，胡适和蒋梦麟拜访了孙中山。孙中山希望胡适对自己将要出版的《孙文学说》一书多提意见。7月，胡适因为作《孙文学说》书评，与孙中山、廖仲恺等来往频繁。

1920年，辞去北大代理教务长的胡适在写《吴敬梓传》的过程中，对于当官开始有一种埋怨：当官的八成是贪官，一成是想贪不敢贪的官，有一成是为民做主的官就很难得了！所以："'人'比'官'可贵。"

同年，胡适完成《＜水浒传＞考证》一文。之前，鲁迅作为中间人问胡适，某人有一本120回本的《水浒》要不要？胡适看了很喜欢，花了50元买了下来。不料第二天，一位朋友就说那是那人在黑市用2元买的。胡适一笑置之，认为这能够起到千金买马的效果。

1921年，高梦旦建议胡适应该专心著书才是上策。胡适表示可以打定主意不做官，但不能放弃言论的冲动。1922年，胡适被选为教务长，沈尹默建议不如多留点时间做学术研究，胡适表示认同，请辞。同年，胡适写《我的歧路》，反思和调整自己在哲学、文学、政治的三岔路口的状态，决定以后将更多的时间用于哲学和文学等。

1925年，胡适作为段祺瑞政府组织的善后会议委员，在饱受争议了一个月之后辞职。

"四一二"政变之后，胡适与蒋介石领导的国民党走得越来越近，越来越紧，胡适也很快得到蒋介石的重视。但无论是在做大学校长、驻美大使期间,还是在做国会代表、总统候选人、研究院院长期间,胡适都始终保存着一个学者对学术所应有的兴趣和坚持。

作为一介书生,作为一位知名的学者,胡适是幸运的。胡适不仅有直言相劝,让他不要搀和政治的知己朋友,还有一个背后反对他从政的妻子江冬秀。江冬秀,就是这样一个没有读过多少书,没有什么文化的旧时代的女人,在无意间挖掘了胡适的学术潜能——在胡适辉煌的学术生涯的背后,我们经常可以看见一个不愿意丈夫去贪污受贿,而只爱去操心胡适作品版税的女人。

交友之道

胡适深谙交友之道,他的人缘之广之好,在当时的知识界可以说无人能出其右。在唐德刚的《胡适杂忆》一书中提到:"胡氏生前真可说是交游遍及海内外。上至总统、主席,下至企枱、司厨、贩夫、走卒、担菜、卖浆……行列之中都有胡适之底'朋友'!"林语堂在《我最难忘的人物——胡适博士》一文中回忆:"在北平,胡适家里每星期六都高朋满座,各界人士——包括商人和贩夫,都一律欢迎。对穷人,他接济金钱;对狂热分子,他晓以大义。我们这些跟他相熟的人都叫他'大哥',因为他总是随时愿意帮忙或提供意见。他对寄给他的稿件都仔细阅读,详尽答复。他的朋友,或是自称他朋友的人,实在太多了,因此我有一次在我主编的幽默杂志《论语》上宣布:这本杂志的作者谁也不许开口'我的朋友胡适之',闭口'我的朋友胡适之'。"

不要误会,"我的朋友胡适之"并非是句幽默话,而的确是二十世纪三十年代在文坛上曾经过流行的一句口头禅。这句口头禅既说明了胡适的名高天下,也说明了胡适的人缘很好,大家都非常欣赏他,愿意与他成为朋友,哪怕是一种附庸风雅之举。

唐德刚大致把胡适的交友之道归结为以下几点:

一、胡适具有一种"磁性人格"。胡适的性格和禀赋是别人很难学到的,它是一种"上帝的礼物"。

二、胡适注意为人处事之修养。"他治学交友虽深具门户之见,但是他为人处事则断无害人之心"。这一点使所有人,哪怕是他的敌人也能与他保持最低限度的"合作"。

三、胡适的社会交往讲究质量,"他在各行各业里所交游的都是些尖端人物"。高层次而且广的涵盖面,让胡适拥有了一种"五湖四海皆兄弟"般的朋友网,所到之处前呼后拥,如鱼得水。

四、胡适从不卷入恶劣的人际环境。这是使他在那么复杂的社会环境与人际关系中能够始终保持良好的心态和最大清净、清白的重要原因。

胡适本人也对自己的交友之道颇为自豪,他多次对人谈过自己的处世哲学。胡适有句名言,能够较好地概括他的处世精神:"做学问要于不疑处有疑,待人要于有疑处不疑。"

1942年,胡适在美国与吴健雄谈话。谈到处世哲学,胡适说:"要从容忍和宽恕两方面去修养。"吴健雄说:"这正是我的弱点。我一向不甘心容忍,过去认为容忍是懦弱者的表示。"胡适笑道:"你错了。我是一直有容忍之心的。"胡适就说起他和陈独秀、吴稚晖等人的交往。

虽然胡适与陈独秀是为了文学革命一起并肩战斗过的战友,但他们在很多问题上时常会发生分歧,最严重的一次分歧是由于1925年11月29日《晨报》馆被游行者焚毁一事(由胡适的好友徐志摩主持的《晨报》副刊连篇累牍地讨论苏俄问题,而与孙中山的新三民主义相抵牾)。事发后,胡适与在上海担任中共总书记的陈独秀通信交流看法,陈独秀认为烧得应该。对此,一向反对暴力革命的胡适对陈独秀的态度非常生气,他平生第一次也是唯一一次向好友发出了绝交的警告:"……我们做了十年的朋友,同做过不少的事,而见解主张上常有不同的地方。但最大的不同莫过于这一点了。如果连这一点最低限度的相同点都扫除了,我们不但不能做朋友,简直要做仇敌了。"

尽管分歧如此之大,胡适在陈独秀以及陈独秀的大儿子陈延年被捕后,仍然积极提供帮助,把陈独秀当作老朋友对待。

与胡适的所有朋友相比,吴稚晖可能是唯一一个对胡适动过杀机的。

吴稚晖是胡适回国不久就认识和交结的朋友之一。但是胡适在1929年发起的与国民党"人权论战"中,蒋介石的红人吴稚晖直言胡适是反革命,让胡适深深感到了"吃饭的家伙"受到了威胁,感到了吴稚晖的杀气。胡适赶忙去信:"务请先生顾念一点旧交情,指示我犯的是《治罪条例》第几条,使我好早点准备，免得懵懵懂懂地把我吃饭的家伙送掉了无法找回来。这是性命交关的事，故敢麻烦先生。"危机解脱后，胡适与吴稚晖还在一起共事，继续做朋友。

胡适广交朋友，故而花在交际应酬、诗酒唱和的时间也非常之多，但是胡适交朋友绝对不是交酒肉朋友，他给别人提供了很多的帮助，也获得了很多人的帮助。

对于共产党人，如李大钊死后，胡适就支持北大继续给其遗孀予抚恤金；多次营救陈独秀；为毛泽东提供建议。

人际网庞大的胡适还经常给朋友介绍工作，如沈从文、梁实秋、林语堂等很多人都曾经得到过胡适这方面的帮助；也有很多人知道胡适的人缘好，主动请他帮忙联系。而胡适的很多社会性活动也往往是朋友推荐的结果，如他做驻美大使，就是由丁文江等人的强烈推举。

人缘好的胡适也是朋友网络中的粘合剂。1934年，他的朋友任叔永、丁文江、陶孟和之间打起了笔墨官司，胡适就居间调停予以化解。

但是，胡适的交友之道似乎不掺杂任何的是非曲直观念，他也为此付出了沉重的代价。汉奸如汪精卫、陈公博、周佛海、高宗武等，胡适也都把他们看作是自己的朋友，胡适因此被很多人怀疑与他们有密谋。1946年，周作人因为做汉奸一事受到审判之际，胡适公然表示他仍然是自己的朋友，引起舆论一片哗然。

尽管，交友态度似乎不太讲究谨慎的胡适朋友遍天下，但是他仍然会被有些人看不顺眼。且不说对他冷嘲热讽的鲁迅，就是他一个阵营的，如宋子文、孔祥熙等对胡适也有意见。

凡事均有两面性，交往太广，应酬太多，对于一个一心向往研究工作和埋头著述的学者来说，胡适为此耗费了很多的时间和精力，付出了很大的代价。

什么是实用主义的科学人生观

胡适的演讲与他的饭局一样多，而他到处演讲的一个重要的内容，就源于他的老师杜威教授的哲学思想——实用主义。要分析胡适的处世哲学，如果不从他深受影响、"受用一生"的根本思想体系——实用主义哲学谈起，肯定要犯只看表面而偏离根本的错误。

实用主义是产生于 19 世纪 70 年代的现代哲学派别，它的思想渊源可以追溯到古希腊的苏格拉底等人。后经美国皮尔士、詹姆士和杜威等人的发展，在 20 世纪成为美国的一种主流思潮。对美国的法律、政治、教育、社会、宗教和艺术等方面的研究都产生了很大的影响。实用主义最终成为决定美国人行动准则的哲学，也是美国的半官方哲学。

"实用主义"大师杜威曾于 1919 年至 1921 年到中国巡回讲学（胡适作为翻译一路陪同），宣传实用主义和社会改良主义，反对社会革命。胡适作为杜威的学生，是实用主义理论的坚定信仰者，也是中国第一个实用主义的最积极宣传者和实践者。1919 年 7 月，胡适发表《多研究些问题，少谈些主义》一文宣传实用主义，其核心思想主要是两个：一是反对用"主义"指导中国革命。他说："高谈主义，不研究问题的人，只是畏难求易，只是懒。""空谈好听的'主义'，是极容易的事，是阿猫阿狗都能做的事，是鹦鹉和留声机器都能做的事。"二是主张社会改良，反对阶级斗争和社会革命。他认为，阶级斗争和社会革命，无助于中国问题的"根本解决"。

对此，我们稍加分析就能够理解胡适为人处世的几乎所有方面的问题，包括他的交友似乎完全不受道德取向约束的问题（关于实用主义的好坏，这里我们暂且撇开不论）。根据上述理论，所有的事物、所有的人都有改良的空间，不需要也不能加以彻底推翻，即使推翻了也不能从"根本解决"上问题；所以，不如去承认他，慢慢地改变他——这就是胡适反对暴力革命的根本原因，这也是胡适几乎把所有人都看成朋友的根本原因。

胡适在实用主义的体系里，提出了一个"科学人生观"的概念。对于人生的问题，要用科学的人生观，即是用科学的精神、态度、方法去做。

胡适认为科学的精神在于它的方法。这种科学的方法可以概括为"大胆的假设，小心的求证"，其应用到人生问题上去就应该：

（1）不要寻求笼统的"根本解决"，认清特别的、个体的问题。人生问题都是个别的，没有笼统的问题，故没有笼统的解决。

（2）从研究事实下手，先疑而后信。

（3）一切原理、通则，都可看为假设之工具；自己一切主张，都是待证之假设。

（4）用试验的结果来坚固自己的信心和消除别人的反对。

（5）科学的思想是为解决个别问题的，如已有了解决的办法，即须实行。

总而言之，胡适的实用主义科学人生观大体可以用一个词概括："改良"。

6. 胡适的爱恋

作为五四时期新文化运动的领军人之一，胡适除了做学术研究之外，一生都在感情和政治的漩涡里起起伏伏，苦苦挣扎。

在胡适的感情世界里，曾经徘徊过多个女人的身影，不过最为清晰可辨，与他纠缠最深的只有三个女人：江冬秀、韦莲司和曹诚英。江冬秀是胡适的结发妻子，韦莲司是胡适的红颜知己，曹诚英是胡适最爱的小表妹。

书生与"河东狮"

"胡适大名垂宇宙，小脚太太亦随之"，这是对胡适婚姻的真实写照。

胡适与结发妻子江冬秀的婚姻是一种包办婚姻，是奉母之命成婚。所以，要说江冬秀，就必须从胡适的母亲讲起。

胡适的母亲冯顺弟比其父胡传整整小 30 岁。胡传过世时，其母只有 24 岁，胡适只有 4 岁，母子俩成了典型的孤儿寡母家庭，胡适自然成了做母亲的唯一希望。为了培养胡适，不到 13 周岁的胡适就被母亲送到了外面去读书。胡适就是在这位贤良的母亲极大的支持下长大的，胡适深受其影响。

1918 年 11 月胡母去世后，胡适在《我的母亲》一文中写到："我……在这广漠的人海里独自混了 20 多年，没有一个人管束过我。如果我学得了一丝一毫的好脾气，如果我学得了一点点待人接物的和气，如果我能宽恕人，体谅人——我都得感谢我的慈母。"

但影响胡适一生的不仅是母亲待人接物的和气，还有一个母亲给他留下的陪伴他一生的人，这个人就是江冬秀。

胡适与江冬秀的姻缘是由胡适的母亲和江冬秀的母亲吕夫人私自定下的,胡适那时还不到 13 岁,根本不懂什么是订婚。

胡适的媒人是胡适的族叔胡祥鉴。胡母在一开始媒人介绍了江冬秀后,有些疑虑。主要是担心胡适属兔,而江冬秀长胡适一岁(1890 年生),属虎,虎兔可能犯冲。但由于媒人的坚持,胡母在抽签、算命相八字之后才解除了顾虑。

订婚后不久胡适就离开了家乡绩溪,先去上海,再到美国,一走就是 13 年。江冬秀从小女孩时就等胡适回来完婚,一直等到她变成了 27 岁的老姑娘。不过江冬秀一直也没有闲着,她在家读书学字,胡适在美期间就常与江冬秀保持通信,关系也逐渐变得亲密,江冬秀唤胡适为"郎君",胡适也待"冬秀"如媳妇。在胡适的同学中,他在家里有个媳妇也是众所周知的事情。后来,胡适遇见了美国姑娘韦莲司与中国才女陈衡哲,产生了爱意,不过,尽管胡适与韦莲司情投意合,趣味相投,是胡适最想与之结婚的人,但从小就懂事听话,与母亲相依为命长大的胡适,又怎么忍心违抗不计一切代价支持自己读书的的母亲呢?最终,胡适选择了江冬秀。这件事对胡适也有很大的影响,胡适后来总结说:"吾于家庭之事,则从东方人;于社会国家政治之见解,则从西方人。"

在胡适重要著作《藏晖室札记》卷九"五八第九号家书"(1915 年 5 月 19 日)里有云:儿对儿之婚事并无一毫怨望之意。盖儿深知吾母为儿婚姻一事,实已竭尽心力,为儿谋美满之家庭幸福;儿若犹存怨望之心,则真成不识事势,不明人情,不分好歹之妄人矣。

胡适没有违背母亲的意愿,也让他的朋友们都很敬重他,如潘光旦、高梦旦等人,就对胡适与江冬秀的婚事表示了肯定。而对别人的赞扬,胡适并始大谈其婚姻的"占便宜"论,表示了一种乐观的态度:"当初我并不准备什么牺牲,我不过心里不忍伤几个人的心罢了。假如我那时忍心毁约,使这几个人终身痛苦,我的良心上的责备,必然比什么痛苦都难受。其实我家庭里并没有什么大过不去的地方,这已是占便宜的了。最占便宜的,是社会上对此事的过分赞许;这种精神上的赞许,真是意外的便宜。我是不怕人骂的,我也不曾求人赞许,我不过行吾心之安罢了,而竟得这种意外的过分报酬,岂不是最占便宜的事吗?若此事可算牺牲,谁不肯牺牲?"

然而,占了便宜的胡适的婚姻生活到底怎么样,胡适是否真的满意他的婚姻呢?

　　其实,胡适是有口难言的。在婚后不久,胡适在给胡近仁的信中谈到了自己的无奈:"吾之就此婚事,全为吾母起见,故从不曾挑剔为难……若不为此,吾决不就此婚,此意但可为足下道,不足为外人言也。""今既婚矣,吾力求迁就,以博吾母欢心,吾所以表示闺房之爱者,亦正欲令吾母欢喜耳。"胡适特别嘱咐近仁叔看完信后烧掉。

　　尽管胡适对这桩婚姻似乎是有所迁就的,但是事实上,他却与江冬秀珠联璧合、相伴相依、平平安安地过了一辈子。

　　胡适是个好脾气,江冬秀个性较强,是个"河东狮",所以在家庭生活中,很多时候胡适比较害怕江冬秀发威。而江冬秀本身也很聪明能干,她一边作为管家婆把家庭日常事务安排得井井有条,一边还对胡适恩威并施,甚至能够负责起管理胡适作品的出版、发行、财务等事情,做起了贤内助。胡适又爱又怕,唯有听命。因此,胡适也就放手把很多事情交给她去打理,自己安心去干其他的。故在外人看来,他们过得"十分幸福",是"一对好姻缘"。

胡适的"智识上之伴侣"

　　尽管1917年胡适满怀壮志地离开美国,回国与江冬秀完婚了,但是在胡适的内心里却一直希望与另外一个人,在另外一个世界,过另外一种截然不同的生活。这个人就是远在大洋彼岸——美国的韦莲司。

　　韦莲司(Edith Clifford Williams),生于1885年,比胡适大6岁,出身于新英格兰望族,是康乃尔大学的一位地质学教授的次女。韦莲司从小就有绘画方面的天分。1914年,胡适与韦莲司认识的时候,正是韦莲司在纽约艺术界初露锋芒的时候。但在1918年韦莲司的父亲过世以后,她就放弃了在纽约的艺术生涯,搬回绮色佳(纽约州伊萨卡城)陪母亲生活。

　　1914年,胡适与韦莲司一见如故,彼此都留下了很好的影响。韦莲司还约胡适去参加她女友的婚礼,这也是胡适第一次参加西方人的婚礼。

　　此后,胡适与韦莲司信件和电话来往频繁,胡适也经常被邀请到韦莲司家吃饭。

韦莲司通过胡适知道了中国古时有"折柳赠别"的风俗,所以即将回纽约的韦莲司,便送了几张她拍的杨柳的照片给胡适。

当年的感恩节,胡适到韦莲司家吃饭。不过当晚胡适没有见到韦莲司,她还在纽约。晚餐后,胡适回到住所,拿笔就给韦莲司写了一封铺满思念和感谢之情的信。此前胡适已经对择偶的标准问题有所思考,但胡适还是很冷静的,他在心里明白韦莲司的乖戾习性(胡适在日记里说:"女士最洒脱不羁,不屑事服饰之细。女士所服,数年不易。其草冠敝损,戴之如故。又以发长,修饰不易,尽剪去之,蓬首一二年矣。行道中,每为路人指目")绝不是一个好妻子应有的标准,因此胡适把韦莲司确定为"智识上的伴侣"——胡适在日记里高度赞扬韦莲司"极能思想,读书甚多,高洁几近狂狷","谈话总是刺激我认真地思考","见地之高,诚非寻常女子所可望其肩背","具思想、识力、魄力、热诚于一身"。

在此后不到两年的时间里,胡适对与韦莲司的交往做了个总结,他说:"此两年中之思想感情之变迁多具于此百余书中,他处决不能得此真我之真相也。"所以,作为胡适红颜知己的韦莲司,是胡适思想发展变化的见证人和知情人;同时,韦莲司对胡适思想的发展变化应该也起到了不小的影响,在两人的通信中,韦莲司促使胡适狠下功夫去梳理自己的知识,然后完整地表达出来。

1915年,胡适曾把他饱受非议的《告留美同学书》寄给韦莲司,请她批评。韦莲司在回信里一方面对胡适给予支持和肯定,一方面也冷静地分析了那些反对者的可贵之处与欠缺之处。韦莲司的回信在一定程度上让胡适弥补了自己认识上的不足。

然而二人交往的深入,引起了韦莲司母亲的注意。一次,韦莲司的母亲得知女儿和胡适在其纽约的公寓里单独相会后,立刻追问当时有没有其他人在场。胡适立即解释说他后来打了电话,请同学张彭春(南开大学校长张伯苓的弟弟)过来一起喝了茶。

原来,虽然当时的美国社会,男女自由恋爱之风已逐渐形成,但许多中产阶级的家庭认为青年男女交往最妥当的做法,是他们在女方家的客厅会面,而且最好要有个第三人在场。

尽管听了胡适的解释,韦莲司的母亲还是立即写信给韦莲司,责备她的失礼。韦莲司收到母亲的信以后,立即写信给胡适解释。她信中的意思是说:如果那天你胡适确实想到不应该单独会面才叫他的朋友张彭春去,她必须道歉。以他们彼此对自由的了解与坚持,她认为胡适应该是不会拘泥于什么俗套的,她才单独约会胡适的。至于她自己,韦莲司说她本人所用的是"人上人"的标准,即真善美,这是"人上人"唯一会去遵循的"教养"。同性之间如此,在异性之间也是如此。如果只因为男女交友可能会出问题,就不让他们从思想的交会来激发出灿烂的火花,那就是因噎废食。

胡适没有想到会发生这样的误会,他认真地回信解释:我们应该"尊重每一个人,并将这种感觉升华为一种敬意。我相信这种敬意是防止语言上的猥亵,思想上的不纯,以及举止上的不宜最好的办法。总而言之,这可以防止一般所谓的"非礼"……你的说法,尤其是对待男女友谊这一点上,远比我要具体的多。你真让我对自己在另一页中提到的谨小慎微的态度感到汗颜。"

与韦莲司比较起来,胡适的确有更多的顾忌。毕竟胡适能够始终感到那等她回去和江冬秀成亲的母亲的期望。但是为了解释清楚,胡适对韦莲司撒了谎——他的本意就是要与韦莲司保持一定的距离。

有专家指出,即使胡适与韦莲司彼此有意,两人可能也无法逾越美国当时普遍存在的种族歧视。从 1661 年到 1967 年,美国有 41 州立法禁止不同种族通婚,其中有 14 州的法律针对中国、日本及韩国人。虽然绮色佳所在的纽约州没有禁止白人与中国人通婚,这并不表示当地人能接受这样的事实。

这次误会之后,胡适和韦莲司都更加明确了他们的责任,一方面他们约定"此后各专心致志于吾二人所择之事业,以全力为之",一方面他们依然保持了频繁的来往。韦莲司在父亲去世后,从纽约回到了绮色佳。胡适则到韦莲司的公寓里住了近一年,直到回国。

在韦莲司和江冬秀之间选择谁,胡适曾有过一段时间的激烈的思想斗争。不过,韦莲司也明白胡适的处境,自从她回到绮色佳以后,就选择了退出。但直到 1917 年春,胡适在回国前去绮色佳逗留几天时,韦莲司才痛苦地意识到她无可救药地爱上了胡适,欲罢不能了。

可是胡适坚定地告诉韦莲司:"在家庭关系上,我站在东方人这一边,这主要是因为我有一个非常非常好的母亲,她对我的深恩是无从报答的。我长时间离开她,已经使我深感愧疚,我再不能硬着心肠来违背她。"

胡适回国后,胡适与韦莲司之间的通信未断。1927 年,胡适去美国时到绮色佳去看望了韦莲司和她的母亲。1933 年,胡适作为大使再一次常驻美国时,韦莲司则大胆地说:"你的来访,对我而言,有如饥者之于食,而对你,则能留下一些宁静的回忆。是值得来的。"这回,韦莲司与胡适推倒了二人之间的一切阻碍,确立了一切意义上的情人关系。

然而,就这样一个为了守住心中那份真爱,坚忍而坚韧地坚持了一辈子的韦莲司,最后却对那份她一直以为是她唯一拥有的"真爱",产生了怀疑。

1936 年 10 月,韦莲司终于发现,原来胡适托她照顾的,到康乃尔大学读遗传学的曹诚英,并不只是胡适对她所说的"表妹"那么简单,曹诚英还是胡适的情人。知道了内情之后,花了很多天才把心情平静下来的韦莲司,给胡适写了一封信。在这封信里,她幽默而痛苦,含蓄而又准确地对胡适描述了她的发现,挑明了她们以及他与她们两个之间的关系。

虽然对胡适蹩脚的辩护和讨饶不感兴趣,但是最后韦莲司还是选择了大度的饶恕。深爱着胡适的韦莲司,此后对曹诚英还更加照顾了。

1937 年,有人向韦莲司求婚,年过 50 的她给胡适写信征求意见。尽管胡适告诉她赶快结婚,但韦莲司为了坚守自己一直以来对爱人的标准,经过思想挣扎后的她觉得胡适才是她唯一想与之结婚的人,所以她还是拒绝了那人。

自始至终,除了胡适,她再也没有爱过别人。

一位美丽女子的生死恋

1923 年 4 月底,因病休养的胡适到杭州烟霞洞住了几天,在杭州第一师范女子学校读书的绩溪同乡曹诚英赶来看望他。

胡适本来就是认识曹诚英的。

曹诚英,字佩声,是胡适三嫂的妹妹,小胡适 11 岁,算是表妹了。1917 年,胡适归乡完婚时,16 岁的曹诚英就在婚礼上做伴娘。1919 年,曹诚英嫁与了上庄村的胡冠英,但由于曹诚英与胡冠英的婚姻,曾经遭到曹诚英留学美国的哥哥曹克诚极力反对,理由是她将无法继续学业。迫于此,胡家最后答应了让曹诚英在婚后第二年到杭州读书。半年后,丈夫胡冠英和暗恋她的汪静之也到了杭州第一师范读书。

1923年胡适与曹诚英再次相遇时,曹诚英正在面临着严重的家庭危机。这是因为,曹诚英结婚3年多了还没有生育,胡冠英不仅娶了个小妾回家,还要休掉曹诚英。

对于楚楚动人的曹诚英的遭遇,胡适不仅深表同情,他还发现曹诚英颇有才,确是个美女加才女。这让经过了几年的婚姻生活,日子趋向枯燥无味的胡适,心里顿时荡起了波澜。而在曹诚英看来,曾经的"海外翰林",而今是文坛名人的胡适一直就是她心中无限崇拜的偶像,如果说爱慕,那可能在她做伴娘时就有了。因此二人一见倾心,并且约定了再次相会的佳期,什么江冬秀的醋劲、泼辣,都被胡适抛到了脑后。

转眼到了6月初,胡适从上海回到了杭州烟霞洞。胡适在烟霞洞租了三个房间,以供曹诚英和其他朋友来住。从6月初到10月,胡适除了和徐志摩、马君武、朱经农、汪精卫、任叔永、陈衡哲等人吃喝游玩、诗词互答之外,就是与表妹曹诚英同登西山共读月色,整天厮守在一起,在这种神仙般的生活中,胡适度过了他一生中最快乐的时光。因为整日在一起,他们的事情很快就被徐志摩、汪静之等人都知道了。徐志摩戏言:"适之是转老还童了。"不过,他们也不避人,曹诚英也亲自告诉汪静之她和胡适要好了。

1925年,胡适和曹诚英的关系变得明朗,连江冬秀都察觉到了。秋日的一天,在得知曹诚英以及她已经解除婚姻的消息后,一向惧内的胡适下了决心向江冬秀提出离婚。

然而,江冬秀一听便勃然大怒。她拿起菜刀,拿起剪子就要杀胡适,多亏佣人阻拦。不仅如此,她还说:"要离婚,先把两个孩子杀掉!"当下唬得胡适再不敢言。泼辣的江冬秀战胜了怯弱的胡适,而一位痴情的女子却从此耗费了一生,不再见那生命里应有的华丽。

离婚失败的胡适写信告诉了曹诚英所发生的一切,并且让她堕胎。婚姻感情屡遭失败的曹诚英虽然伤心欲绝,并没有被打倒,因为她依然抱着希望。1925年,她进入南京公学农艺系读书,并于1931年留校任教。1934年赴美国康乃尔大学农学院主修遗传育种之前,胡适特别地写信把她托付给了韦莲司照顾。从此两人远隔重洋,聚少离多。

1937年,曹诚英学成回国,而胡适此时却任驻美大使去了美国。曹诚英失望之余,给远在美国的胡适写了封信。胡适看完后却纳闷这信来自哪里,因为信上却没有写地址。通过朋友,胡适这才知道,看不到希望的曹诚英已经遁入空门,到峨眉山出家了。胡适翻出原信,果然看见邮戳上赫然有"西川万年寺新开寺"八个字。

悲苦的曹诚英后来生了一场大病,差点死去。治愈后,被其亲友力劝下山还俗。

但是,她的苦恋还在继续,直到1973年逝世——为情而累及一生的曹诚英终老于绩溪,并且将自己的最终归宿定在去往上庄的要道边上。

听胡适谈他的爱情与贞操观

胡适年轻时曾经谈过他的择偶标准,他说:"求偶标准,不能以智识作唯一标准,其他问题,如身体健康,容貌不丑陋,习性不乖戾,都不可不注意。"不过,单纯从婚姻问题上来看,胡适最终选择了江冬秀,似乎背离了他择偶要全面考虑的标准。

1919年,胡适还谈起了贞操问题。他认为,贞操是一种异性之间真挚而专一的恋爱关系。如果没有这样的恋爱关系,即使是夫妻之间,也毫无贞操可言;反之,如果在夫妻之外,有了这样的恋爱关系的,那也算是有贞操的。

正在胡适以为自己的见解很独到,感觉很得意之时,半路杀出个程咬金。老乡黄宗培特地给予了及时的批评:你只说女人的贞操,那男人的贞操在哪里?怎么不提?

不错,事实表明,胡适从来没有把男人的贞操当回事。他一生看上过不知有几个女人,也不知道为了几个女人在感情或者身体上出轨过。他对才女陈衡哲一开始就很来电,只是后来因为好朋友发起了追求,他就只好在旁边暗自吞唾沫了。他与另外一位小女生夏蕴秀之间,也有几年的纠葛。小女生为了他,解除了婚约,跑到北京去见胡适。

1929年,失恋了的刘公任告诉胡适说,他感觉被骗了,他想报复。这次,胡适全面系统地发表了他对爱情的论见。他认为爱情只是人生中的一件事,而不是人生的全部。和其他事情一样,爱情也有成功和失败。在爱情上承受不了失败，在其他事情上也会承受不了失败，还能够干什么大事？真的爱，就要被弃而不怒，被骗而不怨。如真的不爱，是朋友还是朋友。爱别人，尊重别人，就要尊重别人的自由。爱情是自由的，她可以选择爱你，也可以选择放弃你，不爱你。真的爱情是不求报答的。

在爱情上，胡适似乎一直是解脱了的。

但是，被朋友们评为软弱的胡适，是不敢明目张胆地搞异性关系的，他只在偷偷摸摸、甜甜蜜蜜地玩婚外情。对此，即使是江冬秀，也只能睁一只眼闭一只眼。她只能识大体抓大体，不管那些芝麻小事烦心事。俗话说少年夫妻老来伴，也许就包含了这个道理。

确然，胡适在近50岁的时候，开始认识到老伴江冬秀的好了，甚至于有时竟泪湿枕巾。

郁达夫：
曾因酒醉鞭名马，生怕情多累美人

> 郁达夫，现代文学史上一个响亮的名字，民国最著名的才子之一。其旧体诗词功底深厚，其散文在现代文学史上堪称一流。而他对现代文学最大的贡献，则是小说——一是给我们提供了一种日记式的"暴露文学"的形式，一是在揭示青年"性苦闷"方面的勇气和开创。他在文学上的成就和贡献令人叹服。

1. 多灾又多难的苦命人

1895 年，郁达夫出生于浙江富阳县一个没落的书香之家。在郁达夫三岁的时候，父亲就去世了，剩下母亲和他兄弟三个，以及只知道念佛的奶奶，还有一个只有十几岁的女佣。从此，一家六口人的生活重担都落在了母亲的肩上。

儿时贫困的生活留给郁达夫的回忆，只有饥饿。先是母亲奶水不足，郁达夫不到十二个月，就因营养不良患起了肠胃病。一病就是一年多，渐渐严重，差一点死去，也拖累得家里人不敷出。到了郁达夫出生后第三年的春夏之交，父亲也因沉重的生活患病而死，日子变得更加艰难，从此，一切事情都要由郁达夫母亲一个人来做。

因为繁重的劳务，母亲常常顾及不到去照顾几个孩子，幼小的郁达夫多亏一位十五六岁的女佣——翠花，陪伴他打发孤独。他念经的婆婆是没有心思理会他的。而和他年纪差得很多的两位哥哥，被知书达理的母亲咬牙送去离家很远的书塾念书了，所以也不能在一起。这就是郁达夫所记得的儿时生活。

郁达夫

后来，郁达夫像他两位哥哥一样，被母亲送进了当地最好的费用高昂的书塾里。沉重的负担，母亲就以典当首饰度日，即使在最苦的日子里，她也舍不得卖掉祖传下来的 4 万卷书。母亲的期望，也感染感动着郁达夫兄弟们。1900 年，16 岁的哥哥郁华以乡试第一名的成绩高中秀才，震动了当地。进入县立高等小学堂学习的郁达夫，也因成绩优异被特许跳级。

在小学堂的第二年，对同学穿皮鞋非常眼馋的郁达夫对刚刚交了学费后的母亲说想买一双皮鞋。郁达夫本以为母亲会拒绝，不料母亲却同意了。但是，母亲已经实在没钱给郁达夫买鞋了，于是她牵着郁达夫的手，走街串巷四处找能赊一双皮鞋给他们的商家，结果却遭遇了很多白眼。回家后，母亲含泪拿出自己当年的嫁衣，准备去当铺抵押一些钱，这时，郁达夫再也控制不住了，他突然紧紧地抱住母亲放声大哭："娘，我错了，我再也不要皮鞋穿了！"从此，郁达夫更加发奋读书，并只和出身贫苦的同学往来。

1911 年，16 岁的郁达夫因参加反对专制的斗争被杭州府中学开除，对此，母亲没有理会别人的猜忌与发难，默默地支持郁达夫利用家里丰富的藏书自修，让郁达夫度过了独居苦学、收获最多的两年时光，极大地影响了郁达夫的一生。

1937 年 12 月，68 岁的郁达夫的母亲陆氏从日寇占领富阳的那天起，开始绝食以示抗议，悲壮地走完了自己的一生。郁母之死，激起了郁达夫几个兄弟对侵略者的仇恨，郁达夫和哥哥郁曼陀（著名爱国法官，曾任江苏高等法院第二分院刑庭庭长，刚正不阿，严惩民族败类，营救爱国志士，1939 年 11 月遭日伪军特务暗杀）后来都为抗日献出了自己的生命。

2. 郁达夫与"左联"的纠葛

20 世纪 30 年代的左翼文艺运动在中国现代文学史上,写下了壮丽辉煌的一章。在左翼文艺运动掀起的狂飙中,留下了鲁迅、冯雪峰、茅盾、夏衍、胡风、丁玲等一大批至今还让人如雷贯耳的名字,而郁达夫也是其中一颗光芒难以被遮蔽的明星。郭沫若说:"他的勇猛不亚于仿吾,最初在中国文艺界提出'阶级斗争'这个词的怕是达夫。"

1927 年蒋介石发动四一二反革命政变后,郁达夫发文声讨蒋介石,抨击当局,受到当局的威胁,郁达夫不得不四处躲藏。

在白色恐怖的硝烟弥漫下,太阳社和创造社等革命文艺青年开始猛烈地向旧文学进攻,甚至连鲁迅也一度被斥为"封建余孽"。在这样混乱的局面下,为了促成广大革命文化工作者的联合,团结力量共同对敌,经中共党组织的领导,1930 年 3 月成立了以鲁迅为主帅的左翼作家联盟(简称"左联")。

在这个过程中,郁达夫不仅与鲁迅一起参加左联的筹备活动,还为一些共产党人,如冯雪峰、夏衍等提供掩护。1939 年,在郁达夫写的《回忆鲁迅》一文中提到:"当时在上海负责做秘密工作的几位同志,大抵都是我静安路寓所里进出的人,左翼作家联盟和鲁迅的结合,实际上是我做的媒介。"因此,左联成立时,鲁迅说服一些对郁达夫有看法(认为郁达夫情绪比较消极)的人,特别荐举郁达夫为发起人,得到通过。

鲁迅对郁达夫是了解的,他们早在 1923 年就认识了。此后,他们一直保持着很亲密的关系。郁达夫不仅很推崇鲁迅文学上的成就,同时也把鲁迅视为亲人一般。鲁迅对郁达夫也是关爱有加,当郁达夫遭人误解时,鲁迅总要帮忙解围。但鲁迅与郁达夫的深厚友谊是基于他们有共同的价值观和理想追求。1928 年,他们合作创办以介绍马克思主义文艺和外国进步文艺作品为主的《奔流》杂志,"用意是在想介绍些真正的革命文艺的理论和作品,把那些犯幼稚病的左倾青年,稍稍纠正一点过来"。1930 年,郁达夫与鲁迅、宋庆龄等几十人共同发起中国自由运动大同盟,争取言论、出版、集会等自由。郁达夫在其中"连做了几任干部，一直到南京的通缉令下来，杨杏佛被暗杀为止。"

左联成立以后，很快形成了以上海为主的南方革命文化的阵营，有力地打击了国民党白色恐怖的反动嚣张气焰。

但在左联成立初期，正值党内的"左"倾思想泛滥，左联在组织方面也受到了很大的影响。一次在南京路上进行的百余人的集会，导致了20多人被捕，中共团中央宣传部长、作家李求实气愤地说："这样就等于把同志们主动送进巡捕房。"左联还号召全员到工厂到农村到社会的底下层中去，同时批判把左联当作作家组织，批判他们"要保持作家的社会关系，避免斗争"，批判他们"集体生活的习惯不够"，"怠工"等。

左联的过于"左倾"化，引起了左联一些成员的不满，特别是那些具有自由主义倾向像郁达夫这样的作家。如1930年，冯乃超邀请茅盾加盟，茅盾说："照纲领规定，我还不够资格。"此后，茅盾也总以自己是自由分子为由，不参加激进的活动。一些党员如田汉、蒋光慈等因为很少参加激进活动而多次受到批评，甚至被警告。

郁达夫和鲁迅也都很少参加这样的活动。对左联的"左倾"做法，鲁迅说："我总是声明不会做他们的这种工作的，我还是写我的文章"。而郁达夫一向以其重感情、易冲动、率真耿直、毫无掩饰的诗人气质独行于文艺界。正是这种性格决定了郁达夫决不勉强自己对左联的不适应。他不止一次地对宋庆龄、徐志摩说起："我不是战士，只是一个作家。"最后，他主动给左联负责人写信，表示自己是小资产阶级分子，不适合做分发传单、张贴标语的活动，宣布辞职。对这件事，郁达夫在《回忆鲁迅》一文中写道："……左联成立之后，我却并不愿意参加，原因是因为我的个性是不适合这些工作的，我对于我自己，认识得很清楚，决不愿担负一个空名，而不去做实际的事务。所以，左联成立之后，我一个月内，对他们公然地宣布了辞职。"

在此之前，郁达夫的言行就引起了左联内部成员的极大不满，他的主动请退，很快就得到了被左联第四次全体大会开除的结果（冯雪峰、柔石等4人反对），以及一项"反动投机分子"的帽子。夏衍分析说："郁达夫确有点消沉，但主要原因是他和后期创造社之间有过很尖锐的论争。"郁达夫曾与创造社中一些后来成为左联中坚的成员发生过激烈论战，由论战而生裂隙，以致郁达夫被迫公开宣布脱离创造社。

主持左联第四次全体大会的左联常委郑伯奇,事后多次表露对开除郁达夫的内疚之情。1945年,郑伯奇在《怀念郁达夫》一文中说:"大家总觉得他不甚积极,……其实,'我是作家,不是战士'这一句话。严格解释起来固然有点不妥,而解决的办法,至今思之,实欠过火。我在当时,不能制止,自然应付责任。"在另外一篇《左联回忆散记》的文章中提到:"会上有人提出这样的意见:郁达夫对新月社的徐志摩说:'我是作家,不是战士。'向左联的敌人公然这样表示,等于自己取消资格,应该请他退出。一时群情激动,纷纷表示赞成。我主持会议,未经深思,遂付表决。郁达夫因此和左联一时疏远,并对我深致不满。以后,我担任良友图书公司编辑,彼此才逐渐恢复交情。这事我深感内疚,觉得做的欠妥。以后事实证明,达夫始终倾向革命,和党时有联系。我们根据片言只语,仓促作出决定,殊觉不符合党在文艺界的统一战线政策。我主持这样的会议,应负主要责任。"

就连鲁迅、茅盾等左翼文坛将帅,也曾因抵制"弃文从政"、"血战肉博"等激进思想而招致左联一些作家的攻击。相较之下,郁达夫的请退,也反映了他偏执激愤的个性弱点。

郁达夫虽然在组织上脱离了左联,但在思想行动上仍与左联保持着高度的一致。柔石、冯铿等左联五位作家被捕后,郁达夫积极参加营救。1932年,他发文怒斥蒋介石政府的卖国行径。同年4月,郁达夫与丁玲、楼适夷等主办文化界反帝抗日联盟的机关报《文化通讯》。同年,郁达夫得知左联作家孟超等被捕后,立即联系兄长郁曼陀设法营救,使之得以被减轻处罚。当"泛太平洋产业同盟"秘书牛兰夫妇被捕后,郁达夫先与宋庆龄、蔡元培、杨杏佛等组成"营救牛兰委员会",又与鲁迅、茅盾等联名致电当局,要求立即释放牛兰夫妇,最终获得释放。1933年,左联作家丁玲、潘梓年等被捕后,郁达夫与蔡元培、胡愈之等38人联名打电报给行政院长、司法部长,并且要求释放丁玲、潘梓年等人,使他们也被释放。同年7月,左联刊物被查禁后,郁达夫与鲁迅、茅盾、叶圣陶等创办《文学》杂志。郁达夫还将《郁达夫自选集》一书的稿费捐给左联做出版经费。1936年他加入中国文艺家协会,呼吁建立统一战线。1937年抗战全面爆发后,他主动请缨,积极参加福建文化界抗日救亡协会等领导工作。在得知周作人欲叛变时,郁达夫曾给周作人写了一封公开信，劝他坚守民族气节。

郁达夫旗帜鲜明的进步倾向，国民党政府却将他列为"堕落文人"，对他进行迫害。他的文稿被查禁，书籍被禁止出版，他的生命安全也得不到保障。在这种情况下，1933 年郁达夫被迫离开上海，举家迁往杭州。1939 年郁达夫辗转赴南洋坚持抗日活动，不幸在 1945 年被日寇秘密杀害于苏门答腊。郁达夫以自己的实际行动向左联的文学革命者们证明了"革命的小资产阶级的文学家，不是我们的敌人，而是我们的同盟者"（张闻天语）。

3. 与郁达夫做朋友

郁达夫为人不仅率真大度、光明磊落，还能够包容与宽容别人，实为人中豪侠。1927 年 1 月，郁达夫在自己主编的《洪水》上以"曰归"为笔名发表了著名的《广州事情》一文，公开抨击广东政府。成仿吾在不知"曰归"真实作者是谁的情况下，给郁达夫寄去稿件表示激烈的批评，尽管郁达夫不认同这种批评，但他并没有压下成仿吾的文章，而是随后将之在《洪水》上予以发表。

"夕阳楼之争"

1922 年 8 月，郁达夫在《创造季刊》上发表了《夕阳楼日记》一文，把矛头指向胡适。文章写道："我们中国的新闻杂志界的人物，都同清水粪坑里的蛆虫一样……有几个人，跟了外国的新人物，跑来跑去的跑几次，把他们几个外国的粗浅的演说，糊糊涂涂的翻译翻译，便算新思想家了。"——在此之前，胡适曾联合北京等地高校筹集资金邀其美国的老师杜威来华讲学，胡适亲作翻译，陪着杜威"跑来跑去的跑几次"——在全国做巡回演讲。

郁达夫早先就与胡适有过碰触。1919 年 10 月，在日本留学的郁达夫回国参加外交官考试期间曾致书已经"暴得大名"的胡适，希望能够见上一面。胡适最后有没有理会郁达夫的请求不得而知，但郁达夫不久就向胡适等"偶像"发出了挑战。1921 年 9 月，郁达夫发文号召："自文化运动发生后，我国新文艺为一二偶像所垄断，以致艺术之新兴气运，澌灭将尽。创造社同人奋然兴起打破社会因袭，主张艺术独立，愿与天下之无名作家共兴起而造成中国未来之国民文学。"

看了《夕阳楼日记》后，胡适在1922年9月发表《骂人》一文回骂"初出学堂的学生""无聊浅薄"等。在《骂人》发表四天之后，郁达夫写了《答胡适之先生》的公开信，继续对胡适加以讥讽。与此同时，郁达夫在创造社的两位好友郭沫若、成仿吾也一齐为郁达夫助战。同年11月，《创造季刊》同时发表了郭沫若和成仿吾的文章。成仿吾在《学者的态度——胡适之先生的〈骂人〉的批评》里写道："胡先生教人莫骂人，他自己骂人没有？……不也是跟着感情这头凶狗，走到斜路上去了吗？"

1923年4月，胡适在《编辑余谈》一文中说："我的一条《骂人》，竟引起一班不通英文的人来和我讨论译书。我没有闲功夫答辩这种强不知以为知的评论。"对此，郭沫若驳斥道："假使你真没闲工夫，那便少说些护短话！我劝你不要把你的名气来压人，不要把你北大教授的牌子又来压人，不要把你留学学生的资格来压人，你须知这种如烟如云没多大斤两的东西是把人压不倒的。"

同年5月胡适到上海时，态度发生了转变，他致信郁达夫、郭沫若说："我是最爱惜少年天才的人。""我盼望那一点小小的笔墨官司不至于完全损害我们旧有的或新得的友谊。"郁达夫和郭沫若在两天之后分别写了回信。郁达夫说："至于'节外生枝'，你我恐怕都有此毛病，我们既都是初出学堂门的学生，自然大家更要努力，自然大家更要多读一点英文。"同时郁达夫表示："我的骂人作'粪蛆'，亦是我一时的义气，说话说得太过火了。你若肯用诚意来规劝我，我尽可对世人谢罪的。"

通信后，10月的一天，胡适与徐志摩、朱经农一起去访郭沫若，徐志摩记此行所见道："沫若自应门，手抱襁褓儿，跣足，敞服（旧学生服），状殊憔悴"，出来之后，胡适感慨"其情况必不甚愉快，且其生计亦不裕，或竟窘，无怪其以狂叛自居"。郭沫若对于胡适的印象"真有点像梁山泊的宋公明，不打不成相识，骂人的官司就像是从来没有的一样"。

隔天，郭沫若宴请胡适、徐志摩等人（郁达夫此前已离开上海），席上，郭沫若还吻了胡适一下。两天后，胡适等回请郭沫若。至于郁达夫与胡适的关系,郭沫若说:"他们后来虽然也成为'朋友',但在我们第三者看来,也不象有过什么深切的友谊。"

与郭沫若之缘起

郁达夫在日留学期间,因为阅读了大量的小说作品,开始尝试进行一些小说的创作。和郁达夫同在东京帝国大学读书的同学成仿吾,与在日本九洲帝国大学医学部留学的郭沫若有过多次通信,成仿吾将郭沫若的作品与信拿给同样爱好文学的郁达夫看。1920年,郁达夫邀帝国大学同学张资平、成仿吾以及田汉一起讨论建立文学组织并出版文学类刊物的事情。

1921年3月,成仿吾接到在上海泰东书局的同乡来信说编辑部要改组,让他回国担任书局文学主任,但等郭沫若与成仿吾一道回国后,才知改组已经结束。成仿吾一气之下走了,郭沫若则留在书局编译书稿(没有聘书,也不给薪水),并与书局经理商议创办新刊物的想法,最终得到同意。6月初,郭沫若回日本,拜访穆木天、郑伯奇、沈尹默等人后,又到东京找郁达夫商议。郁达夫表示将会全力支持。

1921年6月8日下午,郁达夫在住所召开了有郭沫若、张资平、徐祖正等人参加的会议,讨论创造社成立事宜。6月中旬,郭沫若返回上海筹备,但几个月过去了也没有任何进展。郭沫若写信向郁达夫求助。9月初,郁达夫回到上海帮助筹备。两个星期后,郁达夫起草的《创造》杂志《出版预告》就在上海《时事新报》上登出。

郁达夫在泰东书局的工作也是没有聘书和薪水的,吃饭、住宿条件也极差,郁达夫连创作都无法进行。于是,郁达夫向书局辞职去了安庆一所学校任教。第二年5月1日,登载了郁达夫、郭沫若、田汉、张资平等人作品的《创造》创刊号问世,受到了读者的广泛欢迎,供不应求。随着《创造》季刊热卖,郁达夫向郭沫若、成仿吾提议,又办了一个《创造周报》。出版后,同样大受欢迎。

1923年7月,《中华新报》主笔张秀鸾跟郭沫若说,想让他们替《中华新报》编文学副刊,每月编辑费100元。郭沫若表示跟郁达夫、成仿吾商量后再作答复。讨论时,郭沫若认为该报的政治色彩不好,表示不赞同。郁达夫、成仿吾认为编辑权归他们,可以不受《中华新报》的影响,而且编辑费也可解决生活上的困难,表示赞同。于是,他们决定让郭沫若负责《创造周报》,郁达夫、成仿吾、邓均吾负责办取名《创造日》的日刊,创造社进入鼎盛期。

正当创造社办得风生水起之时,北京大学的陈启修教授推荐郁达夫到北大接替他的工作。为此,郁达夫与郭沫若、成仿吾商量,郭沫若劝郁达夫不要去,因为他是创造社的顶梁柱。但郁达夫最终还是赴京教书去了。郁达夫离去后,《创造日》减色不少,不久停办。

1924年初,《创造季刊》于2月因故停刊。《创造周报》由成仿吾苦苦维持,郁达夫5月赶回上海,经商量后,决定停办《创造周报》,与太平洋社合办《现代评论》周刊。

1926年3月15日,创造社出版部成立,编辑、发行、自印《创造月刊》等刊物。

与此同时,广东大学(后改为国立中山大学)邀请郭沫若、郁达夫、成仿吾到学校任教。郭沫若与郁达夫前往,成仿吾留下负责刊物的编辑工作。不久,创造社出版部出现账目混乱等问题,难以维持。

1926年12月末,郁达夫回到上海对出版部进行整顿。然而,因为整顿工作过于激烈,也因郁达夫刊发的一些政论文章,引起创造社内部一些人的不满,矛盾不断激化。

1927年3月,时任国民革命军总司令部总政治部副主任的郭沫若发表《请看今日之蒋介石》等著名檄文,号召全国军民起来反蒋;8月1日,郭沫若参加南昌起义,并加入中国共产党。蒋介石闻之大怒,发出《通知军政长官请通缉趋附共产之郭沫若函》,将"趋附共产,甘心背叛"的郭沫若"开去党籍,并通电严缉归案惩办"。

1927年8月15日,郁达夫在报上刊登退出创造社的声明:"今后达夫与创造社完全脱离关系,凡达夫在国内外新闻杂志上所发表之文字,当由达夫个人负责,与创造社无关。"

1928年初,鲁迅开始遭到"左倾"的创造社成员的猛烈攻击,郁达夫坚定地站在鲁迅一边。据说,郭沫若与郁达夫之间因为对政治形势和国共两党的认识发生了严重分歧而存在的一些个人矛盾,在这一阶段变得复杂化起来,被认为是"反目成仇"。对于这一反目,郭沫若后来表示:"我们那时还年轻，感情彼此都不容易控制，是值得遗憾的事。"

同年 2 月，郭沫若东渡日本，隐居于东京附近，开始了长达十年的海外流亡生活。郭沫若全家生活费依靠创造社的资助，钱由创造社在上海按月交给内山完造辗转交给郭沫若。1928 年，因中间人出事使郭沫若被暴露，郭沫若从此受到日本警察的监视。

1936 年底，在福建省政府就职的郁达夫以文学考察为名去了一次日本。根据郁达夫之子郁飞记述：据父亲说是应日本各社团及学校之聘去东京讲演的，但实际上是秘密向郭沫若转致国民党政府要郭回国之意——如果郭沫若回国，蒋介石可以取消对他的通缉令。

与绝交已久的老友再次相见，让郭沫若感慨道："亡命足足十年，达夫和我没有通过消息"，"达夫忽然到了日本东京，而且到我的寓所来访问。我们又把当年的友情完全恢复了。"

对于郁达夫让他回国的劝说，郭沫若表达了不愿为俗事所缠，努力做个作家的想法。

郁达夫回国后的 1937 年 5 月，郁达夫接连催促郭沫若回国："今晨因接南京来电，嘱我致书，谓委员长有所借重，乞速归。"其实，国民党内如陈布雷、陈仪、钱大钧、张群等人早就不断建议蒋介石取消对郭沫若的通缉。

郭沫若在卢沟桥事变爆发后的当月，抛下妻子和几个孩子，在使馆方面的帮助下，秘密离开日本，几天后回到上海。郁达夫专程从福建赶到上海码头上迎接郭沫若。

郁达夫的慷慨相助

郁达夫为人豪爽慷慨，对于弱者，他有一颗悲天悯人的心，对于那些身处困境、急需帮助的人，他在提供力所能及的帮助的同时，还痛心疾呼，以唤起人们的爱心，争取公平。他这样说道："我想牺牲了我一生的安乐荣利，来大声疾呼这中国民族腐劣的遗传。我想以一支铁笔来挽回那堕落到无可堕落的人心。"

1923 年夏季，刚刚 20 岁出头的沈从文，从湘西军营来到北京做了北漂一族，开始"向更远处走去，向一个生疏世界走去，把自己生命押上去，赌一注看看,看看我自己来支配一下自己,比让命运来处置得更合理一点呢还是更糟糕一点?"

但是,很快他便发现自己陷入了经济拮据、举目无亲的困境,在饥饿和严寒的威胁下,他的大学梦破灭了。尽管只有小学文化程度,但他对写作却有着非同一般的热情。然而,以文学来养活自己,对于没有什么资历的沈从文来说,道路是非常艰难的。在饥寒交恶的情况下,他无奈地给北京的几位知名作家(包括郁达夫)写信,希望得到一些帮助。

沈从文在他写的另外一篇文章中,记录了求助信的内容。信中,他这样描述自己的状态:

"人类的同情,是轮不到我头上了。但我并不怨人们待我苛刻。我知道,在这个扰攘争逐的世界里,别人并不须对他人尽什么应当尽的义务。生活之绳看来是要把我扼死了!我竟无法去解除。""我以为'能用笔写他心同情于不幸者的人,不会拒绝这样一个小孩子',这愚陋可笑的见解,增加了我执笔的勇气。"可他同时又说:"先生对这事,若是懒于去理会,我觉得并不什么要紧。我希望能够象在夏天大雨中,见到一个大水泡为第二个雨点破灭了一般不措意。"沈从文在信中仍然留下了自己的住址。

此时已在北京大学担任统计学讲师的郁达夫,之前也曾为了追求文学,在上海遭遇过艰难,所以他对沈从文的描述应该是感同身受的。郁达夫得了沈从文的求助信后,立即抽出时间,找到了沈从文所住的阴冷潮湿霉味很重的小房间。

郁达夫记下了1924年11月的这一天。那天北京很冷,且风沙极大,在风沙中,郁达夫的眼睛都被沙石扫出了红圈。郁达夫进屋后,见到了只穿着两件夹衣,冷得发抖,正在用被子裹着两条腿在桌旁写作的沈从文。沈从文告诉郁达夫,他来北京,就是想取得一个国立大学的头衔,以帮助就业解决生计问题。沈从文还说到了自己的家庭等情况。

中午,郁达夫请沈从文到外面的饭馆去吃饭,一餐饭花去一元七角多,那时郁达夫月薪才30元。之后,他们又回到沈从文的住处谈了一会,郁达夫临走时将身上剩余的三元多全给了沈从文,还解下自己脖子上的羊毛围巾给沈从文系上。沈从文感动得禁不住趴在桌上哭了起来。对于这样的恩情,沈从文一辈子都没有忘记……

这天郁达夫回去后，心情也是辗转难平，他想了很多。像沈从文这样的文学青年很多，而且大多贫困，文学道路又是那么狭窄。对他们，郁达夫感到实在是心有余而力不足。因为常常帮助他人，他自己的生活也捉襟见肘——一个大学讲师，连一件棉衣都没有，还是朋友集资赠送的。当天，郁达夫写出了一篇名文——《给一位文学青年的公开状》，他写道：

"平素不认识的可怜的朋友，或是写信来，或是亲自上我这里来的，很多很多。我因为想报答两位也是我素不认识而对于我却有十二分的同情过的朋友的厚恩起见，总尽我的力量帮助他们"，但"我的力量太薄弱了，可怜的朋友太多了"，还以自己"连一条棉裤也没有"等事实为例，来证明当时中国社会的不合理和反驳以为只要大学毕业就可以糊口的见解的错误，质问"大学毕业，以后就可以有饭吃，你这一种定理，是哪一本书上翻来的？"

对于没有钱，没有靠山，却对文学抱着希望的青年，郁达夫劝说："最上的上策，是去找一点事情干干……"，郁达夫借此强烈表达了对社会现实的讽刺。虽然文章这样写，但郁达夫还是在沈从文的文学道路上，很切实有力地推了他一把。郁达夫向《晨报副刊》的主编介绍了沈从文。很快，沈从文的处女作《一封未曾付邮的信》在《晨报副刊》上发表。

1925年，郁达夫把沈从文介绍给徐志摩，得到徐的大力推举。1936年，沈从文在《从文小说习作选》一书的序言里写道："……有几个人，特别值得记忆，我也想向你们提提：徐志摩先生，胡适之先生，林宰平先生，郁达夫先生……这十年来没有他们对我的种种帮助和鼓励，这本集子里的作品不会产生，不会存在。"可以说，没有郁达夫可能就没有沈从文。

郁达夫帮助沈从文绝非个例。著名文学史家刘大杰自幼父母双亡，在外婆的抚养和帮助下，1922年考入武昌师范大学读书，并认识1925年来此任教的郁达夫。当时郁达夫已经有相当的名气。本就喜欢文学的刘大杰课后就经常向郁达夫请教，彼此日渐熟悉。1925年末，郁达夫因学校守旧派的反对，辞职离开武昌。刘大杰也随之退学。1926年，郁达夫资助刘大杰到日本留学。1930年刘大杰回国后，郁达夫继续支持他的工作。

同鲁迅一样，郁达夫为了培养文学青年也是不遗余力的。在青年的生活和文学道路上，他坚持"以汗水来作天才的养乳"。刘开渠、孟超、许杰、周全平、钱杏村、冯至等很多人，都对恩师给予的帮助念念不忘、永志终生。如

1927年，当安徽籍的钱杏村到上海寻求发展，生活上出现困难时，郁达夫给予特别照顾，在同一期的《洪水》上一下子发表了他的两篇作品，并预支了稿费给他。刘开渠多次受惠于郁达夫。他和妻子程丽娜的婚事就是由郁达夫作证婚人的——当时女方父母不大同意这桩婚事，刁难说如果能找到社会名人做证婚人则可。

郁达夫同情弱者，帮助贫困，不仅只是对文学青年，他的仁爱之心，更多的是面向了社会的贫苦大众。一次，他看见一个车夫溺水身亡，其妻在一旁哭泣，他便趁车夫妻子不注意时，将自己的银表偷偷放进了她的兜里。如此等等，还有很多匪夷所思的帮助弱者的例子。

"不患贫，不媚世，不盗名，不望报，不亟亟于成功，不反复无常阴险恶毒的去求合于时流。"郁达夫便是这样来要求自己的。

4. 郁达夫的情场恩怨

据郁达夫自述，当他13岁还在小学堂读书时，就对邻居赵家的一个女孩产生过好感，有过一段"水样的春愁"的初恋之情。初时，他们只是相互对着笑笑，后来就经常一起玩耍。小学毕业的那天，他喝了酒壮着胆子，走进她家里，把正在灯下写字的女孩的灯给吹灭了，抓住了她的手臂，两人沉默了许久才开始说话。后来赵家少女订婚，郁达夫还为自己失去了良机而深深地懊悔。在日本留学期间，郁达夫与后藤隆子、篠田梅野、玉儿等生活于日本社会底层的女性产生过恋情。她们有的是"小家女"，有的是侍女，有的甚至是妓女。他同情她们，帮助她们；她们也为他排除了种种苦闷，带给他创作的灵感，写下"玉儿看病胭脂淡，瘦损东风一夜花，钟定月沉人不语，两行清泪落琵琶"和《银灰色的死》等作品。

郁达夫一生都没有离开与异性的感情纠葛。对妓女，郁达夫有"三个条件"：年纪大点，相貌丑点，没人爱过。一旦交往，就付之以自己的真情。1921年在安庆法政学校教课时，便结识了一位叫作"海棠"的很符合他的三个条件的妓女。每日下班，他必到海棠姑娘处休息，把自己的所有积蓄交她保管。郁达夫在小说《茫茫夜》里，记录了他的这一段经历。

　　1917 年，郁达夫从日本回国省亲时，奉母命与一位同乡女子孙荃订婚，1920 年完婚。结婚时，由于郁达夫的坚持，没有举行任何仪式，连媒人也没有到场，只是放了几声鞭炮，傍晚时分把新娘孙荃迎进郁家。虽然郁达夫对这一旧式婚姻并不满意，但他还总是觉得妻子应该是自己最爱的女人。为此，他经常在拿孙荃当作出气筒大发脾气之后，对于打不还手、骂不还口的妻子感到深深的愧疚。1921 年后，孙荃随郁达夫到安庆、上海、北平等地居住，直到身穿着孙荃寄来的羊皮袍子的郁达夫遇见王映霞，夫妻之间的感情才发生了巨变。

　　1926 年 12 月末，郁达夫来到上海对创造社出版部进行整顿。1927 年 1 月 14 日，郁达夫在留日同学孙百刚家，邂逅了美丽的王映霞，很快便深陷情网，无法自拔。同年 6 月 5 日，郁达夫和王映霞在杭州公开订婚，孙荃遂与郁达夫分居。1928 年 2 月，在没有与孙荃离婚的情况下，郁达夫和王映霞在上海结婚。孙荃便带着几个孩子回富阳老家与郁母同住，从此吃斋念经，直到去世。

　　郁达夫与王映霞的婚恋一度成为当时爆炸性的新闻事件。

　　与王映霞交往时，郁达夫已是有妇之夫，而且身为人父，上有老下有小，他深知自己的选择是多么"大逆不道"、惊世骇俗。在《日记九种》一书中，他流露了当时自己在面对元配妻子与王映霞两个人时所遇到的那些彷徨与顾虑、挣扎与痛苦、忏悔与激情。在书中，他也记下了自己追求

郁达夫与王映霞

王映霞的经过。尽管他曾说过，他与孙荃的婚事是由其母亲包办，但他对婚后已经育有四个孩子的孙荃，还是感觉有所亏欠的。然而，郁达夫的性格是冲动的，这决定了他只会向充满激情的那一边倾倒。

　　郁达夫求爱的过程是艰难的。为了赢得王映霞的欢心，郁达夫一封接一封地给她写情书。然而，尽管王映霞非常仰慕郁达夫的才华，但她早已有了婚约，所以她的选择也是艰难的。为了阻止王映霞嫁为人妇，郁达夫对她可谓极尽说服、诱惑之手段。他在情书中说："……王女士，人生只有一次的

婚姻……你须想想当你结婚年余之后,就不得不日日作家庭的主妇,或拖了小孩,袒胸哺乳等情形……","你情愿做一个家庭的奴隶吗?你还是情愿做一个自由的女王?你的生活尽可以独立……"

王映霞与郁达夫在婚后确实有过一段平静充实、甜蜜幸福,如同"自由的女王"般的日子。只可惜,他们的婚姻只维持了 12 年,王映霞终究还是没做成所谓的"自由的女王"。

郁达夫与王映霞的婚变,源于郁达夫认为王映霞与浙江省教育厅长许绍棣之间有问题。

两人为此产生了激烈争吵,王映霞愤然丢下郁达夫离家出走。郁达夫恼羞成怒之下,1938 年 7 月 5 日,郁达夫在汉口《大公报》第四版刊登《启事》,将矛盾公开化。这则自爆家丑的"寻人启事"全文如下:

王映霞女士鉴:乱世男女离合,本属寻常,汝与某君之关系,及搬去之细软衣饰、现银、款项、契据等,都不成问题,惟汝母及小孩等想念甚殷,乞告一地址。郁达夫谨启

经过调解,在王映霞的要求下,郁达夫刊登"协议书"后,二人复合。但此后,郁达夫多次怀疑过王映霞与别人有染。在婚变中,郁达夫写的自暴私隐与"家丑"的《毁家诗纪》,严重伤害了夫妻之间的感情,为两人最后的离异埋下了伏笔。

1938 年年底,郁达夫与王映霞一起到了新加坡。但在新加坡的两年内,郁达夫和王映霞的关系更加恶化。最后,两人终于协议离婚,1940 年王映霞返回中国,郁达夫则继续留在新加坡。在王映霞走后,郁达夫开始对她思念不已。但是郁达夫很快找到了新欢——与比自己小近 20 岁、才貌双全的李小瑛发生了恋情。

26 岁的有夫之妇李小瑛由于对婚姻不满,而且也十分崇拜郁达夫的文学才华,于是主动向郁达夫示爱。郁达夫焉有不回应的道理,两人一拍即合,不久,李小瑛就以郁达夫"契女"的名义搬到郁达夫家中居住,郁达夫也不避嫌疑,把自己的书房让给李小瑛,暗中则已实行同居之好。为了表示亲昵,郁达夫甚至用罗马史家 Livius 的英文名字 Livy 作为对李小瑛的昵称,还常用德语 IchLiebedich(我爱你)来表示爱意。

可是郁达夫的儿子郁飞却强烈反对父亲和李小瑛的结合,而郁达夫也

不便和李小瑛正式结婚。1941年12月，李小瑛痛苦地搬出了郁家。太平洋战争爆发后，李小瑛退到爪哇岛，郁达夫逃亡到苏门答腊。他在这时创作了著名的《乱离杂诗》，其中前7首就是为思念李小瑛而作。

郁达夫的第三任夫人叫陈莲有。其人相貌普通，没有什么文化，而且不懂中国话。郁达夫以"何丽之有"之意给她取名为何丽有。当时郁达夫为躲避日本人迫害，化名赵廉，一直到他遇难后，何丽有才知道丈夫的真名。

郁达夫一生在个人感情问题上，不仅给自己造成了很大的负担和伤害，也给自己的子女造成了终生不能改变的不良感受。1992年，郁飞在新加坡接受访问时评价父亲说：他是一位拥有明显优点，也有明显缺点的人，他很爱国家，对朋友也很热心，但做人处世过于冲动，以至家庭与生活都搞得很不愉快。他不是什么圣人，只是一名文人，不要美化他，也不要把他丑化。因为见证了父亲在个人生活与家庭上的不幸和失误，郁飞毫不讳言地说这是他没有选择做文人的一个重要原因。

5. 郁达夫生前轶事

郁达夫爱喝酒，在火车上也是手不释杯。郁达夫旅闽时，曾访弘一大法师，法师赠以著作数种。及别时，弘一法师谓郁达夫云："你与佛无缘，还是做你愿做的事吧！"

1929年夏天，一批作家相邀到宁波普陀岛上一个名叫天福庵的小庙里避暑。住进小庙的有楼适夷、王鲁彦、伍钧等，后来郁达夫与王映霞夫妇也一前一后地来到庙里。

每到晚上大家就聚到一起，一边说着一天的见闻，一边饮酒作乐，天气热，他们喝的是啤酒。郁达夫每到此时便大显身手。一次他一连灌下六瓶，在座的几位都被他吓坏了，不想郁达夫笑笑解释道："没有关系，喝到半场，跑出去小便一次，又可以再喝了。"

席间突然有人问起郁达夫："你和映霞为何不同行，却一先一后单独跑来了？"

郁达夫不好意思地瞥一眼王映霞，才开口道："那天无事，我一人在上海街头闲逛,后来又进一家酒馆喝了不少酒。从酒馆出来就醉了,给扒手掏走了钱包。不知怎样我糊里糊涂走到十六铺码头,登上开往普陀的轮船,就这么一个人先来了。"原来,郁达夫酒醒以后才发现身上已分文不存,只好给王映霞写信要钱。王映霞正为郁达夫不见踪影着急。收到信,才知他已先去了普陀。郁达夫在信中并未提及自己被偷一事,所以王映霞心中还是疑团未消:原说是一起去普陀的嘛,怎么自己倒先走了?自己先走也罢,既不留个口信,又不带钱,搞的什么把戏?及至到了普陀,王映霞才弄清事情的原委,不禁又好气又好笑。

众人听罢也哈哈大笑起来,有的嘲弄道:"映霞嫂,这次达夫是醉走普陀,可别让达夫下次醉走青楼呀!"

说得郁达夫和王映霞都不好意思起来。

不过,郁达夫在此之前的另一次醉酒,才真正是惊险。

那时郁达夫在上海,正和王映霞热恋着,还未结婚。他们的婚事遭到双方家庭的反对,因此,他一度非常苦闷。有一次,好友杨端六在四川路香港路银行俱乐部餐厅请客,郁达夫应邀出席。席间有人称赞王映霞,又哄着要喝他们的喜酒。朋友们本是好意,郁达夫却苦不堪言。他内心的这种痛苦又不好对人明说,于是他只能端起酒杯,一杯接一杯地狂饮。

宴会结束时,郁达夫已是酩酊大醉。朋友们看到他那副样子,提出送送他,但被他坚决拒绝。出了大门,当他深一脚浅一脚拐过一个街口时,迎面突然走出两个穿制服的壮汉,原来是巡夜的巡捕。巡捕见郁达夫满嘴酒气神态不清,便将他带回巡捕房。

第二天天亮,郁达夫从睡梦中醒来,发现自己被关在看守所里,一时着了慌,搞不清楚是怎么回事。那时候,郁达夫已参加了左翼文化运动。他不禁想,糟了,准是被谁告发了,半夜被抓了来。

日过三竿,才传来巡捕招呼他的声音。他被从看守所的监牢带往一间好像审讯室的屋子。他暗中做好了受审的准备。不料进屋之后,巡捕只是将他训了一顿,说什么深夜酗酒违反治安法规,如下次再发现定不轻饶之类。显然把他当作一般的酒鬼了。

郁达夫见事与进步文化活动无关,心中暗喜,对巡捕的训斥连连称是,也不分辩,很快他就被放了出来。回家的路上,郁达夫庆幸自己交了好运,没受皮肉之苦。仔细想想又很后怕，万一自己酒后失言，后果不堪设想。

有一次，郁达夫应邀演讲文艺创作，他上台在黑板上写了"快短命"三个大字。台下的听众都觉得很奇怪，他接着说："本人今天要讲的题目是《文艺创作的基本概念》，黑板上的三个字就是要诀，'快'就是痛快；'短'就是精简扼要；'命'就是不离命题。演讲和作文一样，也不可以说得天花乱坠，离题太远，完了。"郁达夫从在黑板上写那三个字到说完话的时间，总共用了不到2分钟，正合乎他所说的三原则——"快短命"。不料，这三个字却成了他命运的写照。

6. 寻找郁达夫遗骨

几十年前，一代文豪郁达夫惨遭日本宪兵杀害，几十年后的 2000 年，浙江富阳郁达夫中学全体师生发出倡议书，呼吁全球华人寻找郁达夫遗骨，在社会上激起强烈反响。

倡议书写道：1945 年 8 月 29 日，现代著名作家郁达夫被投降后的日本宪兵秘密杀害，其遗骨至今下落不明。55 年过去了，郁达夫的遗骨还在不知何处的异国他乡流浪，郁达夫的亡灵还在苏门答腊岛的上空飘荡。郁达夫死不瞑目！为了让这位著名作家含笑九泉，为了让这位抗日战士魂归故里，也为了抗议目前还否认侵华事实的日本右翼势力，我们怀着无尽的悲愤，以郁达夫中学全体师生的名义，向全球华人发出最真诚、最迫切、最强烈的倡议——呼吁全球华人寻找郁达夫烈士的遗骨。我们非常熟悉郁达夫"作家加战士"的可歌可泣的一生——郁达夫与他人发起创办"创造社"，亲自劳军台儿庄。1938 年底，郁达夫应邀赴新加坡办报并宣传抗日救亡，星洲沦陷后流亡至苏门答腊，因精通日语被迫做日军翻译，其间忍辱负重，利用职务之便暗暗救助、保护了大量文化界流亡难友、爱国侨领和当地居民。1945 年 8 月 29 日，为了逃脱惩罚、销毁证据，日本宪兵以极其残忍的手段将郁达夫活活掐死，终年 49 岁。

在倡议书的结尾，师生们发出呼吁：全中国的学生、全世界的华人和所有爱好和平坚持正义的人们，请和我们一道，加入寻找郁达夫遗骨的行列吧!

对此,诺贝尔文学奖获得者莫言特别撰文表示响应:我支持寻找郁达夫遗骨。莫言在文章里写道:

……日本人里还是有许多的好人,日本这个国家还是有许多可爱的地方。但很快,日本人就打到中国来了。我相信,日本的侵略中国,日本军队在中国的烧杀奸淫,会让上述那些在日本留过学或是居住过的中国人心中百感交集,包括郁达夫。但郁达夫最后还是被日本宪兵用手扼住咽喉窒息而死。

近年来我结识了不少日本朋友,去年也曾经去日本住了十几天。面对着彬彬有礼的日本男人,面对着"最是那一低头的温柔"的日本女人,我总觉得那些在中国无恶不作的日本鬼子不是从这个岛国上出去的。但事实上他们就是我们今天见到的那些彬彬有礼的日本男人和温柔的日本女人的父辈,亦或那个在大街上踽踽独行的面孔慈祥的老人就是一个当年的军曹。怎么会是这样呢?想来想去,我的结论是,当年那批鬼子,是战争这个特殊环境的产物。特殊的环境需要特殊的人物也造就出特殊的人物,特殊的环境能把人变成野兽,在一个吃人的环境里,如果你不参加吃人的活动,很可能就要被人吃掉。这不是民族的问题,更不是人种的问题。这是政治家的问题,不是老百姓的问题。士兵在成为士兵之前,都是善良的老百姓。就是这样的在战争的环境中丧失了人性的成为了宪兵的日本老百姓用手扼住了郁达夫的咽喉,使他窒息而死。

……

是年 7 月,网上的一则新闻引起了很多人的围观,原来这是一封郁达夫中学全体师生和部分毕业生写给影片《郁达夫传奇》里郁达夫的扮演者周润发的信,信中这样写道:

我们是浙江富阳市郁达夫中学全体学生和部分毕业生,这次给你写信的目的不是请求签名,不是请求合影,而是真诚地邀请你加入我们倡议的"全球华人寻找郁达夫遗骨"行列(倡议书附后)。

1945 年 8 月 29 日,现代著名作家郁达夫被投降后的日本宪兵秘密杀害,其遗骨至今下落不明。55 年过去了,郁达夫的遗骨还在不知何处的异国他乡流浪,郁达夫的亡灵还在苏门答腊岛的上空飘荡。为了让这位著名作家含笑九泉,为了让这位抗日战士魂归故里,我们怀着无尽的悲愤,以郁达夫中学全体师生的名义,于 6 月 26 日开始,通过千龙新闻网向全球发出最真诚最迫切最强烈的倡议——呼吁全球华人寻找郁达夫烈士的遗骨。

消息发出之后,引起了全球各界的强烈反响和共鸣,世界各地的华文媒体纷纷刊载这一事件,李敖、莫言等著名作家纷纷表示大力支持。

但我们的困难还很多,我们需要更多的帮助,于是,我们想到了你。不仅是因为我们佩服你的"英雄本色",倾慕你的"纵横四海",更是因为在影片《郁达夫传奇》里,你成功地演绎了郁达夫"作家加战士"可歌可泣的一生!

周润发先生,你是享誉全球的华人巨星,你振臂一呼,必定会应者云集。你塑造了大量的银幕上的英雄,我们真诚地邀请你担任"全球华人寻找郁达夫遗骨"行动的形象大使。

郁达夫的女儿郁正民说,"如果再找不到父亲的遗骨,那我这辈子的心愿就无法了结了。"

尽管找到郁达夫先生的遗骨难度非常大,不过找到的可能性还是有的,因为当年下令杀害郁达夫的宪兵队长作为直接下令的人,应该知道郁达夫遗骨埋在何处。1985 年,这位宪兵队长曾经对铃木正夫表示,他希望能够到郁达夫的墓前烧一柱香。这表明,原宪兵队长是知道郁达夫埋葬在何处的。只是这个宪兵队长始终没有能够主动说出郁达夫遗骨的下落。

另外,郁达夫之子郁飞的夫人王永庆女士曾于 1995 年 10 月 26 日收到中国美术学院丁正献教授一封信,信中说,印尼郑远安先生知道郁达夫遗骨的下落,因种种原因,她当时没有把信的内容告诉别人。但她一直保存着这一封信。

仅郁达夫一家,日本法西斯就欠下了三条人命。1937 年 12 月 21 日,日本入侵富阳,郁达夫的母亲不愿逃亡而活活饿死;1939 年 11 月 23 日,郁达夫的哥哥郁华在上海被日伪特务暗杀;1945 年 8 月 29 日,抗战胜利后,郁达夫被日本宪兵杀害。目前,在印度尼西亚苏门答腊岛离武吉丁宜三公里的华侨公墓,建立了一座高达两米的烈士纪念碑,以纪念郁达夫和其他 10 位惨遭杀害的反法西斯战士;在日本名古屋大学,树立了郁达夫文学纪念碑;在郁达夫的家乡浙江富阳,建立了双烈亭,以纪念他和郁达夫的哥哥郁华;在富阳郁达夫中学,建立了郁达夫事迹陈列室和高达 3.5 米的郁达夫铜像。

徐志摩：
来去悄悄，不带走一片云彩

> 志摩是中国布尔乔亚"开山"的同时，又是"末代"的诗人。圆熟的外形，配着淡到几乎没有的内容，而且这淡极了的内容，也不外乎感伤的情绪，轻烟似的微衰，神秘的、象征的依恋感喟追求：这些都是发展到最后一阶段的、现代布尔乔亚诗人的特色。　　——茅盾
>
> 如果说胡适使中国的现代新诗小脚放大，郭沫若使中国的现代新诗增添了气吞寰宇的气势，徐志摩则使中国新诗充满了灵性。徐诗的这种空灵之美来自于诗人一颗真挚的童心，他的诗是他真性灵的流露。——王迅

1. 家世与名师

1897年1月15日，徐志摩出生在浙江省海宁县硖石镇一个世代经商的商人之家。徐志摩出生时，父亲徐申如时年25岁，母亲钱氏时年23岁。按照辈分，他们给儿子取名徐章垿，字槱森，因为属猴，故又取小名又申。作为长子独孙的徐志摩，自小就备受宠爱，过着舒适优裕的公子哥生活。

徐家很有钱。他家的房屋是四进古楼房，每进楼房都有一个狭长的天井相隔。徐志摩的祖父是一位善于经营的商人，徐志摩的父亲徐申如是其次子。

徐志摩的亲戚中有不少都是近现代史上著名的人物。大名鼎鼎的武侠小说家（查良镛），就是同出生于浙江海宁的徐志摩的舅表弟，年幼时，金庸就随父母到表舅徐申如家做过客，与表兄徐志摩做伴。而教育家、学者查良钊与诗人查良铮（穆旦）是金庸族亲，都与徐志摩家里有来往。1932年，徐志摩遇难后，灵柩被迎回家乡硖石镇安葬，查家送挽联"司勋绮语焚难尽，仆射余情忏较多"前往哀悼。据说当时只有十几岁的金庸，曾随家人前往吊唁。军事理论家蒋百里将军是徐志摩的一位姑父的堂弟，也是他的好友；蒋百

徐志摩

里的女儿，徐志摩的表姐蒋英是钱学森的夫人。徐志摩的堂姐查良敏是琼瑶舅妈。

不难想象，徐志摩是在怎样厚重的家庭文化氛围下长大的。

而徐志摩的父亲徐申如本身也是一位有见地、有魄力、有正义感的商人。他除了经营酱园、钱庄、绸庄外，还开办了电灯厂、布厂、蚕丝厂，以及上海的银号等，因而成为当时硖石一带的首富，在沪杭实业界都有相当的地位。徐志摩正是由于得到了这样一位父亲在经济上的鼎力相助，才使他从小就受到了良好的教育（四岁时，就请了当地名士查桐荪做他的老师），并且在后来的求学道路上一帆风顺：先是考取北京大学，后到日本、美国、英国和德国等多国留学。而徐申如的经济实力也深刻地影响了徐志摩的一生。徐志摩和原配夫人张幼仪离婚后，他不顾及父亲坚决的反对和陆小曼结婚，父子关系就断绝了。在没有经济支持的情况下，陆小曼开支用度的奢侈使一向过惯公子哥生活的徐志摩痛苦万分，并且最后导致两人关系趋向恶化。一次，为了省钱，徐志摩乘坐了那班在济南坠毁的免费去北京的飞机，走完了他仅仅35年的人生旅途。

1910年春，徐志摩十四岁时，沈钧儒先生介绍徐志摩考入浙江最负名望的杭州府中学（现为浙江省杭州高级中学），与郁达夫是同班同学，此后二人

的关系一直很好。

1915 年 10 月 29 日,徐志摩与张幼仪完婚。1916 年秋,徐志摩离沪北上,到天津的北洋大学(现为天津大学)法科读书,同学中有吴经熊(后为国民党政要)。第二年,北洋大学法科并入北京大学,徐志摩也随之成为北大学生。

因为徐志摩早就仰慕梁启超,而他的一位亲戚加好友蒋百里就是梁启超的门生,张幼仪的二哥张君劢也是梁启超的门生,于是他便请二位帮忙向梁启超引荐他。1918 年 6 月,徐志摩正式拜政学两界重量级人物梁启超为师,徐申如高兴之下,拿出大洋一千作为拜师礼。

梁启超对徐志摩的一生产生了很大的影响。

为了开拓徐志摩的视野,不久,梁启超建议他去欧美一些国家留学。这一建议,很快被徐志摩父子采纳。去美国留学之前,徐申如望子成龙心切,便根据徐志摩小时候被一个名叫志恢的和尚,摩过头,并预言他"将来必成大器",替他更名为徐志摩。

1918 年 8 月 14 日,徐志摩从上海启程赴美自费留学。徐志摩先进美国克拉克大学历史系,继而进入哥伦比亚大学攻读政治学。

1922 年,徐志摩学成归国到家见过双亲之后,便赶往北京看望梁启超。同年 12 月,梁启超介绍徐志摩到北京松坡图书馆担任英文干事。1924 年,梁启超邀请亚洲第一位诺贝尔文学奖获得者,印度诗人泰戈尔来华,梁启超安排徐志摩作泰戈尔在华期间的随身翻译。这是徐志摩第一次在国内学术界崭露头角,并且赢得赏识,几个月后,徐志摩便被聘为北京大学英美文学教授。

梁启超对徐志摩的才华非常推崇,胡适直言:"志摩是梁任公先生最爱护的学生。"虽然如此,他们之间也是有矛盾的。

1922 年 3 月,徐志摩因为爱上了同时在英国留学的林徽因,要向包办的婚姻"挥一挥手"——和结发妻子张幼仪离婚,遭到很多亲朋好友的反对,梁启超也在反对之列。他对徐志摩说:"万不容以他人之苦痛,易自己之快乐","恋爱神圣为今之少年所乐道"但是"兹事盖可遇而不可求","天下岂有圆满之宇宙?"并且担心但他因此自毁前程。

对于恩师的开导劝诫,徐志摩坚定地说自己这样做是为"求良心之安顿,求人格之确立,求灵魂之救度耳",表示"我将于茫茫人海中访我唯一灵魂之伴侣,得之,我幸;不得,我命,如此而已"。

虽然徐志摩离婚成功了,但他也同时失去了林徽因。1924年,他遇见了一代才女陆小曼,很快陷入了不能自拔的热恋中。而陆小曼的丈夫王庚还是梁启超的学生、徐志摩的好友。徐志摩的做法让梁启超很反感、很生气。然而,徐志摩还请胡适去劝说梁启超做他们的证婚人。1926年10月3日,徐志摩与陆小曼在北京北海公园举行的婚礼上,梁启超语出惊人:"徐志摩,你这个人性情浮躁,以至于学无所成,你这个人用情不专,以至于离婚再娶!""陆小曼,我希望从今以后你能恪遵妇道,检讨自己的个性和行为,希望你们不要一错再错、自误误人!"梁启超的痛骂使新婚的二人无地自容,异常尴尬,但徐志摩也只有忍着难堪,讨饶道:"请老师不要再讲下去了,顾全弟子一点颜面吧。"梁启超这才打住,最后说道:"我送你们一句话:祝你们这是此生最后一次结婚!"

后来,梁启超在给儿子梁思成和儿媳林徽因的信中表达了他的本意:"徐志摩这个人其实很聪明,我爱他不过,此次看着他陷于灭顶,还想救他出来,我也有一番苦心。"其实,徐志摩也理解梁启超的良苦用心,他并没有因此而心存丝毫的不满。1928年11月,徐志摩听说恩师病重,便急忙前往探望。梁启超去世后,徐志摩前去参加了追悼活动。

老师尚且如此,徐志摩的家里人对他则更是"爱之深、恨之切"的。1931年4月初,一封母亲病危的急电送到徐志摩的手里,徐志摩想让陆小曼一起回去侍奉母亲,却遭到徐申如的激烈反对:"她若来,我即走!"

老夫人与世长辞后,陆小曼穿着一身孝服从上海赶往硖石奔丧,被徐申如派人在半路上赶回。徐志摩得知后,当晚便与父亲激烈顶撞起来,徐申如一时悲愤难抑,在妻子灵前放声大哭不止。父子关系从此断绝。

然而同年11月19日,徐申如听闻徐志摩在飞机失事中身亡的噩耗,一时间悲痛欲绝。他把责任归咎于陆小曼,认为是她害死了他的儿子,如果不是她挥金如土,徐志摩就不会疲于奔命,四处兼职;儿子本来好好的一个家,被她扰得家破人亡,妻离子散。因此,徐家人对陆小曼记恨在心,徐志摩本人的追悼会,因徐申如的阻止,陆小曼也未能参加。

徐志摩死后,他生前的好友胡适在《追悼志摩》一文中这样记叙他的为人："常有朋友到家里来谈志摩，谈起来常常有人痛哭。志摩所以能使朋友这样哀念他，只是因为他的为人整个的只是一团同情心，只是一团爱。叶公超先生说：'他对于任何人，任何事，从未有过绝对的怨恨，甚至于无意中都没有表示过一些憎嫉的神气。'陈通伯先生说：'尤其朋友里缺不了他。他是我们的连索，他是粘着性的，发酵性的。在这七八年中，国内文艺界里起了不少的风波，吵了不少的架，许多很熟的朋友往往弄的不能见面。但我没有听见有人怨恨过志摩。谁也不能抵抗志摩的同情心，谁也不能避开他的粘着性。他才是和事佬，他有无穷的同情，他总是朋友中间的'连索'。他从没有疑心，他从不会妒忌，使这些多疑善妒的人们十分惭愧，又十分羡慕。'"

2. 多情才子的惊世爱情

当人们提及徐志摩，几乎所有人都会不由自主的想起"浪漫"和"多情"这两个词，而在这两个词后面人们接着会想到徐志摩身边的三个女人——张幼仪，林徽音和陆小曼。

关于爱情，徐志摩曾说过："爱情和婚姻是人生中唯一的要事。"是的，没有爱情，徐志摩可能根本不会成为一个最具浪漫色彩的诗人。徐志摩曾说过，在他人生的前二十年里，从未想过与诗歌结缘，他之所以写诗，是因为遇见了使他迅速坠入爱河的林徽因。为了表达无尽的爱意，他把诗歌当作玫瑰，向心上人致意。林徽因结婚后，徐志摩的诗意便开始凋零。可以说，爱情成就了一代诗人徐志摩，但也可以说，爱情葬送了一代才子徐志摩。

徐志摩的包办婚姻

1915 年夏，徐志摩在浙江一中毕业之际，江苏宝山的名门望族张家不知从哪里听说浙江省海宁徐家有一才子，托人主动来向徐志摩父母提亲，要将 13 岁的女儿张幼仪许给徐志摩。徐申如听说女方张幼仪是上海宝山县巨富张润之之女，金融界巨子张嘉璈与国民党政要之胞妹，喜出望外的他未加思索，在没有征求儿子意见的情况下，便私自点头同意了。但这样的包办婚姻,让视爱情如生命的徐志摩,自然是难以接受的。父母百般劝说无效后,请来祖母,徐志摩最终忍痛接受这门婚事。徐志摩与张幼仪的婚礼这才得以如期举行。

但徐志摩对张幼仪一点都不了解,婚后两个人也没有任何感情可言。徐志摩第一次见到张幼仪的照片时,便用嫌弃的口气说:"乡下土包子!"婚后也很少用正眼看张幼仪。对此,张幼仪说:"除了履行最基本的婚姻义务之外,对我不理不睬。就连履行婚姻义务这种事,他也只是遵从父母抱孙子的愿望罢了。"婚后不久,志摩便到天津读书去了。挨到 4 年后,张幼仪才为徐家生下了第一个男孩,而同年夏天,徐志摩就又出国留学去了。

1920 年秋,张幼仪来到英国,在剑桥大学旁边住下,不久张幼仪就又怀孕了。此时徐志摩正在热恋林徽因,无暇顾及张幼仪,一听便不顾张幼仪的生命危险坚持要把孩子打掉。

另外,徐志摩苦于张幼仪从中阻碍他和林徽因的发展,于是提出与她离婚,见张幼仪不答应,便一走了之,将产期临近的张幼仪一人丢在沙士顿。张幼仪无奈之际,只好给二哥张君劢写信求救后,最后到柏林把孩子生下。在柏林,急于想和林徽因马上结婚的徐志摩逼着她签下了离婚协议。

离婚后,张幼仪开始了发奋自立自强的道路。她一边学习德文,一边进入大学攻读幼儿教育。张幼仪的顽强精神让一向看不起她的徐志摩也表示出由衷的钦佩:"C 君(指代张幼仪)是个有志气有胆量的女子……她现在真的'什么都不怕'。"

张幼仪回国后,先在东吴大学教德语,后开始进入商界和政界,打破了不少中国记录,如出任上海女子商业银行副总裁,成为中国女性开办银行的第一人。

1949 年,张幼仪定居香港,1988 年病逝于美国纽约。

徐志摩的无果恋情

徐志摩在美国待了两年后,准备到英国跟罗素学哲学,不料到英国后才知道罗素已不在剑桥大学,计划落空的徐志摩便在伦敦打发了半年时光。正当他百无聊赖想着到别处去的时候,他遇见了林长民和他的女儿林徽因,并由林长民介绍，结识了英国作家高斯华绥·狄更生。经过狄更生的推荐，徐志摩以特别生的资格进了剑桥大学皇家学院学习。

徐志摩与林徽因的父亲林长民早在北大读书时就相识。那时梁启超任司法总长，林长民是教育总长，两人过从甚密。徐志摩是梁启超的得意弟子，因此常在梁府见到林长民，并与之结成忘年之交。1921年春，林长民赴英游学，同时送爱女到英国读书。但徐志摩遇见林徽因却是纯属偶然。

在伦敦举办的一次国际联盟协会上，徐志摩看见了在伦敦一所女子中学读书的十六岁的林徽音。林徽因兼具中西文化审美特点的气质，一下子让徐志摩神魂颠倒了，而徐志摩的才情与风度也是林徽因所喜爱和爱慕的，二人很快步入热恋之中。

然而，张幼仪的到来使热恋中的林徽因很快清醒了，林徽因要求徐志摩先离了婚再来找她谈他们的关系。徐志摩遂决定与张幼仪离婚。在徐志摩离婚的过程中，林徽因随父回国去了。徐志摩准备离婚后马上赶回国与林徽因结婚。可是，当徐志摩把一切办妥，回国去找林徽因时，林徽因却已是梁启超的儿媳妇了——林徽因最终选择了忠厚老实的梁思成。

徐志摩的一腔沸腾的热血在瞬间被冷冻到了零点，他在极度痛苦中仍苦恋着林徽因，并设法去接近她。而林徽因尽管和徐志摩一直保持联系，但总和他保持一段适当的距离。后来徐志摩与陆小曼结婚后，他仍暗恋着林徽因。

徐志摩在林徽因这里遭到了严重的挫败，但在胡适看来即使是这样的挫败也是可敬的："他的失败是一个单纯的理想主义者的失败。他的追求，使我们惭愧，因为我们的信心太小了，从不敢梦想他的梦想。"

爱上有夫之妇

陆小曼也是世代书香的名门之后，其父亲陆定是日本名相伊藤博文的得意弟子，后为国民政府财政部要员。陆小曼自小就受琴棋书画的熏陶，后因为被外交部邀请去接待外宾，担任口语翻译等。从18岁开始，她就在北京社交界小有声名，求亲者络绎不绝。但她最后由父母做主，嫁给了王赓（也是梁启超的学生）。

陆小曼与王赓的性格差别很大，陆小曼生性活泼，王赓则严谨有度，不苟言笑。二人之间也没有什么感情可言。王赓独自去东北做哈尔滨警察局长后，小曼便住到了娘家。王赓在北京时，因没时间照顾陆小曼，便经常委托好友徐志摩陪她去玩。等到他去东北后，徐志摩与陆小曼的接触机会就更多了。

但徐志摩一开始也只是陪着陆小曼夫妇或研究文学，或去舞厅跳舞，或一起游山玩水，并没有什么其他想法。但当徐志摩失恋时，极度痛苦的他在"美艳绝伦、光彩照人"的陆小曼身上找到了慰藉。相似的婚姻经历和心理上的孤独感，让意趣相投的他们很快就碰出了爱情的火花。

一个有夫之妇和一个有妇之夫的爱情自然会遭到身边家人和朋友们的反对。社会上对他们本来就很关注，他们接触一多，流言蜚语也跟着多了起来。这给他们带来了很大的压力。

1925年，徐志摩为了让自己冷静下来，放弃这份本不该产生的爱情，决定到欧洲旅游。但旅欧途中，他突然得到陆小曼病危的消息，便立即赶回国。原来王赓要求陆小曼随他到上海住。陆小曼担心以后再也见不到徐志摩，故意装病拖延，让徐志摩赶紧回国。徐志摩的这一回来，他们爱情的火焰就再也无法冷却了。

但接下来，他们的事情应该怎么解决呢？束手无策的徐志摩找到好友刘海粟商量。徐志摩详细介绍了他与陆小曼从相识到相爱的过程，坦言"我和她认识才两年多，现在已经不能自拔了"。最后非常诚恳地希望刘海粟想想办法。

徐志摩的真情打动了"也是为了婚姻自由逃过婚的"好友，刘海粟决定去试试，把徐志摩从痛苦中解脱出来。经过对陆小曼家人和王赓做了一番思想工作，在多方努力之下，王赓答应与小曼离婚。1926年，徐志摩与陆小曼结婚，定居上海。

婚后，他们过了一段很是幸福缠绵的日子。在这样的快乐中，徐志摩的诗歌产量剧增。然而，不久陆小曼又过起了先前那样贵妇人般奢靡的生活，还开始吸上了鸦片。虽然徐志摩同时在光华、东吴、大夏三所大学授课，课余还写诗文以赚取稿费，有着不菲的收入，但仍然不够陆小曼挥霍，他不得不为了钱到处忙碌奔波。1930年秋，徐志摩应胡适之邀，任北京大学教授，兼北京女子师范大学教授。徐志摩曾极力要求陆小曼随他到北京去生活，但遭到反对。徐志摩不得不坐飞机来回奔波。

1931年11月19日，徐志摩为了去为林徽因关于古代建筑的讲演捧场，搭乘了一架邮政飞机赶往北京。因大雾影响，飞机在济南触山爆炸，徐志摩身亡。徐志摩去世后，陆小曼痛定思痛，懊悔不已，决定改过自新，重新生活。她开始写文章，翻译作品，但终不得志。1965年4月，陆小曼病逝。

渴望自由，渴望像鸟儿一样在蓝天白云下无拘无束翱翔的徐志摩曾在《翡冷翠山居闲话》中写道："我不曾投降这世界，我不受它的约束。"从这一点上来说，在爱情的世界里，徐志摩是幸福的，不管是成功还是失败，他最后都得到了她们的真诚的爱情。

3. 徐志摩与他的文友

生活中的志摩，是一个心智开放、交游甚广的人，他对人真诚，无心计，少俗虑，以至于熟悉他的人都爱用"诗"来形容他的个性人品。韩湘眉说志摩"温柔诚挚乃朋友中朋友，纯洁天真是诗人中的诗人"；蔡元培称志摩"毕生行为都是诗"；周作人赞志摩"是世所稀有的奇人"；胡适则形容志摩为人"真是一片春光，一团火焰"。

据徐志摩的学生、著名诗人卞之琳回忆，徐当年在北大课堂上对学生说，自己从小近视，有一天在上海配了一副眼镜，到晚上抬头一看，发现满天星斗，感到无比激动。

不过，作为诗人的徐志摩与世俗社会是不协调的，他常诉说自己是个"自然的婴孩，却误入了人间险峻的城围"。他看不惯这猜忌、诡诈、倾轧、残忍、怨毒的时代病象，因此总想飞出城围，飞到云端去。他想飞的渴望是如此强烈，不料竟成谶语，令人感叹不已，正如庐隐、李唯建合挽志摩联所叹喟："叹君风度比行云，来也飘飘，去也飘飘；嗟我哀歌吊诗魂，风何凄凄，雨何凄凄。"

徐志摩被拉"下水"

在《一代才女旷世佳人——图说陆小曼》(哈尔滨出版社 2004 年 9 月出版)的第 134 页上,暴露了这样一个细节,徐志摩也像他的高中同学郁达夫一样去嫖过妓,嫖妓完了之后亲笔写信给夫人陆小曼,向他汇报战况。那是 1931 年 6 月 25 日,徐志摩在信中讲:"说起我此来,舞不曾跳,窑子倒是去过一次,是老邓硬拉去的。再不去了,你放心。"

就在徐志摩说"再不去了",叫老婆"你放心"的数个月后,也就是 10 月 1日,他又在给老婆陆小曼的信中主动坦白再次嫖妓之事:"晚上,某某等在春华楼为胡适之饯行。请了三四个姑娘来,饭后被拉到胡同。对不住,好太太! 我本想不去,但某某说有他不妨事。某某病后性欲大强,他在老相好鹣鹣处又和一个红弟老七发生了关系。昨晚见了,肉感颇富。她和老三是一个班子,两雌争某某,醋气勃勃,甚为好看。"

恶作剧般的徐志摩下水也要拉个垫背的,不光汇报自己的劣迹,还顺带把好朋友——留美博士、著名教授胡适先生给卖了。

当然胡适也是坦白的,在胡适的《四十自述》里就写到自己的嫖妓经历,写得颇为隐讳,不像徐志摩这般坦诚。那是 1909 年 10 月初,胡适当时四面楚歌,工作非常不顺,于是便时常打牌、听京戏、逛窑子,甚至后来还发生过因喝酒滋事踢伤警察,被拘押的糗事。

徐志摩的"八宝箱"

凌叔华 1931 年 12 月 10 日致胡适信中第一次提到徐志摩的八宝箱,在这三个字后面的括号内注明为"文字因缘箱"。这是徐志摩盛放日记、书信以及其他手稿的小箱子。

徐志摩记日记、写信,虽然大多数情况下是出于情感方面的需要,他也有使之流传的想法。所以,他往往把这些日常写作当成文学创作,投以极大的热情。为了防止散失,徐志摩把他自己手边的日记和书信存放在一个小箱子里,并把这只小箱子称作"八宝箱"。

通常的情况下,徐志摩是随身携带着八宝箱的,如不方便,要找一个可靠的人代为保存。徐志摩托付的人便是凌叔华,这自然体现了徐志摩对凌叔华非同寻常的信任。在给陆小曼的信中,徐志摩一再说:"只有S是惟一有益的真朋友。""女友里叔华是我一个同志。"

关于这只八宝箱,凌叔华1931年致胡适信,1982年致陈从周信,以及1983年致赵家璧、陈从周的两封信,都有过具体的说明,只是凌叔华前后的信中有许多费解和矛盾的地方,如果把这些信合在一起看,就让人越看越不明白。因此这被人称为"八宝箱之谜"。

1925年,徐志摩旅欧时,将八宝箱交给凌叔华,当时徐志摩正为与陆小曼的私情弄得心力憔悴,去欧洲也是要暂时离开一下,避风头,冷静下来。陆小曼当时自身难保,且箱内有些东西"不宜小曼看"。

徐志摩从欧洲平安归来了,但他并没有将寄存在凌叔华处的八宝箱取回。之后他与陆小曼结婚,有了自己的家,并搬到上海去住,仍然没有去拿。凌叔华致胡适信中接下来写道:"我去日本时,他也不要,后来我去武昌……才物归原主。"

凌叔华的父亲凌福彭是清代翰林出身,久任京官,家境不错,后来买下了林长民、林徽因父女从欧洲回来曾住过一段时间的"雪池"洋房。凌叔华到武汉去了,只留下凌家老太太一人,金岳霖和同居的丽琳(美国女子Lilian Tailor)便搬了进来。后来,徐志摩一到北京,就被老金、丽琳从车站接到凌家。

徐志摩在凌家住了一晚,取回箱子,第二天便去看望梁思成和林徽因。1932年元旦,林徽因正与凌叔华为徐志摩的日记闹得不可开交,林徽因写信给胡适交待事情的经过。其中有这样一段提到了徐志摩到凌家取八宝箱的情况:"此箱偏偏又是当日志摩曾寄存她处的一个箱子,曾被她私开过的,此句话志摩曾亲语我。他自叔华老太太处取回箱时,亦大喊:'我锁的,如何开了,这是我最要紧的文件箱,如何无锁,怪事——'又'太奇怪,许多东西不见了',旁有思成、Lilian Tailor及我三人。"

徐志摩取回过八宝箱后,箱子放在哪了后来就无人知晓了。不过这箱子最后到了胡适手中,胡适又将它交给了林徽因。凌叔华在20世纪80年代致陈从周、赵家璧的信中,明确地说是志摩去世后,胡适从她那儿要去的。凌叔华致胡适信中有这样一节:沈从文有意以徐志摩为原型写小说,徐志摩便把八宝箱里的东西带给沈从文看。

1931夏天，徐志摩以沈从文和丁玲、胡也频的故事写了一篇未结束的小说《王当女士》，发表在9月出版的《新月》杂志上。两人很可能相约各自为对方写小说，沈从文是否见到八宝箱呢？1931年6月25日徐志摩致陆小曼信中有："叔华、从文又忙了我不少时间。"凌叔华信开头有："十余天前从文有信来。"后面又写道，"现在从信上又提到'志摩说过叔华是最适宜料理案件的人'。"可以推测，沈从文写信给凌叔华正是为了这八宝箱的事。可能当时徐志摩只是给沈从文看了一下文稿，然后重又寄放在凌叔华处，并告诉凌箱内藏的什么。这样才会有"这次他又告诉了我的"一句。徐志摩去世后，沈从文记起这件事，便写信给凌叔华询问箱子的事情。凌叔华没办法交待了，因为她把箱子给了胡适，胡适又给了林徽因。凌叔华知道箱子到了林徽因处，会出些问题，便写信给胡适，暗示他不该交给林徽因。

箱内藏着什么？为什么胡适会把箱子交给了林徽因呢？

原来，徐志摩刚死不久，林徽因就跟胡适谈到"康桥日记"，她说徐志摩曾有意将那个时期的日记给她收藏。据林徽因致胡适信中说，徐志摩还对她说过有"雪池时代日记"，被陆小曼烧了。徐志摩初识林徽因，正是在康桥时期，当时徐志摩对林徽因颇为有意，并与张幼仪离婚。"康桥日记"记录的正是这一时期的事。林徽因回国后与父亲住在雪池，并开始与梁思成交往。徐志摩回国，也常常到雪池去找林徽因。"雪池日记"记录了他这一时期的情感。这两份日记都是与林徽因有关的，也就是凌叔华所谓"不宜给小曼看的"。徐志摩从凌家取回八宝箱，被陆小曼读到"雪池日记"，将之烧掉。徐志摩因此又把箱子带到北京，因为放在自己家中并不安全。

林徽因先开口要"康桥日记"，可是，胡适却把整个箱子都给她了，理由是让她帮着看看，编个目录，以便日后出版。林徽因拿着箱子回家后，便一一做了清点："由您处拿到一堆日记簿（有满的一本，有几行的数本，皆中文，有小曼的两本，一大一小，后交叔华由您负责取回的），有两本英文日记，即所谓Cambridge日记者一本，乃从July 31,1921起。次本从Dec. 2nd（同年）起始，至回国止者，又有一小本英文为志摩1925年在意大利写的。此外几包晨副原稿，两包晨副零张杂纸，空本子小相片，两把扇面，零零星星纸片，住址本。"箱内的东西比较杂乱，林徽因觉得装的不是志摩平日原来的那些东西,而是胡适将信件捡出后,胡乱聚成这一箱的。

林徽因在胡适处取走箱子后三四日,并没觉得这箱子有什么特别,然而林徽因整理箱内遗稿时,从张奚若处得知一个消息:凌叔华处还有一本或两本徐志摩的英文日记,曾给叶公超看过,其中涉及徐志摩与林徽因在英国时的一些事。于是风波陡起。

得知这个消息后,林徽因有些放心不下,因为她手头的两本英文日记,一本从1921年7月31日起,一本从同年12月2日至第二年8月回国,只有徐志摩在康桥的后半部分时间,而徐志摩结识林徽因是在1921年初,这一时段的日记正好没有。

徐志摩的追悼会上,胡适提到要将徐志摩的书信收集出版,那是很美的散文。这话倒是提醒了凌叔华。因为她自己手上有许多徐志摩的信,她想再收集一些,自己来编一本出版。第二天,她到林徽因家,让林拿出志摩的信,由她编辑"志摩信札"之类。林徽因找些理由推托了。林徽因又很想要她手上的康桥日记,便将八宝箱拿出来给凌叔华看,说胡适本想将这些东西交给孙大雨,自己不赞成,胡适就将这些全给了她,让她编个目录。然后,林徽因向凌叔华提出要看她手上那本日记。

林徽因没有拿出信件在先,又借助胡适,以名正言顺的遗稿整理人的身份找凌叔华要日记,凌叔华当然不乐意给她。或许,凌叔华是想到日记内容与林徽因相关,日记一到她的手里自己就更不可能再见到了。凌叔华当时"神色极不高兴"地勉强答应让林徽因后天(12月9号)到她家去取。

或许是因为太想得到康桥日记,林徽因也考虑到凌叔华的心理平衡,让她带走了陆小曼的两册日记。凌叔华也有为徐志摩写传的想法,陆小曼的日记,当然愿意细读,便不客气地拿起。凌叔华后来致胡适的信中也提到过此事:"前天听说此箱已落徽因处,很是着急,因为内有小曼日记二本,牵涉是非不少,这正如从前不宜给小曼看一样不妥。我想到就要来看,果然不差!"

12月9日星期三上午11点半,林徽因如约到了凌叔华家。凌叔华不在,留了一封信。这自然是有意躲着她,不愿将日记交出,这封信后来林徽因给胡适看过,1932年1月1日写信给胡适解说原委时,又抄与胡适看。凌叔华信的内容是:"昨日遍找志摩日记不得,后捡自己当年日记,乃知志摩交我乃三本：两小，一大，小者即在君处箱内，阅完放入的。大的一本（满写的）未阅完，想来在字画箱内（因友人物多，加意保全）因三四年中四方奔走，家中书物皆堆叠成山，甚少机缘重为整理，日间得闲当细检一下，必可找出来阅。此两日内，人事烦扰，大约须此星期底才有空翻寻也。"林徽因当即留下字条，说日记中有关于自己的部分，所以迫切想读到，望她能体谅。

第二天，也就是 12 月 10 日，凌叔华写了那封给胡适的信，一再说八宝箱给林徽因是不妥的。但胡适明显偏向林徽因。凌叔华没有得到胡适的支持，手上的日记又给人看过，不拿出来怕是说不过去。12 月 14 日星期一，凌叔华便将徐志摩的日记送到林徽因家，恰好林不在家，她也留了个字条。

林徽因得到这本日记，仔细一读，发现与自己手上的衔接不上，中间缺了一段。这本日记自 1920 年 11 月 17 日始，以"计划得很糟"一句终，"正巧断在刚要遇到我的前一两日"。得不到日记，林徽因最终又去求助于胡适。

12 月 28 日，胡适致凌叔华信说："昨始知你送在徽因处的志摩日记只有半册，我想你一定是把那一册半留下作传记或小说材料了。但我细想，这个办法不很好。"接下来胡适列数了一二三四条理由，并提出解决问题的办法，最后，胡适写道："请你给我一个回信。倘能把日记交来人带回，那就更好了。"这从胡适后来的日记可以看到，凌叔华并没有交出徐志摩的英文日记。可能就是在这一次，也可能是在更早几天，凌叔华将从林徽因那里拿来的陆小曼日记交给了胡适，胡适很快将此事告诉了林徽因。

1932 年 1 月 1 日，林徽因在一连给胡适写了两封长信要求胡适向凌叔华催要日记。胡适于是再次向凌叔华要求交出徐志摩的英文日记。之后，胡适到南方去了一段时间，回来后收到凌叔华送来的日记。当天胡适日记写道："今天日记到了我的手中，我匆匆读了，才知道此中果有文章。"

胡适日记中还粘贴的凌叔华的一封信："适之：外本璧还，包纸及绳仍旧样，望查收。此事以后希望能如一朵乌云飞过清溪，彼此不留影子才好。否则怎样对得起那个爱和谐的长眠人！你说我记忆不好，我也承认，不过不是这一次。这一次明明是一个像平常毫不用准备的人，说出话，行出事，也如平常一样，却不知旁人是有心立意的观察指摘。这有备与未备分别大得狠呢。算了，只当我今年流年不利罢了。我永远未想到北京的风是这样刺脸，土是这样迷眼。你不留神，就许害一场病。这样也好，省得依恋北京。即问你们大家好,即日"

事情到此,应该告一段落了,然而,胡适日记中又有这样的话:"我查此半册日记的后幅似有截去的四叶。我真有点生气了,勉强忍了下去,写信去讨这些脱叶,不知有效否……这位小姐到今天还不认错。"真是一波未平一波又起,给林徽因的日记只有一半,剩下的一半给胡适时又截去"四叶",凌叔华的所作所为让胡适也很不满。胡适日记此后则没有关于此事的记载,凌叔华会交出那四"叶"日记吗?胡适将这半册英文日记也交给林徽因了吗?我们无从知晓,一场闹得满城风雨的事件,便这样没有结局地结束了。

还需要交待的是,林徽因手中的八宝箱是怎样处理的呢?林徽因在一封未注明日期的致胡适的信中说:"甚想在最近期间能够一晤谈,将志摩几本日记事总括筹个办法……据我意见看来,此几本日记,英文原文并不算好,年轻得利害,将来与他'整传'大有补助处固甚多,单印出来在英文文学上价值并不太多(至少在我看到那两本中文字比他后来的作品书札差得很远),并且关系人个个都活着,也极不便,一时只是收储保存问题……'传'不'传'的,我相信志摩的可爱的人格永远会在人们记忆里发亮的,暂时也没有赶紧的必要。"这里说得很明白,徐志摩的日记不宜出版,也不必急着用这些材料作传,现在要做的"只是收储保存"。由谁来保存呢?卞之琳说:"我1982年为一卷本《徐志摩选集》写序,仅就听说林徽因当年争到的一部分而言,说过物随人非(她于1955年病逝),确知在'文化大革命'时期终于消失了,倒并不是出于红卫兵的打、砸、抢。这是我当时特向金岳霖探听到的下落。"虽然是口口相传,两人的说法大体是不错的,那些日记并没有还给胡适,而是林徽因自己留下保存了。至于日记最后的下落是消失了还是被林徽因销毁了,无从得知了。

在这场所谓的争夺八宝箱的事件中,双方都有自己的理由和苦衷。林徽因的理由是徐志摩曾对她说过,要将康桥日记给她,与她保存的徐志摩那时写给她的信一起收藏。同时,由于康桥日记中有一段涉及她本人的私生活,不愿让这份日记落到别人手中,也是可以理解的。凌叔华的理由也是徐志摩曾嘱咐让她保管,并且,她也需要这些资料来作传记。由于林徽因得到胡适的支持,凌叔华节节败退,不得已一件一件地交出徐志摩的手稿。在她极不情愿地做这些事时,想到了陆小曼,这位未亡人才是徐志摩遗稿的合法继承人。她向胡适表示,希望将这些日记交给陆小曼。

但是,胡适是不会这样做的。早在徐志摩去世前不久,胡适就劝徐志摩离开上海,到北京来,并有意让徐志摩与陆小曼离婚,他和徐志摩的许多朋友一样,以为徐的颓废与消沉,完全是陆小曼害的。而此后,陆小曼配合赵家璧,编辑《志摩全集》,准备由良友出版;胡适略使手段,便将别人编好的稿子全部夺来。

当时,陆小曼身在上海,并不清楚北京发生的一切,但她知道徐志摩有只装日记的八宝箱。继《爱眉小札》之后,又与赵家璧合作,计划编辑《志摩全集》,她向胡适提到了徐志摩留在北京的日记及书信,但那已是1936年的事了。赵家璧回忆说:"十月中,我知道他(胡适)到上海,就在北四川路味雅酒楼宴请他,并请陆小曼等作陪。席间,小曼就向胡适谈了她和我已把《志摩全集》初稿编订就绪,要求他把志摩给他的信以及给北方朋友的信由他收集后早日寄沪,也谈到留在别人手中的几本日记的事,最后还要求胡适为这套全集写一篇序。我看出胡适当时对陆小曼的请求不置可否,似乎毫无兴趣。"这次交涉,不仅未得到胡适的帮助,取来书信和日记,反而由胡适支付了一笔版税,将《志摩全集》的版权从陆小曼那儿买断。十年之后,全集仍未出版,而且稿子也不知弄到哪去了,陆小曼又是着急又是后悔。在纪念徐志摩50诞辰的日子里,她又凑了些杂稿,编辑出版了《志摩日记》。在序中,她念念不忘别人手中的遗稿:"其他日记倒还有几本,可惜不在我处,别人不肯拿出来,我也没有办法,不然倒可以比这几本精彩得多。"

陆小曼至死也不知道,那只八宝箱早就落到林徽因手上了。

为了八宝箱一事,凌叔华与胡适也闹出许多不快,不过她很快便试图和解了。但对于林徽因,她始终耿耿于怀。林徽因占了上风,是胜利者,她是失败者,这件事一直在她心里是个结。直到晚年,凌叔华在信中谈到八宝箱时,还是抑不住对林徽因表现出不满。

沈从文：

不折不从，亦慈亦让；
星斗其文，赤子其人

> 很长一段时间，他从不用心念书。他总以为读书是太容易的事。他期望阅读大自然这本真正包含万物的大书。他拒绝沉沦。他"不相信命运，却相信时间可以克服一切"。
>
> 他"蜗居"在"窄而霉小斋"里无日无夜地伏案写作，再用一纸邮票寄出希望。但等待他的却是石沉大海，毫无回音……
>
> 他对自由主义文艺执着追求，义无反顾。
>
> "我只想把我生命所走过的痕迹写到纸上。"

1. 凤凰情未了

湘西，自古以来就是一个美丽而又神秘的地方。那里不仅重峦叠嶂，云雾缭绕，茂林修竹，山花馥郁，那里还有着浓厚而又独具特色的风土人情，各民族的文化在此交汇碰撞，古老的传说不断被丰富，被更新，烘托着一方水土，滋养着一方人民。然而，这古老而美丽的湘西应该好好感谢一个人，正是这个人用一支妙笔，把一直被外人称为蛮荒偏僻之地的湘西变成了一个美轮美奂，惹人无限向往的天堂。这个人就是一代文学大师——沈从文。

沈从文原名沈岳焕，1902 年出生于湖南凤凰县的一个多民族大融合的家庭里,祖父沈宏富是汉族,祖母是苗族,母亲是土家族。

湘西自古民风彪悍,沈从文的祖父沈宏富就是晚清湘军中的一员悍将。当年,为了镇压太平军,曾国藩的湘军到处招兵买马。1853年,沈宏富年仅16岁就因身强体壮、性格勇猛而被招入伍,随后跟着湘军转战江南,屡立战功。1860年,23岁的沈宏富随时任钦差大臣、贵州提督的24岁同乡好友田兴恕入黔后,任总兵,官居正二品。1863年,田兴恕被罢免,沈宏富任贵州提督。因受到清廷怀疑,辞职回湖南镇竿城(现在的凤凰县)定居。所以有这样的基础,在凤凰,沈家可以说是名流。五年后,31岁的沈宏富旧伤复发,去世无子。为了续嗣,叔祖父将两个儿子过继给了祖母一个,这就是沈从文的父亲沈宗嗣。沈从文的母亲是凤凰县第一位贡生的外孙女。

沈从文

因为倾向革命,沈从文的父亲沈宗嗣在1911年的辛亥革命中为了整个湘西的光复做出过重大贡献。对于这次发生在凤凰重大的流血事件,沈从文记忆很深刻,当时沈从文已经有9岁了。他一向不爱学习,就喜欢观察自然与社会剧,甚至经常逃学和一些小"无赖"厮混,所以,去看那些被砍掉的死人头,对于沈从文可能根本没有什么好怕的,不过算是一件大大的新闻罢了。沈从文就是在"洪江的银子,沅陵的号子,凤凰的枪杆子"这样的一种背景下出生和长大的。

沈从文小时候懵懵懂懂、浑浑噩噩了很长时间。尽管母亲在他3、4岁的时候就开始教他识字,但是他似乎不是那种早慧而懂事的孩子。他贪玩以至于顽劣。逃学、四处溜达是家常便饭,说脏话、赌博等在他眼里也不过很平常。

1915年,沈从文从私塾转到第二小学。半年后,又转入第一小学。尽管家里对他刻意培养,并且严加管束,但是沈从文顽劣不堪的习性一直不改。痛心与无奈之下,母亲便让他去继承尚武的祖业,去队伍里做一名军人,让军队里严格的纪律去改变他,于是,1917年,14岁的沈从文从了军。

从军后的沈从文依然懵懂，但经过堂兄沈万林的的点拨和帮助后，沈从文做起了文书，在文化水平因此不断得到提高的同时，个人境遇也得以改善，几经周转，最后做到了"湘西王"陈渠珍身边的书记。

其实，沈从文与陈渠珍不光是同为凤凰人，他们之间也是颇有渊源的。这要从沈从文的祖父说起。

1861年，沈从文祖父的至交好友田兴恕，因打击天主教的非法活动，将法国传教士凌迟处死。在法国大使馆的压力下，田兴恕被革职发配新疆。在兰州，田兴恕被陕甘总督左宗棠起用，获得战功。左宗棠因此奏请光绪帝将田兴恕放回原籍。1877年，田兴恕在家乡凤凰去世。田和沈两家成为世交，关系非常好。长沙起义爆发后，田兴恕的次子田应全和沈从文的父亲曾一起密谋起义。田应全的胞妹田应弼还差一点嫁给沈从文的父亲。1917年后，田兴恕的三子田应诏在辛亥革命中成为国民党中将，第一路军总司令，镇守湘西。1920年，田应诏因鸦片烟隐太大，精神不济无法办公，便任命亲信部下时年38岁的陈渠珍为第一军总司令，统领湘西军政大权。

20岁的沈从文可能在那时经过田家的介绍，到了陈渠珍的身边做中士文书。陈渠珍也对沈从文非常好，非常信任。

所谓近朱者赤近墨者黑。陈渠珍就极好读书，常以王守仁、曾国藩自许，严以自律，每天花大量的时间来读书，常常读书至深夜。因为公务繁忙紧要，不能随便离开，所以平时沈从文就一个人留在会议室。会议室里收藏的不少古代字画古董和很多书籍也就交给了沈从文保管。百无聊赖时，沈从文只能以读书作为消遣。而且，陈渠珍每当想找某一书时，就让沈从文先准备好，这也成了他的任务。在这过程中，沈从文学到了大量关于中国古代历史、文学等方面的知识，对读书产生了浓厚的兴趣。

而在这时候陈渠珍以前的老师，也是沈从文的三姨父，50多岁的聂仁德路过保靖，对沈从文产生了进一步的影响。聂仁德博学多才，与熊希龄进京为同科贡士。沈从文几乎每天都要去听聂仁德讲学，受到很多新思想的启发。不久，同学好友的一次意外死亡，让沈从文开始下定决心不能再这样"混日子"了，坚定了去另外一个世界的想法。于是，他向陈渠珍提出要到北京求学，陈渠珍表示支持，给予鼓励。沈从文离开了陈渠珍的队伍，奔向新的生活。

2. 一个在虚弱贫困中坚持的著名"北漂"

1923 年 8 月,沈从文与从小一块长大的好朋友满叔远,花了近二十天的时间,到了北京,住进了客店。

在来北京前,沈从文从父亲那里得知大姐沈岳鑫和姐夫田真逸也在北京,但是不知道住在哪里。在北京农业大学读书的姨表弟黄村生的帮助下,身无分文的沈从文找到了他们。

同样住在旅馆的姐姐和姐夫知道了沈从文到北京的来意后,感到很忧虑,认为北京工作也不好找,不如待在湖南做文书,他们正准备回去。沈从文听后,不为所动,表示了要坚持下去的决心。临走时,姐姐给了他十元钱和两条预备给他过冬的棉被,让他有难处写信给她。

沈从文回到客栈交了房钱和伙食费以后,所剩已经不多了。他们决定住到会馆。"会馆"的功能之一就是帮助身处异地的同乡。近现代历史上许多著名的人物,如康有为、谭嗣同、梁启超、孙中山、毛泽东、鲁迅等,都有过寄居会馆的经历。

在黄村生的帮助介绍下,沈从文住进了酉西会馆一间破旧简陋的房子。此事,沈从文很多年后还记得:"我因和会馆管事有点远房表亲关系,所以不必费事,即迁入住下。乍一看本是件小事,对我说来,可就不小,因为不必花租金。"

在会馆住下来后,沈从文把全部精力都放在报考大学的事情上,当时各大高校都在进行秋季招生。经过几次挫折后,沈从文居然被中法大学录取了,但是要交膳宿费 28 元的入学条件,把沈从文挡在了门外。

接下来,沈从文就与满叔远省吃俭用地整日到图书馆看书。没有多久,饥寒交迫、看不到什么希望的满叔远实在扛不住了,在北京最寒冷的时候回老家了,剩下沈从文还在死命地支撑着。住房里没有火炉,早上,沈从文穿着单衣,冒着寒风,匆匆地赶到图书馆,到了晚上回到住所,就裹挟在棉被里,留着鼻血,强支着虚弱的身体,不停地写作。

钱花得所剩无几了,烧饼也开始吃不起了,有一顿无一顿的,尽管有表弟黄村生偶尔来找他,给他买个烧饼,以及陈炜谟、陈翔鹤、赵其文、董景天

（董秋斯）、张采真、刘庭蔚、韦丛芜、于成泽、焦菊隐、刘潜初、樊海珊等一大帮同学的帮助，但成为饿殍的危险还是越来越向他逼近。他投出去的稿件往往石沉大海，没有荡起一点波澜。但是，沈从文的可贵之处就在于此。他深信自己的文字，深信自己能够在文学领域打下一片天地，有了这样清晰的认识和坚定的信念，他便不管遇见什么困难，不达目的，绝不向逆境屈服。

穷困潦倒、岌岌可危之际，他以近乎哀号的口吻给当时在北大任教的郁达夫写了一封求助信，并且得到了郁达夫的赏识、接济与帮助。郁达夫曾建议他投奔在北京的像熊希龄这样的贵戚，但沈从文却从来都不去考虑。

不久，郁达夫把他介绍给了大名鼎鼎的《晨报副刊》的主编。从此沈从文便经常在《晨报副刊》发表作品，开始崭露头角。

1925 年 3 月，沈从文在《晨报副刊》发表的散文《遥夜》，引起北大知名教授林宰平的注意。林宰平不仅撰文高度赞扬沈从文是天才少年，说自己做不出那样的文字，而且主动邀请沈从文去他家谈话。

5 月，经过林宰平和梁启超的介绍，沈从文成为了香山慈幼院图书馆的一名办事员，月薪 20 元，开始算是在北京站住了脚。当时，香山慈幼院的理事长却是沈从文的亲戚熊希龄。熊希龄将沈从文叫去谈过几次话，但后来，为了从"富贵囚笼"里独立出去，沈从文即便和慈幼院的教务长产生了严重的矛盾（沈从文曾被教务长叫去，当面大骂了一顿，受到了种种威胁），他也没有去求这个亲戚的帮助——秋天的一天，沈从文没有向任何人打招呼，自动脱离了香山慈幼院，回到那间小屋子，继续开始了 5 月份前那样埋头写作的生活。

但是，此时沈从文已经不是之前那个毫无根基、整日饿得饥肠辘辘的沈从文了。从 3 月份开始，经郁达夫、林宰平等人不断的向人推荐，沈从文很快得到了徐志摩、丁玲、胡也频、梁启超、闻一多等不少名人的赏识和帮助，《京报》、《民众文艺》、《现代评论》等众多知名期刊，纷纷向他敞开了大门。10月，徐志摩接管《晨报副刊》后，公开把沈从文与胡适、郁达夫、闻一多等人一起列为约稿作者，还在自己的文章中特别说到沈从文，称赞他的才华。

1926 年开始，沈从文的作品陆续被北新书店、商务印书馆、光华书局等出版社出版。未过 3 年，沈从文已成为中国文坛上引人注目的后起之秀。

1927 年，因为政治形势所迫，沈从文也跟着大批学者迁至上海，开始在叶圣陶主编的《小说月报》上发表小说，影响力进一步扩大。

3. 远离政治的漩涡

沈从文一路努力追求着文学的一缕芳香，尽管有各种干扰和诱惑不断向他袭来，但他从家乡出来之后就再也没有迷失过方向。

沈从文很清楚，如果跟着"湘西王"陈渠珍，他在以后的某段时间，一定可以凭借着自己建立或者自家固有的深厚关系网，成为称霸一方、统治一方的一位旧式军阀或者地方官绅。他的家族，本来就是豪绅林立的；沈从文的父亲就曾是一名镇守大沽炮台的军官，家里有大量的田地；1913年当选民国第一任民选总理的熊希龄的胞弟、国会议员熊捷三是他的姨父，熊捷三也曾想让沈从文做他的女婿；姐姐沈岳鑫嫁给了熊希龄的外甥田真逸；田应诏的胞妹嫁给了熊希龄的弟弟；弟弟沈岳荃娶了田应诏的女儿……这种错综复杂的关系，成为"在当地十来个县份管辖中称王称霸"的坚实基础。但沈从文"对于这种关系十分厌恶"，他要进入一个新天地，开辟一个新世界。

沈从文到了北京以后，正值军阀混战最为激烈的时期，北京处于政治斗争的漩涡中心，各派系军阀上演了令人眼花缭乱的权力争夺战，政变、复辟、革命、谋杀事件层出不穷。不仅如此，即使是学界，学潮、惨案、论战……也是惊天动地，没有平静的时候。置身其中的沈从文难免也会去观察、思考，甚至参与，他也曾感受过孙中山热烈激昂的演讲，也曾在学潮时，跟着学生们游行。然而，面对复杂的斗争，沈从文一直弄不明白其中的来龙去脉，不清楚谁左谁右，甚至是谁好谁坏。都是高喊着革命的，为什么还会相互厮杀呢？

迷惑不解的沈从文选择了远离，去做自己想做的事情，让问题不再是问题。北京政变后，沈从文经人介绍，在冯玉祥的秘书长薛笃弼的秘书处做过一段时间，但是并没有深入其中，很快又脱离了开去。

学潮爆发后，学界也形成了许多派别，有朋友就曾鼓动过沈从文加入他们，但沈从文始终坚持自我，不为所动。

1926年，冯玉祥部受直奉两派军阀排挤，撤离了北京。曾与沈从文在该部共过事的一位北大毕业的赵秘书随部去了甘肃,任甘肃省省政府秘书。赵秘书写信来,邀请他过去一起做事,还寄来路费40元。但沈从文回信谢绝了,将"路费"退回。不久,赵秘书在回民事变中死去。

随着北伐战争轰轰烈烈地进行,董秋斯、司徒乔等许多朋友,都写过信邀请沈从文南下参加革命斗争,不要做一个只拿稿费的穷书生。但沈从文似乎天生怀着对政治的戒备,丝毫不愿涉入其中。

远离政治,并不能够说是沈从文懦弱的一种表现,这和他对于文学的主张有关——沈从文反对文学与政治合流,文学应该保持一定的独立性,不与政治结盟。文学应该在体现、刻画"人性"的角度,来对政治进行反思和提升。纵观沈从文的一生,他从未有过政治经历,以至于后来被划入自由派。也许就是这样的一个自由派,才成就了一个不一样的沈从文。

4. 上海奇遇:小学生到大学教授

上海十里洋场远比军阀混战下的北京繁华,然而繁华之下,生活成本也在加大。为了谋求经济上的独立,沈从文到上海后和胡也频、丁玲办了《红黑》和《人间》两家月刊社,同时还经营书店的生意。但随着经营失败,生活重又陷入困境。沈从文便向朋友发出希望能有一份稳定工作的信号。

不久,胡适出任上海中国公学校长后,徐志摩便向胡适推荐沈从文去做老师。接着,沈从文写信给胡适,非常谦虚诚恳、委婉含蓄而又实事求是地说明了自己的情况,表达了想试一试的期望。

当时,到大学教书,即使对于那些名牌大学的毕业生也是不敢奢望的。为什么只是小学毕业,几乎"没有上过学的"沈从文敢去做这个梦呢?原来,当时教育部颁发的《大学教师资格条例》有这样的规定:"凡于学术有特别研究而无学位者,经大学之评议会议决,可充大学助教或讲师。"已是成名作家的沈从文,自然应该可以说是"有特别研究"的了。所以,不久中国公学聘请了沈从文为国文系讲师,主讲大学一年级的"新文学研究"和"小说习作"。

但胡适之所以会聘请沈从文,还与他希望改革中国公学的课程体系,提倡新文化与新文学的运动有关,这从史无前例地开设"新文学研究"和"小说习作"这样的课程就能看出来。但胡适扶助沈从文却是不争的事实,他不仅**破格**聘请沈从文做大学讲师,还把他介绍给教育部教材编审委员会的负责人杨振声,让他在该单位兼职,以增加一份收入。在第一堂课上,沈从文讲不出话来的事情发生后,胡适继续给以信任和支持。

5. 在武汉的进退

沈从文在中国公学待了一年后,胡适因为批判政府,与上方产生了矛盾,辞去了校长一职。沈从文也要随着离开时,胡适、徐志摩写信把沈从文推荐给了时任武汉大学文学院院长的陈源(陈西滢)。

陈源便特聘作家沈从文为助教,月薪 120 元。沈从文本不想教了,但已经确定下来,只能硬着头皮继续站在讲台上,还是讲新文学和写作。

在武大,沈从文最好的朋友便是陈源和凌叔华两人。他经常在课余时间到陈源和凌叔华家里走走。

寒假期间,沈从文回到上海。1931 年元旦过后,沈从文得到了不好的消息:父亲去年病故;好友张采真(与沈从文同为无须社文学团体成员)在汉口被当局所杀;共产党员、作家胡也频在上海被捕。胡也频被捕时,身上还穿着沈从文的棉袍。

不久,胡也频从捕房中带出消息给沈从文,让他去找胡适和蔡元培设法营救。沈从文与丁玲商量后,由他一面请徐志摩等人帮助找律师,打听胡也频的下落,一面请胡适写信给蔡元培设法营救。

胡适虽然对营救胡也频感到希望不大,但他还是给蔡元培写了一封信,并让沈从文亲自到南京去找蔡元培想办法。

沈从文马上赶到南京和蔡元培面谈营救胡也频的事情。但蔡元培只是研究院的院长,一介文人,并无实权,对于营救胡也频也是力有未逮。失望之余,沈从文后又多次参与营救工作,但均告失败。

胡也频被害后,沈从文一路护送丁玲母子回到湖南老家,因此耽误了回武大教书的时间,离职。沈从文在武大一共只教了一学期。

当年也在武大执教的传记作家朱东润,对沈从文有过这样的描述:"值得记载的还有一位沈从文……在写作上有些成就,武大请他担任写作教师。在写作技巧上,他是有锻炼的,但是上课的情况非常特别。第一天上课时,红涨了脸,话也说不出,只有在黑板上写上'请待我十分钟'。学生知道他是一位作家,也就照办了。十分钟时间过去了,可是沈从文还没有心定,因此又写'请再待五分钟'。五分钟过去了,沈从文开讲了,但是始终对着黑板说话,为学校教师开了前所未有的先例。"

6. 如愿以偿:山东真是个好地方

1931 年 8 月,沈从文应国立青岛大学(国立山东大学前身)校长杨振声之聘,到青岛大学国文系担任讲师,主讲"小说史"和"散文写作"。学生中有后来成为著名作家的臧克家等人。

据臧克家回忆:"沈从文先生,教我们小说史","他上课,声语低,说的快,似略有怯意……对爱好文艺的同学诚心提携"。臧克家出版的第一本诗集,就得到过沈从文的资助,新月派代表诗人卞之琳的第一本诗集也是由沈从文介绍给"新月书店"出版的。

在青岛大学,沈从文的教学仍然不是那么理想的,一年下来,愿意听他课的学生最后只有屈指可数的三五个人。但在这里,沈从文度过了一生中最美好的时光。在这里,他不仅看见了令他心旷神怡的大海,创作效率得以极大提高,更重要的是他苦苦追求的爱情也有了结果——来到青岛之后的第三年(1933 年)和张兆和结婚。所以,对于青岛,沈从文怀着无限的深情和留恋。沈从文在《从文自传·附记》里这样说道:"……看看远近云影天光的变化,接受一种对我生命具有重要启发性的教育。因此工作效率之高,也为一生所仅有";"海边既那么宽广无涯无际,我对于人生远景凝目的机会便多了些……海放大了我的感情和希望,且放大了我的人格……";"在青岛时觉得身体特别好,每天只睡三四个小时,写作情绪特别旺盛。我的一些重要作品就是在青岛写成或在青岛构思的"。这一时期,他的《八骏图》、《从文自传》等名著就是在青岛的时候写的。

值得一提的是,江青(当时叫李云鹤)在青岛大学图书馆做图书管理员时，曾选修了沈从文教的文学创作课，时常到中文系旁听。1972 年，江青对美国记者威克特说，她年轻时最喜欢的教授就是沈从文。在文化大革命中，身处困境的沈从文也曾心存侥幸地写信给江青，希望得到她的帮助，却石沉大海，没有一点回音。

7. 昆明的风云

七七事变后，许多知识分子都向西南各省转移。1938 年春，沈从文也辗转来到昆明。1939 年 6 月，西南联大常务委员杨振声向朱自清提议聘请沈从文到联大师范学院教书。朱自清其后与罗常培等商量聘请沈从文任教一事。月底，联大常委会会议讨论决定聘沈从文为联大师范学院国文系副教授。

当时，沈从文进联大执教的阻力很大，进入西南联大也不为一些人重视。在教授中，如刘文典就公开表示看不起沈从文。学生中也有的人如穆旦等看不起沈从文。

1943 年 7 月，联大校常务会议决定改聘沈从文先生为国文系教授，月薪360 元。据说在这次会议上，一向瞧不起白话文作家如巴金等人的刘文典勃然大怒，表示了强烈的不满。

但沈从文还是能够和吴宓、林同济、梁宗岱、冯至、钱钟书、顾宪良、傅雷等不少人交往，他们对沈从文也是不错的，吴宓等都和沈从文比较投缘。

当沈从文因晋职而遭到许多人的贬低时，吴宓还挺身而出，为他辩护。

事实证明，尽管有很多怀疑的声音，尽管之前上课一直表现不佳，但到了西南联大后，沈从文真正成为了一名优秀的大学教授。

在西南联大，沈从文主要教三门课：各体文习作、创作实习和中国小说史。

沈从文摸索出一套自己独有的教学方法，他从不讲那些条条框框，如教写作，写比说的要多；就学生的作业，来讲他作文的得失；常在作业后面写很长的读后感，甚至比原作还长；给学生介绍与他写法相似的名作，甚至直接把它递到学生的手里；为了教写作，沈从文还亲自做示范；说话从不引经据典,总是按照自己的方式。沈从文努力而独特的教学对学生很有启发性和实战性,得到了学生们的热烈欢迎。汪曾祺后来在文章中反复后悔地说:"我如果把沈先生讲课时的精辟见解记下来,也可以成为一本《沈从文论创作》。可惜我不是这样的有心人。""这些读后感也都没有保存下来,否则是会比《废邮存底》还有看头的。可惜!"

沈从文不仅在课堂上对学生影响很大,而且在课外对学生提供了更多的帮助。他的宿舍里几乎每天都有很多来借书的学生,至于哪些人借了哪些书,沈从文从来不去记。看见有优秀文章总是主动推荐发表,以鼓励学生的创作热情。汪曾祺在1946年前写的作品,绝大部分都是沈从文帮助投寄的。因此,刘北汜、萧乾、汪曾祺、萧珊等一大批同学对他都怀有很深的感情。

沈从文非常欣赏汪曾祺,甚至觉得汪的文章比他自己写的还要好。但就是这样一个才华横溢的汪曾祺,毕业后到上海找工作时却接连碰壁,弄得身无分文,情绪低落,甚至想自杀。就在即将流落街头之际,幸亏他写信把自己的情况告诉了沈从文。沈从文一边回信对他予以训斥和激励:"为了一时的困难,就这样哭哭啼啼的,甚至想到要自杀,真是没出息!"一边致信在上海的李健吾,向他介绍汪曾祺,请他给予关照。

李健吾了解了汪曾祺后,也很欣赏他的才气,便举荐他到一所中学任教,使他在上海稳定了下来,后来还结识了沈从文的好朋友巴金(巴金的夫人萧珊是汪曾祺西南联大的校友)、黄裳和黄永玉等,成就了文坛上的一段佳话。

8. 沈从文与丁玲

1904年10月12日,湖南临澧农村的一户蒋姓的大地主家里诞生了一位千金小姐,她就是后来的著名女作家丁玲。丁玲原名蒋伟,字冰之。

蒋家在清王朝时代,在整个湘北、湘西来说都是闻名遐迩的大地主家族。从两千多年前周公的三子伯禽被赐姓蒋开始,蒋家从周到明朝以来几乎代代富甲一方。到了清代,蒋氏更是到了鼎盛时期,发展成为一个巨门豪族，这就是在民间常常被人提到的"安福蒋家"["安福"是清王朝于雍正八年（1731年）设立的一个县，后在民国时更名为临澧]。这时的蒋氏家族拥有田地约60万亩，面积横跨数县，庄园林立。据传蒋家钱财不计其数，以至在家里无法收藏得下全部财产。

丁玲的母亲余曼贞（1878年—1953年），出生于典型的书香门第。

光绪十四年，余曼贞的祖父余国华来到常德定居，后辈儿孙大多出身进士，官至知府、知县，如丁玲的外祖父，也就是余曼贞的父亲余泽春（余鹗）就曾任云南大理知府，丁玲的表哥余伯琳曾任云南宣威州知州。丁玲的另外一个表哥余嘉锡（1884年—1955年），光绪二十七年（1901年）中乡试举人，是我国著名目录学家，古文献学家，曾任清代吏部文选司主事、民国辅仁大学文学院院长、中央研究院院士等职，1955年病逝于北京。余嘉锡之女余淑宜为北京大学著名语言学家周祖谟的妻子。丁玲后来则差一点嫁到余家。

余曼贞字慕唐，号似梅、心梅。后随夫姓，改名为蒋胜眉。余曼贞少时入私塾读书，颇爱诗词与绘画。余曼贞20岁时嫁蒋锡瑞之子蒋保黔为妻，生下一子一女，女蒋冰之（蒋伟），即著名女作家丁玲。

丁玲出世的时候，她的家庭正在走下坡路。虽然做过大官的祖父留下了不少财产，如一套有二百多间屋子的大庭院，然而这个大家庭里的几乎所有人都沉沦在酒色之中。丁玲的伯父上山当了和尚，一个叔叔跑去做了土匪。父亲虽然聪明，十几岁就中了秀才，又留日学法政，但却染上抽大烟、花钱大手大脚的恶习，以至于身体多病，意志消沉，退学回国，在家过着无所事事的日子，刚刚三十岁出头就病逝了。

余曼贞嫁到蒋家后，从不爱管闲事，也不过问家中的经济情况，对丈夫的放纵挥霍也不多说一句，过着少奶奶悠闲而寂寞的生活。因为羡慕唐朝武则天的时代，女人能做事能考官，便把自己的名字改为蒋胜眉，字幕唐。后来，她还把女儿的名字蒋冰之改成蒋伟。丈夫死时，才三十岁的余曼贞，很快就落入了孤苦无依的地步。正像丁玲在小说《母亲》中描写的那样："在女人中，她是一个不爱说话的。生得并不怎么好看，却是端庄得很，又沉着，又大方，又和气，使人可亲，也使人可敬。她满肚子都是苦，一半为死去的丈夫，大半还是为怎样生活；有两个小孩子，拖着她，家产完了，伯伯叔叔都像狼一样的凶狠，爷爷们不做主，大家都在冷眼看她……靠人总不能。世界呢，又是一个势力的世界，过惯了好日子，一天坍下来，真受苦……"

这时正值辛亥革命前夕，湖南常德县城里几个留日学法政回国的青年兴学办报，十分活跃。从小就羡慕弟兄，不愿只躲在屋里过一生的余曼贞受新鲜事物的感染，毅然卖掉家产，回到娘家寄住，决心走一条自立的路——与女儿丁玲一起在常德女子师范速成班学习。

"那时我随着守寡的母亲在这里肄业。三十岁的母亲在师范班，六岁的我在幼稚班。这事现在看来很平常，但那时却轰动了县城。开学那天，学生们打扮得花枝招展……我母亲穿得很素净，一件出了风的宝蓝色的薄羊皮袄和黑色百褶绸裙。她落落大方的姿态，很使我感到骄傲呢……有些亲戚族人就在背后叽叽喳喳，哪里见过，一个名门的年轻寡妇这样抛头露面！但我母亲不理这些，在家里灯下攻读，在校里广结女友。"（丁玲《向警予同志留给我的影响》）

刚毅的母亲对女儿从不娇宠溺爱。她亲自教导女儿读书。由于母亲的影响，丁玲很小就能背诵唐诗。然而住在家规森严的舅父家，那种寄人篱下的生活一方面培养了丁玲自尊、自重的性格，一方面也让她多了一层少年人不应该有的感伤。

在常德女子师范学校，余曼贞与著名的女革命家向警予结为至交，她们在一起发誓要"振奋女子志气，励志读书，男女平等，图强获胜，以达到教育救国的目的。"丁玲称向警予作九姨。1911年辛亥革命的枪声传来的时候，丁玲和母亲、九姨一同进入了湖南省立女子第一师范学堂（今湖南一师）学习。

因没钱继续求学，余曼贞只念了一年，便到桃源县去当了小学教员，将丁玲一个人留在长沙继续学习。没有母亲的陪伴，九姨便常去看丁玲。1916年前后，余曼贞担任了常德女子小学的学监，又创办俭德女子小学。丁玲这时已经可以看各种小说了。每到寒暑假，九姨都会到常德小住，丁玲从九姨那里开阔了眼界，获得了不少新知识。

1918年春天，丁玲多病的弟弟死去后，就只剩下了相依为命的母女二人。这年暑假，丁玲不负所望以年级第一名的成绩考取桃源县第二女子师范预科。那时，丁玲的功课经常是门门满分，其中算术、画画、唱歌、体育，成绩最佳。

"五四"运动爆发时，十四五岁的少女丁玲成了一个出风头的人物。她和同窗好友王剑虹、王一知等人一起，剪去长辫，上街游行、讲演。丁玲还到学校的平民夜校教课，因为年纪看起来很小，学生们叫她"崽崽先生"。受国文教员、新民学会会员陈启民的影响，这年暑假后，丁玲转到当时比较进步的长沙周南女子中学。

在长沙周南女子中学陈老师的启发下，丁玲阅读了《新青年》、胡适的《尝试集》和郭沫若的《女神》等进步书刊。陈老师发现了丁玲的写作才能，着意培养她，鼓励她多写多看。丁玲第一学期就写了三本作文、五本日记，有两首白话诗还在当时长沙的报纸上发表了出来。这让丁玲对文学发生了浓厚的兴趣。可是不久，周南女子中学把思想进步的陈启民等老师解聘了，丁玲愤然离开此校，转到长沙岳云中学。

1922年春节，丁玲应王剑虹之约准备去陈独秀、李达等创办的上海平民女学学习，遭到舅舅粗暴干涉。舅舅要她再过半年在长沙岳云中学毕业后就回家与表哥结婚，而母亲认为孩子求知识，找出路，要学最切实用的学问，是正确的。为此闹了一场纠纷后，丁玲终于摆脱了包办婚约和其他纠缠，放弃即将拿到手的毕业文凭，于1922年春来到上海。

"大约是1921年吧，上海出现了一个平民女学，以半工半读为号召。那时候，正当'五四'运动把青年们从封建思想的麻醉中唤醒了来，'父与子'的斗争在全中国各处的古老家庭里爆发，一切反抗的青年女子从'大家庭'里跑出来，抛弃了深闺小姐的生活，到'新思想发源地'的大都市内找求她们的理想的生活来了，上海平民女学的学生大部分都是这样叛逆的青年女性。我们的作家丁玲女士就是那平民女学的学生。"1933年，茅盾在《女作家丁玲》开头这样写道。

在上海，丁玲把名字改为冰之，废姓以蔑视传统意识。后来平民女学遇到困难，不能按早期共产党人的理想办学，丁玲在入学半年后离开学校，和王剑虹到了南京，二人住在一起，勤奋自学。第二年，她们结识了刚从苏联回国的瞿秋白，瞿秋白成为了她们宿舍的常客。大家谈文学，谈社会，谈人生。瞿秋白给不满二十岁的丁玲留下了深刻印象。

经施存统、瞿秋白、柯庆施等人介绍，1923年夏天，丁玲和王剑虹又回到上海，进入共产党主办的上海大学（邓中夏任学校总务长，陈望道任教务长，瞿秋白任社会科学系主任,茅盾教小说研究),在文学系旁听。丁玲在一群革命知识分子中进步很快,其中向警予就常常帮助丁玲。

1924年,瞿秋白与王剑虹结婚后,丁玲与他们同住在上海慕尔鸣路。然而没有过多久,年仅23岁的挚友王剑虹却不幸得肺病去世了。

正是这一年夏天,随着北洋军阀之争愈演愈烈,北京到处都是白色恐怖,许多文化人纷纷南下的情形下,丁玲北上去了北京,因为她渴望到知识青年心目中的圣地北京大学学习,听鲁迅先生讲课。但她的愿望最后落空了,她只好一边自学,一边在一家私立图画学校学习绘画。这段时间,缺乏经济来源的丁玲,生活十分窘迫。

在一个社交场合,丁玲结识了青年编辑胡也频,最后二人相爱,并且住在了一起。他们在北京过着极度贫困的生活。像许多穷学生一样,他们读各种文学作品,讨论歌德、托尔斯泰、海涅、鲁迅等人的作品。但直到"四·一二"政变后,丁玲才开始真正拿起笔进行创作,她在《一个真实人的一生》中这样说:"我每天听到一些熟人的消息,许多我敬重的人牺牲了,也有朋友正在艰苦中坚持,也有朋友动摇了,我这时极想到南方去,可是迟了,我找不到什么人了。不容易找人了。我恨北京!我恨死了北京我恨北京的文人!诗人!形式上我很平安,不大讲话,或者只像一个热情诗人的爱人或妻子,但我精神上苦痛极了!除了小说我找不到一个朋友,于是我写小说了。"

丁玲与沈从文结识于1925年初。沈从文因向《京报》投稿而与胡也频相识,不久,丁玲听胡也频说沈从文"长得好看",特意和胡也频一同来看望他。

因同为湖南老乡(丁玲出生在安福县,即现今的临澧,与凤凰共傍一条沅水),如今又漂流在京,对故乡的怀念,很快就拉近了沈从文与丁玲两人的距离。当时,丁玲独自住在通丰公寓,正打算报考艺专。在沈从文眼中,丁玲是个"圆脸长眉大眼睛的女孩子"(《记丁玲》),不爱修饰,有一点男人气质。

丁玲事业受挫,又时常思念夭亡的弟弟和远在家乡的母亲,心情抑郁。不久,她便独自回乡看母,胡也频随后徒步尾随而至。当沈从文1925年中秋节再度与他们重逢时,丁玲已经接受了胡也频的爱。丁玲与胡也频重返北京后,全靠丁玲母亲接济。因经济拮据,两人又年少,时常为一点小事争吵,沈从文从此充当了和事佬和救火队员的角色。

后来，丁玲和胡也频在北京待不下去，两人又返回湖南。这期间，胡也频经常将诗稿寄给北京的沈从文，托他转给渐趋熟悉的《晨报》和《现代评论》发表。由于胡也频、丁玲的字体和行文方式与沈从文不分伯仲，刊物和读者几乎都误认为也频、丁玲是沈从文的另一笔名。为此，沈从文、丁玲和鲁迅之间还引起了一场严重的误会。

1925 年 4 月 30 日，丁玲因上学无望、处境艰难，向鲁迅写信请教人生的出路问题。鲁迅不知丁玲其人，向人打听，听孙伏园说，周作人也曾接到同样信件，笔迹很像休芸芸的（沈从文曾在周作人编辑的《语丝》上发表过《福生》，周作人自然记得他的字）。原来沈从文、胡也频和丁玲三人都喜欢用硬笔在窄行稿纸上写密密麻麻的小字，字间的疏密及涂抹勾勒方式非常相像，兼之他们的字又都是有点女性的那种特点，特别秀气，所以在外人眼里几乎没有区别。

鲁迅听了孙伏园的话后误以为真，认为沈从文冒充女人拿他开涮，因此发了脾气，他又最讨厌男人化用女人名字，所以未曾给丁玲回复。无巧不成书，恰恰在这个节骨眼上胡也频又来拜访鲁迅。丁玲在《鲁迅先生与我》一文中回忆了这件事说："这一天，他（胡也频）只去看鲁迅，递进去一张'丁玲的弟弟'的名片，站在门口等候。只听鲁迅在室内对拿名片进去的佣工大声说道：'说我不在家！'他只得没趣的离开，以后就没有去他家了。"

1925 年 7 月 12 日，鲁迅在给钱玄同的信中这样写道："这一期《国语周刊》上的沈从文，就是休芸芸，他现在用了各种名字，玩各种玩意儿。欧阳兰也常如此。"鲁迅文中所提的"欧阳兰"是北大学生，曾以女人名字发表文章，也曾给鲁迅写信求助，孙伏园还误认他是"一个新起来的女作家"。

对此一无所知的沈从文事后得知这一消息同样也生了气，几年后沈从文在《记胡也频》中这样写道："丁玲女士给人的信，被另一个自命聪明的人看来，还以为是我的造作。"后来，与鲁迅有联系的一位编辑荆有麟将真实情况告诉了鲁迅。鲁迅自责到："那么，我又失败了。"但这种误解导致沈从文在鲁迅生前未曾与之谋面。

1927 年秋天，丁玲创作的《梦河》、《莎菲女士的日记》两个短篇小说被当时《小说月报》的编辑叶圣陶登在两期《小说月报》的头条位置上。小说问世，"好似在这死寂的文坛上，抛下一颗炸弹一样，大家都不免为她的天才所

震惊了。"（毅真《几位当代中国小说家》）

1928 年 2 月，丁玲和胡也频来到革命文化中心的上海，住在萨坡赛路 204 号设备陈旧而雅致的新居里。胡也频阅读马克思的文艺理论以及其他社会科学书籍，并写作诗、小说和剧本。丁玲则埋头创作，写了《阿毛姑娘》等短篇小说，由叶圣陶发表在《小说月报》的头条上。不久，在叶圣陶的帮助下，丁玲出版了她的第一本短篇小说集《在黑暗中》。

在创作的同时，胡也频、丁玲和沈从文还组成红黑出版社，编辑出版《红黑》、《人间》月刊，但是最后还是不得不停刊。

1929 年 8 月，由徐志摩推荐，沈从文接受胡适的聘请前往吴淞中国公学任教，胡也频到济南中学教书。不久，胡也频因在济南从事进步活动，被山东省政府通缉，被迫折回上海。接着，胡也频和丁玲双双加入"左联"，胡也频还加入了中国共产党，并被推选为全国苏维埃区域代表会议代表。

1930 年秋，胡适辞去中国公学校长一职，沈从文经他和徐志摩介绍，到陈源任院长的武汉大学文学院任教，担任新文学研究与小说习作课程的教学。1931 年寒假回上海，沈从文与丁玲、胡也频再度重逢。胡也频曾劝沈从文和自己一道，从事进步的文学实践活动。"想得透彻"的沈从文，迷惘于太阳社、创造社与鲁迅、茅盾的争论，不愿违背出走湘西，寻求人生"自由"与"独立"的夙愿，始终与左翼文学运动保持距离。

1931 年 1 月 17 日上午，胡也频来看望沈从文，说房东的儿子死了，他要送一副挽联，请沈从文为他拟好挽联的措辞，下午到他那里去写。中午，因一个同事约沈从文吃饭，两人在惠罗公司前暂别，沈从文看到胡也频穿得单薄，便把自己刚做好的一件海虎绒棉袍给他穿上。分手后，胡也频去参加中共江苏省委负责人何梦熊主持召开的会议，不幸被叛徒出卖，与会人员全部被国民党军警抓捕。

沈从文第二天晚上才得到胡也频托人带来的信，叫他请胡适、蔡元培设法取保。沈从文将消息告诉了丁玲后，便同她一道找到了李达夫妇，经商量，请胡适、徐志摩写信给蔡元培，设法放人。接着，沈从文独自到南京，找邵力子想法，邵力子写信给上海市长张群，请求斡旋。沈从文返回上海，事情没得结果，他又陪同丁玲再到南京，找中统的陈立夫。无奈胡也频是军统抓的，营救行动搁浅，找律师又遭拒。探监的时候，沈从文陪丁玲到龙华监狱看望胡也频。一切营救都无济于事，1931 年 2 月 7 日，包括胡也频在内的"左联五烈士"和其他革命志士被国民党秘密枪杀于龙华。

沈从文为营救好友胡也频，不仅两下南京，到处求人。胡也频牺牲后，他又从徐志摩处借得路费，冒着风险，以丈夫的名义护送丁玲母子回到湖南常德，乃至延误了返校的日期，丢掉了赖以为生的职业。其重情重义的侠义之举，令人钦佩。失去教职，沈从文只好留在上海，靠写作为生。这期间，他应徐志摩之邀，前往北京，重温了昔日他和胡也频、丁玲相聚的地方，故地重游，他写下了缅怀好友胡也频的纪实散文《记胡也频》。同年秋天，他应杨振声之邀，前往青岛大学任教。丁玲主编左翼文学刊物《北斗》时，曾向他约稿，他将《黔小景》寄去，发表在《北斗》第 1 卷第 3 期上。1932 年夏，沈从文从青岛去苏州看望张兆和途经上海时，还去看望过丁玲。此时，丁玲已和冯达同居。沈从文认为他们气质不相符，丁玲不以为然。

胡也频被害后，悲痛欲绝的丁玲振作起来，她曾找过党中央领导张闻天，要求到苏区去，但组织上考虑，丁玲负责左翼机关刊物《北斗》的工作更合适。此时的上海，白色恐怖日益严重，但丁玲毅然挑起了创办《北斗》的重担。

丁玲的工作受到鲁迅、瞿秋白等人的支持，鲁迅借回答《北斗》杂志的询问，发表了《答＜北斗＞杂志社问》，并为《北斗》翻译和撰写过许多文章。瞿秋白写杂文是从给《北斗》写稿开始，并以此为阵地，发表了大量论文与翻译作品。冯雪峰、周扬、阿英、夏衍以及谢冰心、凌叔华、陈衡哲、沈从文等著名作家，都在《北斗》上发表作品。著名诗人艾青的第一首诗也是在《北斗》上发表的。《北斗》还积极参加文艺大众化的讨论，经常召开读者座谈会，从中发现培养了不少文学新人。

"九·一八"事变后，丁玲与文化界的叶圣陶、周建人、胡愈之、郁达夫等二十多人发起组织上海文化界反帝抗日联盟。1932 年 1 月，她与楼适夷等人参加中国著作者协会。2 月 3 日又同鲁迅、茅盾等四十三人签名发表《上海文化界告全世界书》，抗议日本帝国主义侵略中国，制造"一·二八"事件。

这年春天，丁玲加入了中国共产党。把丁玲赞为"飞蛾扑火，非死不止"的瞿秋白参加了丁玲及田汉、叶以群、刘风斯等人的入党仪式。

广泛的社会活动，与工农大众的接触，开阔了丁玲的眼界。此时，作为无产阶级革命作家的丁玲,用她成批的优秀作品为文坛带来新的气息。茅盾在《女作家丁玲》一文中赞赏道:"不论在丁玲个人或文坛全体,这都表示了过去的'革命恋爱'的公式已经被清算。"

丁玲本打算写一部三十万字的传记体长篇小说《母亲》,1932 年丁玲写完小说的一部分。这年 9 月,丁玲准备写成三部曲,但还没能完成计划,她就由于她的革命文章而被捕了。

被捕前,丁玲已经多次躲过特务的抓捕。但 1933 年 5 月 14 日这一天,一群国民党特务在她家绑架了她,把她押往南京,并且封禁了她的全部著作。

丁玲被抓捕激起了文化界进步人士的强烈愤慨。左联与民权保障同盟组织营救委员会,宋庆龄、蔡元培、鲁迅、罗曼·罗兰等国内外著名人士发出抗议的呼声。左联在宣言中说:"丁玲是中国特出的女作家,是新中国文艺最优美的代表者。为知识和文艺光明的斗争在她的作品中反映得很明白。她的作品最近已达到一个有计划的成熟时期,但不幸又受了这样的毒辣的打击。"鲁迅得知丁玲被捕,对国民党迫害丁玲的行为表示极大的气愤。当一度传来丁玲遇害的消息时,他奋笔写下《悼丁君》一诗:"如磐夜气压重楼,剪柳春风导九秋,瑶瑟凝尘清怨绝,可怜无女耀高丘。"鲁迅建议马上出版丁玲未完成的长篇小说《母亲》,要在各大报上登广告,大肆宣传。《母亲》出版后,鲁迅还亲自安排把稿酬寄到丁玲母亲手里。

1933 年至 1936 年,丁玲被监禁在南京,失去了人身自由。但她没放下笔,仍然坚持写作。1936 年出版的丁玲的《意外集》,其中《松子》、《陈伯祥》、《八月的生活》等短篇小说就是这个时期写成的。

国民党企图利用她的名望为其做事,但遭到丁玲拒绝。1936 年 9 月,获释后的丁玲躲过特务的监视,在鲁迅、冯雪峰、曹靖华、张天翼等人的帮助下,逃离南京,奔赴陕北,成为到达中央苏区的第一位知名作家,受到毛泽东、周恩来等领导同志的欢迎。临行前,为了轻装,她毅然把年幼的两个孩子送回湖南常德老家,交给寡母抚养。抗战爆发后,余曼贞再将外孙托人送去延安。自己独自一人在常德县的家里,每天读书、作诗、著文,为后人留下了一部回忆录和百余首古体诗。1949 年 7 月,常德解放,余曼贞才由丁玲接到北京居住。

丁玲到达西安时，还见到了斯诺和史沫特莱，他们痛快地畅谈了一个晚上。

丁玲到达延安后，人们用简单、也是隆重的礼节为她举行了欢迎会，毛泽东和周恩来等领导人都出席了晚会。后来丁玲又一一拜访了毛泽东、周恩来、林伯渠、徐特立等领导人。毛泽东问她："丁玲，你打算做什么啊？"丁玲不加思索地回答说："当红军。"毛泽东告诉她："好呀！"之后，他亲自写了一封信给后方总政治部罗荣桓，指定丁玲担任中央警卫团政治处副主任。之后，丁玲和成仿吾一起在苏区成立中国文艺协会，丁玲任主任。

丁玲跟随红一方面军一军团（聂荣臻是政委，左权是代理军长），根据左权的口述，写下了《记左权同志话山城堡之战》等记述红军战斗的文章。

9. 聚少离多、命运多舛的兄弟姊妹

沈从文共有九个兄弟姐妹，他排行第五。其中长大成人的有 5 个，大哥沈云麓（岳霖），大姐沈岳鑫，二哥沈从文（岳焕），老四沈荃（岳荃），九妹沈岳萌。

大哥沈云麓对从小上学逃课去干其他勾当的二弟沈从文管束得很严。

一到夏季，沈从文每天都少不了要下河游泳。因担心他被淹死，家里对此管得很严。那时，沈从文的父亲进行革命活动离家去了北京，管束他的责任就落到了大哥身上。但大哥是坚决不容许他下河游泳的，为了这事，哥俩的关系闹得像猫和老鼠一样，彼此经常斗智斗勇。但尽管沈从文很机灵，但还是时不时被大哥捉住。除了游泳以外，赌博也是被大哥禁止的，一旦被抓住，就会和私自下水游泳一样，受到严厉的惩罚。

沈从文对此有非常深刻的记忆："……我受的处罚似乎略略过分了些，总是把一条绣花的白绸腰带缚定两手，系在空谷仓里，用鞭子打几十下，上半天不许吃饭，或是整天不许吃饭。亲戚中看到觉得十分可怜，多以为哥哥不应当这样虐待弟弟。"沈从文性格的害羞怯懦，或许就和幼时这样被"虐待"的经历有关。

沈从文的这位据说性格相当古怪的长兄，却是一位可敬的人。1919 年，

当父亲因组织"铁血团"密谋刺杀袁世凯败露而销声匿迹、下落不明、举债出逃时,沈云麓变卖完所有家产替父还债后,又不顾路途艰险,一路靠给人画像来借以糊口,徒步几千里,最终在东北热河找到了父亲,并把他接回了家。

当二弟沈从文和三弟沈荃一文一武在外面闯荡时,沈云麓就待在家中侍奉母亲。抗战爆发后,西南联大南迁途经湖南沅陵,沈云麓曾在此盖了一处唤作"芸庐"的两层小楼房,经二弟沈从文介绍,"芸庐"便成了大批从敌占区向大西南转移的文化大家和文艺青年的中转站,如梁思成夫妇、刘海粟、闻一多、刘开渠、林风眠等,都曾在这里停留过。沈云麓一生思想进步,热心公益事业,受到了家乡人的赞誉。

与最后阴差阳错地成了一名传奇文人的沈从文相比,老四沈荃却是一位英勇善战的传奇武人。

1922 年,16 岁的沈荃在湘西入伍当了一名勤务兵。1925 年考入黄埔军校第四期。毕业后长期在三十四师师长陈渠珍手下任职。

1937 年 11 月,沈荃率领 128 师全体将士在浙江嘉善阻击侵华日军第六、第八两个军团的疯狂进攻。

嘉善保卫战中,128 师损失惨重,上校团长沈荃指挥的 1500 人只剩下120 多人,沈荃也身受重伤,被部下背下战场。沈荃被送到长沙伤兵医院医治。数日后,沈荃给沈从文及其朋友介绍了阻击敌人的情况,一些从小与沈从文一同玩耍一起长大的朋友,牺牲在了嘉善。不久,沈从文与一大帮文人途经长沙去看望他,沈荃设宴招待了二哥以及梁思成、林徽因、金岳霖、张奚若、杨振声、朱自清、闻一多、萧乾等人。

两个多月后,创伤刚好,休养期未满的沈荃又被调到抗日前线参加战斗。抗战胜利后,沈荃在南京国防部任少将监察官。他与二哥沈从文多次通信,想联手写一部抗日战争史,但因故作罢。

内战爆发后,不想打内战的沈荃辞去军职,回到家乡凤凰。1949 年 11月,"湘西王"陈渠珍起义投诚。

1951 年,在镇反运动中,沈荃沉冤而死,直到 32 年后才得以平反昭雪。沈荃原配妻子是田应昭的女儿。因其不育,又娶罗氏,生有一女沈朝慧。沈荃去世后,沈朝慧到北京投奔伯父并认沈从文为父,后与中央美术学院著名雕塑家刘焕章结婚。

10. 可怜的九妹

相对而言，在沈从文的兄妹几个之中（大姐沈岳鑫嫁给了田真逸），"九妹"沈岳萌的命运可能是沈从文内心最感到刺痛的。

作为家中最小的一个，沈岳萌自小就被全家人当个宝贝似的宠爱着。沈从文也特别疼爱他这个九妹。他刚在北京不久，母亲与九妹就前来投奔。沈从文在中国公学任教后，便将九妹接来，让她在这里学习法语等知识。对于九妹，沈从文怀着厚望，他甚至于想把她培养成为一个像林徽因那样的才女。

但是，沈从文经济上还是非常拮据的。他们只能租住在一处老弄堂到处漏雨的亭子间里。面对这样的窘境，九妹却无法像二哥那样安心读书，埋头写文章。这让沈从文又急又爱又恨，直到最后无计可施。

从北平到青岛，从香港再到上海，一晃间，与沈从文形影不离的九妹已经 20 多岁了，二哥与张兆和成了家，可她却一直是单身一人。一事无成的九妹开始变得焦虑、痛苦、茫然。沈从文也替她着急，开始为她物色伴侣。但九妹的心却很高傲，一直找不到中意的对象。沈从文曾给九妹介绍了燕京大学教授夏云，可两人相处一段时间后，九妹拒绝了夏云的求婚。1934 年，一个迷恋沈从文的文学风格的文学青年，在沈从文的撮合下，与九妹谈起了恋爱。然而，1937 年，这位青年北大毕业后，在决定奔赴延安参加革命之时，拒绝了九妹与他一起去延安的请求。不久的一天，这位青年向张兆和借了 20 块钱后，从此在九妹的世界里消失了。九妹的精神世界也由此开始崩塌了。

在痛哭了几天后，九妹变得神经质起来，脾气越来越古怪，花钱也毫无节制。后来，九妹信了佛，吃斋并参加各种佛事活动，大手笔地捐赠物品。这让苦苦支撑一家人正常生活用度的沈从文大为生气，在家信中一再抱怨九妹拖累自己。

一次，九妹回到自己的住处，屋内物品却被小偷洗劫一空，一种辗转流离、茕茕孑立、家徒四壁的巨大精神压力在瞬间爆发，她再也承受不住了——精神崩溃的九妹疯了。因为无暇照顾她，沈从文就多次写信给他的兄弟，希望他们把她接回老家。九妹的疯癫，让六弟情绪失控，欲拔出手枪，与沈从文拼命。最后，几个哥哥在沅陵江边，给九妹盖了一座叫做"芸庐"的房子，让她在此休养。终于，九妹失踪了。

直到几十年后，沈从文才得知九妹嫁给了一个渔民，在一条破船上，过着贫苦的生活，最后也因饥寒交迫而死。长期陪伴在沈从文身边的九妹，成了他心里永远不能抹去的一道凄美的风景。在"翠翠"的形象里，我们似乎可以看见九妹的身影。

11. 得之不易的爱情

1920年12月底，沈从文所在的"靖国联军"第二军全军覆没，沈从文当时所幸留在军部逃过一劫。不久，被遣散回家的沈从文到芷江团防局做了税收员。

看到沈从文的工作稳定了下来，母亲就与他的七姨商量，要给沈从文娶媳妇。七姨把这事与丈夫熊捷三说了——此时沈从文表现出的诗词方面的才华也得到了七姨夫熊捷三的赏识。熊捷三一看沈从文各方面还不错，就带话说要把女儿嫁给沈从文，同时还给沈从文物色了另外三户大家闺秀，让他从四个女孩中挑一个。可是，令人惊讶的是，沈从文拒绝了这份好意，选择去追求一个不被大家看好的姑娘。

原来，沈从文做税收员不久，就对一个姓马的姑娘产生了好感。那个女孩据说很喜欢他写的诗，于是沈从文每天都给她写情诗，让她的弟弟带给她。所以，当亲戚来提亲时，沈从文相信了那位弟弟的谎话，以为那姐姐正爱着他。

那个弟弟每次都要向"跑腿费"，而且经常向沈从文借钱。那时沈从文保管着母亲变卖祖房所得的两千元钱。让沈从文弄不明白的是，他的钱被借来借去，最后竟然有一千元不知去向。那弟弟也不来为他姐姐取情诗了，不消说，沈从文和他姐姐恋爱的事情也就结束了。

为此，沈从文非常懊悔。沈母为这件事情也哭了很久，她一方面心疼钱，一方面为沈从文不谙世事而伤心。沈从文惭愧之下，留下一封信离开了芷江。后来，母亲在信中原谅了儿子："已经做过了的错事，没有不可原恕的道理。你自己好好地做事，我们就放心了。"尽管如此，沈从文还是在很长一段时间里，都为自己的错误而导致后来母亲跟九妹辗转流离而忏悔。

可是，这段惨痛的爱情经历，极大锻炼了沈从文的情书水平，后来促成了表哥黄玉书和他自己的两对姻缘。

离开芷江后，沈从文和表哥黄玉书住到了常德的一家客栈里，靠大舅寄的钱维持生活。黄玉书因为爱上了在常德小学教书的杨光惠，就请沈从文代笔给她写情书。写完后，还要沈从文替他给送去。前后数十次，沈从文也不厌其烦。杨光惠当面对沈从文说：看不出黄玉书还真有才气。最后，表哥与杨光惠结婚，他们生的长子就是著名学者黄永玉。

1929年，沈从文在上海中国公学教的第一堂课上，一眼看见了一位让他怦然心动的女学生。这位女生名叫张兆和，出生于安徽合肥，名门之后（曾祖张树声曾任两广总督，父亲张吉友是民初教育家；张兆和一共姐妹四人；大姐张元和嫁昆曲名家顾传玠，二姐张允和嫁语言学家周有光，三姐张兆和，四妹张充和嫁德裔美籍汉学家傅汉思）。当时，18岁的张兆和，是公认的才貌双全的中国公学校花。

不久，胆怯而不敢当面表露心意的沈从文寄给了张兆和一封情书。

但是，张兆和对沈从文并没有什么特别的好感，而且听了他第一堂课后，"并不觉得他是位可尊敬的老师，不过是会写白话文小说的青年人而已"。突然收到老师的情书后，张兆和甚至于有些反感。但她害怕此事传扬开来，就听任沈从文一封

沈从文与夫人张兆和

一封地把情书给她，只是在读完信后，将这信藏起来，不做任何回复。

但过了一段时间后，张兆和实在受不了了。她开始尽量躲避沈从文。但沈从文已经彻底陷入了情网，甚至痛苦得想自杀。于是，张兆和的朋友建议她快去找校长说清楚，不然，沈从文一旦真的自杀，就脱不了干系了。

于是，张兆和带着沈从文的情书去找校长胡适，希望他能出面制止沈从

文。但没想到胡适却夸信写得很好，说沈从文的爱是真的，爱得很深，还说要给他们做个媒（胡适与张兆和父亲是好友），劝她先交往交往再说。

没有得到校长的支持，张兆和只好继续听任沈从文对她进行一场长达4年的马拉松式的"死缠烂打"。但一年后，沈从文终究还是带着痛苦离开了中国公学，去了武汉。在这一年之中，沈从文的工作和生活完全被那种无法控制的苦恋左右了，以至于整日无所事事，只有无尽的空虚、煎熬与痛苦。

1932年夏，张兆和毕业回到苏州的家里。在青岛大学任教的沈从文利用暑假的时间，在未通知张兆和的情况下，乘车从青岛赶到苏州。为了这次探访，沈从文不惜卖掉一本书的版权，买了一大包英译精装本的俄国托尔斯泰、陀斯妥耶夫斯基、屠格涅夫等人的著作，送给张兆和。这些名著，还是特别托巴金选购的。

在张家，沈从文充分赢得了张家兄弟姐妹们的欢迎，使他在爱情的道路上有了重大突破。沈从文返回青岛后，写信给二姐张允和，托她征询父母的意见。所幸的是，张兆和的父亲表示不予干涉。于是，张兆和才开始与沈从文通信。

这年年底，沈从文放假与张兆和一起去上海拜见了张兆和的父亲和母亲后，结伴一同回到了青岛大学。1933年，沈从文与张兆和在北平举行了简单的婚礼，没有仪式，没有主婚人、证婚人。婚房里四壁空空，只有梁思成夫妇送的两床锦缎百子图罩单。但此后，沈从文生活稳定，在文学事业和教育事业上，沈从文迎来了人生的高潮期。

张兆和曾问沈从文："为什么有好多很好看的女人你不麻烦，却老是缠着我？"

沈从文回答："我认识许多女子，但能征服我，统一我，只有你有这种魔力和能力。"

王国维：
书成付与炉中火，了却人间是与非

> 作为清华四才子之一的王国维，以其卓越的学术成就，被誉为"中国近三百年来学术的结束人，最近八十年来学术的开创者"，梁启超赞其"不独为中国所有而为全世界之所有之学人"，而郭沫若先生则评价他"留给我们的是他知识的产物，那好像一座崔嵬的楼阁，在几千年的旧学城垒上，灿然放出了一段异样的光辉"。

1. 从小就是"老实人"

在中国近现代国学研究史上，王国维可算是第一号的人物。他是近代中国最早运用西方哲学、美学、文学观点评论中国古典文学的学者，集史学家、词学家、文学家、美学家、考古学家、金石学家和翻译理论家于一身，生平著述62种，批校的古籍逾200种。梁启超、胡适、郭沫若等都对他推崇备至。鲁迅就曾说："要谈国学，他（王国维）才可以算一个研究国学的人物。"在清华共事时，当有学生向梁启超请教国学，梁启超常常不假思索的说："去问王先生。"梁启超这样评价王国维的魅力："若说起王先生在学问上的贡献，那是不为中国所有而是全世界的。""其辩证最准确而态度最温和，完全是大学者的气象。他为学的方法和道德，实在有过人的地方。近两年来，王先生在我们研究院和我们朝夕相处，令我们领受莫大的感化，渐渐成为一种学风。这种学风，若再扩充下去,可以成功中国学界的重镇。"

王国维在他著名的《人间词话》中所说的三境界,早已脍炙人口,成为经典中的经典:"古今之成大事业、大学问者,必经过三种之境界:'昨夜西风凋碧树,独上高楼,望尽天涯路',此第一境也。'衣带渐宽终不悔,为伊消得人憔悴',此第二境也。'众里寻他千百度,蓦然回首,那人却在,灯火阑珊处',此第三境也。"

王国维

然而,就是这样的一代国学大师,却在他人生最辉煌之时,在北京颐和园昆明湖投湖自尽,给世人留下了一桩"中国文化史世纪之谜"。为了破译这个谜,王国维的身世与家庭背景,开始成为了人们的研究对象。王国维到底是什么样的一个人呢?

公元1877年12月3日(清光绪三年农历十月二十九日),王国维作为长子长孙出生于钱塘江畔海宁(今海宁市盐官镇)双仁巷的王家老院里。王家祖上在南宋抗击金兵时,曾受朝廷赐号封爵,世代居住在此地。然而,经过数百年历史演变之后,王家早已经凋敝没落。不过,王家对祖上"忠烈"精神的传承却延续了下来。王国维自小就颇以祖上的"勋绩忠烈"、"诗书传家"为荣耀而深感自豪。

浙江海宁自古是江南的文化重镇。梁启超对此曾有过特别的阐述:"杭属诸县,自陈乾初而后,康熙间有海宁陈莲宇(世琯)师事梨洲,亦颇提倡颜李学。道(光)、咸(丰)、同(治)则海宁张叔未(廷济)、海宁蒋生沐(光煦)颇以校勘名。光绪间有海宁李壬叔(善兰)精算学,译西籍,徐文定后一人也。最近则余杭(距海宁城不过10余公里)章太炎(炳麟)治声音训诂之学,精核突过前人,学佛典亦有所发明。"前文提到过,徐志摩、金庸等也都是海宁人。

而如果具体到有哪些海宁籍先贤对王国维后来在学术领域的研究产生过直接影响的话,则有明史巨著《国榷》的作者、史学家谈迁;著有《阅读红楼梦随笔》而开红学研究之先河的周春;明代戏曲大家陈与郊;清代藏书大家吴骞;康雍两朝重臣文渊阁大学士陈"阁老"(元龙);《敬业堂诗集》的作者查慎行等。

王国维的出生地——双仁巷,也大有来历,极富文化内涵。双仁巷中有双仁祠。双仁祠是吴越国国王为祭奠颜氏兄弟（唐朝太守颜杲卿及其弟弟——大学士颜真卿，"安史之乱"中二人慷慨就义，不屈而死）的忠烈而建造的。双仁巷因双仁祠而得名。

王国维就是在这样非常浓厚的中国传统文化的熏陶下长大的。

王国维原名王国桢，字静安。"静安"二字，完全符合他的气质和性格，他喜欢独自安静地钻研学问，他的性格被人称为"老实如火腿般"。

王国维出生时，父亲王乃誉在江苏溧阳县做幕僚。3 岁时，母亲凌氏去世。所以，王国维是在父亲的一手拉扯下成长起来的，受到了父亲很深的影响。

王乃誉经历过不少磨难。1860年左右，太平天国与清军在钱塘江一线展开激战。为了避开战乱，王国维的曾祖父王瀚带领儿子王嗣旦

王国维书札

与孙子王乃誉离开海宁前往上海。不久，王瀚与王嗣旦在上海相继去世，年仅 13 岁的王乃誉成了孤儿。王乃誉为安葬祖父与本生父亲，"号咷呼吁，丐于亲故以敛"。随后，王乃誉流落于上海的店铺里做小伙计谋生。几年后，王乃誉回到了海宁县的硖石镇，在一家杂货铺打理生意。不久，王乃誉被当上溧阳县县令的亲戚聘为其幕僚，生活开始好转。但妻子凌氏去世后，王乃誉为了一份薪水，只能将年幼的长女王蕴玉和王国维托付给亲友，自己独自到江苏继续任职。几年后，王乃誉在海宁续娶了一位妻子，39 时举家搬迁到新建的一座宽敞宅院里（现为海宁王国维故居所在地）。不久，他兼祧父亲王嗣铎病故。料理完丧事，王乃誉以"丁忧"为借口辞去了幕僚一职，决定居家潜心"以课子自娱"，从此将希望寄托在了长子王国维的身上，开始了对王国维极为严格的教育。

2. "悲惨的"科考之路

光绪九年（1883 年），还在溧阳县县衙当幕僚的王乃誉，便托亲友将年 6 岁的王国维送到了一所私塾就学，私塾先生是海宁当地的秀才潘紫贵。

王国维在跟随潘紫贵学习的几年里，不只是学了为了应付科举考试所开设的课程，他还在课外一头钻进了父亲留在家里的"五六箧书"中。因为那"五六箧书"，尽是他所喜欢的绘画、金石和书法等"课外书"。可能正是这些"课外书"，开始将王国维的兴趣引上了一条国学研究之路。

这里，有必要介绍一下王乃誉的喜好。据说生于 1847 年的王乃誉，在商店里当学徒做伙计的空余时间，就好以品读和研究诗词歌赋与金石书画为乐。后来，在他历时近 20 年的幕僚生涯中，沉迷于古文诗画和金石器物的收藏与鉴赏，整日以此自娱。这也直接影响了王国维的兴趣。而王乃誉贯穿其一生的自学精神，则是他遗传给儿子的最为宝贵的财富。很难想象，一个几乎完全靠自学成才的人，居然在游记、诗词绘画及金石研究等诸多方面，留下了如《游目录》、《娱庐随笔》、《娱庐诗集》、《画衍》、《古钱考》众多著述。对于父亲王乃誉善于学习的精神，王国维这样记述道："……自宋、元、明、国朝诸家之书画，以至零金残石，苟有所闻，虽其主素不识者，必叩门造访，摩挲竟日以去，由是技益大进。年四十，归，遂不复出。……日临帖数千字，间于素纸作画，躬养鱼种竹，以为常课。"

不难想象，这样好学的王乃誉，这样一位把希望寄托在长子身上的父亲，会怎样管教儿子。但王乃誉并不是一个只懂得严厉而让人无法靠近的父亲。王乃誉与儿子经常促膝谈心，向儿子传授他的社会交往之道。

王乃誉居家"以课子自娱"后不久，便为王国维找到了一位名师——陈寿田先生。陈寿田曾在北京同文馆师从浙江海宁籍的中国著名科学家李善兰，是新型的知识分子。不过，王乃誉让王国维拜陈寿田为师，却不是为了让他学习什么新知识，而同样是为了应对科举考试。不过，陈寿田在私塾里教授王国维学习四书五经，学写八股文之外，还对王国维进行了西学启蒙。

光绪十八年（1892 年），在严父名师历经九个寒暑的精心教导下，踌躇满

志的王国维在州试中顺利过关，以海宁州的第 21 名，成为海宁州州学的一名
生员——秀才。很快，这个年仅 15 岁的秀才在家乡引起轰动，当地人把他与
陈守谦、叶宜春、褚嘉猷三人一起誉为"海宁四才子"。此后，在州学学习举
子课业的王国维就经常与其他三位才子一起或议论文史著作，或踏青游玩。
不过，他们的这种交往没有持续多久，彼此便各奔东西了，与王国维一直联
系并保持了终生友谊的只有陈守谦一人。

作为"海宁四才子"之首的王国维，对来年的乡试满怀着希望。可是
1893 年 4 月，王国维却在省府杭州举行的乡试中落榜。王国维在意外之中
遭遇了他人生中的第一次失败，这对颇为自负的"海宁四才子"之首的王国
维打击之惨重可以想见。

面对儿子受挫后的灰心丧气，以及对考试表示出的不满。王乃誉想方
设法鼓励王国维继续努力备考。但是，王国维在内心已经对科举考试产生
了抵触厌恶情绪。同年 7 月，王国维再次前往杭州参加恩科考试。然而，这
次儿子出格的做法完全出乎了王乃誉的意料。据与王国维一起参加这次考
试的陈守谦记录："君于学不沾沾于章句，尤不屑就时文绳墨，故癸巳大比，
虽相偕入闱，不终场而归，以是知君之无意科名也。"王国维竟然以"不终场
而归"的做法来表示他对科举考试的不满之情，实在是让人"匪夷所思"。

王乃誉无奈之下，把儿子送入杭州崇文书院就读，以为将来更高等级的
科考做准备。不过，对"时文绳墨"的八股文已经失去兴趣的王国维，不久便
以书院各项费用开支太大等理由，回到了海宁。

但王乃誉希望儿子通过科举谋取功名的念头依然没有断绝。1897 年 9
月，在王乃誉的催促下，王国维再次来到杭州参加乡试，仍未中。从此，王国
维便彻底断绝了科举念头。

3. "悲怨的"家庭境遇

光绪二十二年（1986 年）11 月 28 日，王乃誉变卖家产，用换得的一千余
元为王国维娶了媳妇。女方为同邑商户莫寅生之女莫氏。莫氏性格平和安
静，与王国维温文尔雅的老实非常相投，所以婚后夫妇二人的感情很和谐。

然而,命运之神并没有让他们白头偕老,结婚十年间彼此聚少离多,还经历了几次生离死别的痛苦。

1898 年 8 月,刚刚做父亲不久的王国维,就遭遇了出生仅两个多月的长女夭折所带来的悲痛,这让身体一直都很虚弱的王国维在很长一段时间内都生活在沉重的悲伤之中。

不仅如此,刚刚 20 出头的王国维就挑起了家庭生活的重担。本来,他是非常想去国外留学的,但是,家庭经济的困难却让他实在无法完成心愿。科考不成,出国又无门,最后他只有选择去上海谋生以养活家中老小。于是,他就在上海一边为了月薪只有 10 来块钱的工作而努力干活,一边抓紧时间进修学习。但沉重的工作压力和生活节奏的紧张,很快使他因为过度劳累而生病,最后不得不回家休养,度过了三四个月苦闷的日子。此后,又离别家人到外谋生去了。

1905 年 11 月,王国维辞去江苏师范学堂的工作,回家过完了春节。之后,王国维推辞掉了家乡父老联名请他出任海宁州劝学所学务总董之邀,随罗振玉去了北京。

当时,罗振玉是受学部尚书荣庆之邀,上北京就任满清朝廷新设衙门学部参事厅五品行走一职的。学部,是光绪三十一年(1905 年)清廷废除科举制后成立的专门管理全国教育文化事业的新机构,主要是负责取士等事务。罗振玉邀请王国维一同前往京城,以便向朝廷奏请为他也谋取一个职位。

然而,当几个月过去,天气渐渐转冷时,王国维依然没有在学部谋到职位。正在思乡发愁之际,忽然从海宁传来了父亲病故的噩耗。悲痛莫名的王国维急忙赶往家中奔丧。回到家中的王国维面对停放在堂屋中央的父亲的棺椁,禁不住放声大哭。

一生勤奋好学,坚守清贫,为了培养儿子不惜闲居在家教子的王乃誉,给了王国维太多的疼爱。但他先前无限的怜爱,此时却化作儿子无尽的悲痛。

对父亲王乃誉,王国维实在感到是没有尽到任何孝道的。不说科举失败让父亲失望,就是在工作方面他也是非常不顺的,甚至可以说是一事无成的。结婚后,王国维在外四处谋职,留下老人在家辛苦地照顾妻儿的生活。如今,子欲养而亲不在,这让王国维在悲痛中还满怀着深深的愧疚和自责。

安葬完父亲,守孝"百日"期满后,王国维辞别妻儿独自又回到了北京。

就在 1907 年 7 月，王国维返回北京未过半年，还沉浸在丧父之痛中的他，又得知了妻子因为生产双胞胎女儿而染上"产褥症"的病危凶讯。王国维当即星夜赶往海宁。当王国维千里迢迢憔悴地坐到结发妻子的病床前时，妻子已经奄奄一息，进入弥留之际。终于，随着双胞胎女儿的夭折，莫氏在丈夫回来的十天后，悲苦地离开了人世，年仅 34 岁。就这样，在不到一年的时间内，王国维接连失去了四位亲人。

虽然王国维为了生计而常年奔波在外，但他与妻子的感情却非常好，对她非常眷恋。无论是生前，还是死后，他都深深眷恋着莫氏，给她写了很多诗词。

料理完妻子的丧事，王国维将三个年幼的儿子托付给继母叶太夫人后，自己只身再次返回北京。

回到北京，命运多舛的王国维在整理了凌乱疲惫的心情之后，依然还在勉励自己在学业上面继续坚持下去："夫以余境之贫薄而体之羸弱也，又每日为学时间之寡也，持之以恒，尚能小有所就，况财力精力之倍于余者，循序而进，其所造岂有量哉！故书十年间之进步，非徒以为责他日进步之券，亦将以励今之人使不自馁也。"

正在王国维全力在学术的道路上努力前进时，四个月后，就在春节前的 1908 年 1 月，家乡传来了继母病故的消息。真是几家欢喜几家愁。接着，王国维就在奔丧的途中度过了那年的春节，并于大年初二回到了海宁的家里，独自一人悲凉地面对着冰冷空寂、死气沉沉的宅院。继母漆黑的灵柩摆在屋子当中，三个幼儿在一边嗷嗷待哺，一切都让王国维感到了一种令人窒息般的压抑。不善理家的一介书生王国维，接下来靠谁去抚养这三个幼子呢？

王国维实在应该感谢他的岳母莫太夫人。原来，王国维的岳母在其女儿弥留之际就为他挑选了一位"知书达理"的继室——潘氏，以照顾自己的几个外孙。潘氏是岳母莫氏娘家的表外甥女，时年 22 岁，其父还是一名秀才。

在岳母的操持之下，王国维 1908 年 3 月 1 日迎娶了潘氏。随后，王国维携新婚妻子、三个儿子和莫太夫人再次回到了北京。

这位潘氏夫人的确很贤良。她视前妻生的三个儿子如同己出，任劳任怨地为丈夫操持着家务，养育着孩子，家中事无巨细，全由她料理，使王国维能够一生不问家务，非常自在地专研学术，创造了他在学术事业上的最大辉煌。

尽管自己酷爱国学研究，但王国维却不想让自己的孩子埋在故纸堆里，而是希望他们能够以实业救国。在众多子女中，王国维对学业优异的长子王潜明最为器重。王潜明与罗振玉三女儿结婚后，放弃了留英的机会，听从父亲王国维的话进了海关。然而，1926 年 10 月，最受王国维器重的王潜明却不幸因病去逝，年仅 27 岁。王国维顿时陷入了极大的悲痛之中，不久，王国维便在巨大的精神压力之下，投湖自尽。

4. "受不了"的多事之秋

王国维可谓是生逢乱世。他一生经历了甲午战争、戊戌变法、慈禧垂帘听政、庚子之变、辛亥革命、清帝逊位、袁世凯称帝、张勋复辟、五四运动、北伐战争等重大的社会变迁。可以说，每一次的社会大变迁，都严重影响了他的人生之路，造成了他一生辗转流离的命运，最后如末代王朝的没落一样，成为了一个悲剧。

1894 年，王国维在杭州的两次科考失败之后，准备参加当年的乡试时，却因为中日甲午之战的缘故，乡试被取消。

堂堂大清帝国，竟然如此不堪一击，被一个弹丸的岛国打败，王国维深感震惊之余，开始关注新学和时局的变化。

甲午战争后，全国上下要求变法图强，师夷长技以制夷的呼声日益高涨，王国维遂产生到国外去留学的念头。不过很快，他心情郁闷地发现自己的家境，实在难以帮助他实现这个愿望。

婚后，王国维第三次到杭州参加乡试失败。他开始断绝科举念头，把兴趣逐渐转向新学和学术研究两个方面。

1895 年，清政府与日本签订的丧权辱国的《马关条约》，引起了一场声势浩大的举子们的集体请愿运动——"公车上书"运动。以康有为和梁启超为首的维新改良派，此后便利用各种方式宣传、策动维新变法，希望通过改革维新来挽救清政府所面临的危机。其中，维新变法所支持下的创办报刊宣扬西学和建立新式学堂培养新学人才等改革，很快就变为了一股强劲的社会潮流，"新学"、"留学"等成为了热词，牵动着每一位学子的心，但王国维只能在家购买、搜求各种新学报刊以自修。

1898 年，王国维放弃私塾教师的职位，前往上海到由梁启超主笔的《时务报》就职——接替因事返乡的同学许家惺在《时务报》的书记一职。当时，由梁启超主笔的《时务报》创刊于 1896 年 8 月，由维新干将康有为、黄遵宪和汪康年等利用强学会经费和社会募捐所得资金创办，是在维新运动中宣传维新思想的舆论核心阵地。《时务报》因为聚集了梁启超、黄遵宪、汪康年、章太炎、麦孟华和欧榘甲等当时一大批的维新志士和文化干将，因而成为戊戌变法中社会影响最大的报刊之一。

虽然梁启超只比王国维年长 4 岁，但其时梁启超已经是名扬全国的文化名人和维新领袖了，是当时包括王国维在内的很多青年人心中的偶像。可是，当王国维来到上海《时务报》报馆就职时，梁启超却已离开报馆前往湖南任职去了。于是，王国维便在《时务报》报馆经理汪康年和汪诒年兄弟俩的管理下，开始了半工半学的生活。

在《时务报》馆，王国维主要负责抄写、校对等工作，还兼做一些杂事。在这期间，王国维不仅师事康有为弟子、《时务报》主笔欧榘甲，还第一次见到了康有为。不久，欧榘甲离开上海，到长沙任职去了。深感杂事太多的王国维也产生了离开《时务报》馆的念头，但被父亲劝住。

然而两个月后，王国维与报馆经理汪氏兄弟产生了矛盾。原来，王国维以为既然他把许家惺的工作完全接替了下来，薪水理应与许家惺一样才对，但事实上，他只得了每月 12 元的薪水，整整少了将近一半。王国维争辩无果后，便写信把情况告诉了同学许家惺。于是，许家惺写信给汪氏兄弟居间说事。但汪氏兄弟却在给许家惺的回信中，以工作不力等将王国维数落了一番。这件事，最后以王国维的屈服忍让而告终。

备感苦闷的王国维，还是应该感谢汪氏兄弟的。因为刚到上海不久，王国维就在距离《时务报》馆很近的一家专门教习日语的东文学社报了名。由于工作的原因，王国维在东文学社虽然只能"每日学三点钟"，但这里也成为了王国维命运的转折点。

东文学社开办于 1898 年 3 月，主办人就是影响了王国维一生的罗振玉。

祖籍浙江上虞的罗振玉比王国维大 11 岁，与王国维同为秀才，且志趣相投。1896 年，罗振玉"农为邦本"这一思想的指导下，在上海创办了学农社。为了介绍国外的农业科技知识，聘请了精通日语、英语和德语的日本人藤田丰八（字剑峰）为译员。之后，在藤田剑峰的建议下，在邱宪、蒋黼、罗振玉、狄葆贤、汪康年等人的筹备下，旨在培养日语翻译人员的东文学社成立了。

为了弥补《时务报》翻译人员的匮乏，在学社投资人、《时务报》经理汪康年的同意下，王国维得以免费进入东文学社学习日语——这是以王国维之后要在《时务报》工作为前提的。因为这样的原因，王国维在薪水问题上只能隐忍。

在东文学社，王国维对日语的学习"颇觉不易"，而且还要边工作边学习，工作量很大而薪水却很低。这都使王国维感到"殊闷"。所幸的是，王国维在无意间因为自己的一首诗，得到了罗振玉的赏识，命运的轨迹也因此而发生了改变。

鉴于王国维学习时间太少的情况，罗振玉多次请藤田剑峰出面与汪氏兄弟说情以减少王国维的工作量。但是，汪康年不仅不为所动，反而加大了他的工作量，还让人传话给王国维说，因为他耽误了工作要扣他的工资。

同年 5 月，王国维连考试也没有及格。为了帮助考试不及格者完成学业，罗振玉一面容许他们继续留在东文学社学习，一面增强师资力量。为了锻炼和鼓励王国维，藤田剑峰还让他尝试日文报刊的翻译。就这样，藤田剑峰成了王国维一生译作之路的引路人。为了帮助王国维解决经济的拮据，罗振玉还让他做些学社的管理事务，以增加他的收入，使他能够安心学习。

这年 7 月，东文学社即将放假时，王国维因为腿病回到海宁老家治疗休养。不久，汪康年兄弟写信来希望他病愈后继续回去任职。

不久传来了维新变法失败，"戊戌六君子"人头落地，康梁等人逃亡的消息。对此，王国维早有心理准备："常谓此刻欲望在上者变法，万万不能，惟有百姓竭力做去，做到一分就算一分。"尽管如此，变法的失败还是让王国维悲痛万分，"颇有扼腕、槌胸、搔首问天之慨"。王国维的"饭碗"也因为变法的失败而被砸掉了——汪氏兄弟的报馆被朝廷查封了。但这时，罗振玉在两江总督刘坤一的大力支持下，将《农学报》和东文学社重新开办了起来。罗振玉聘请王国维担任东文学社庶务，月薪 30 元大洋。12 月初，王国维回到上海就职。

王国维一边在东文学社继续学习，一边在藤田剑峰的指导下，进行日文书刊的翻译工作。在这期间，王国维不仅日语水平有了很大进步，还学习了英语、物理等课程，并结识了研究西方哲学的日本学者田冈云岭。对此，王国维在《三十自序》中这样写道："余一见田冈君文集中，有引汗德（即康德）、叔本华之哲学者，心甚喜之。"田冈云岭成了王国维西方哲学的启蒙老师。

1900 年，东文学社在八国联军入侵的"庚子事变"中停办。这年秋，王国维返回上海住在罗振玉家中，商量出国留学的事情。罗振玉一边请王国维帮助办《农学报》和翻译日文，一边与藤田剑峰联系出国事宜。最后达成共识：由罗振玉提供王国维到日本留学的一切费用。

1901 年初，在藤田剑峰不辞辛苦的帮助下，刚过完春节的王国维实现了出洋留学的多年梦想。然而，进入东京物理学校一心一意学习物理学课程的王国维，尽管非常刻苦，学习效果却差强人意。4 个多月后，王国维因病回国。

此时，罗振玉正一边应湖广总督张之洞邀请主持武昌农务学堂，一边在上海创办了中国第一份教育杂志——《教育世界》。同年中秋前，王国维应罗振玉邀请，到武昌协助农务学堂的外籍教员藤田剑峰等授课。

在武昌期间，王国维一边编撰教材，翻译教育类外文书刊，一边在《教育世界》上发表关于教育改革的文章。罗振玉、张元济、沈纮、高凤谦、周维新、汪有龄、王国维等人的文章获得了很大的社会反响，并引起了上海南洋公学创办者盛宣怀的关注，盛宣怀向王国维发出了到南洋公学任教的邀请。

不久，王国维随同被聘任为南洋公学东文学堂监督的罗振玉，与藤田剑峰一同到南洋公学任职。半年后，罗振玉前往苏州筹办江苏师范学堂，王国维返回老家钻研康德、叔本华等人的哲学思想。

1902 年 10 月，王国维接到了京师大学堂和通州（今江苏南通）师范学堂两所学校的邀请，通盘考虑及与好友罗振玉商量后，1903 年 4 月，王国维到由被光绪皇帝钦点为头名状元的张謇创办的通州师范学堂就任国文教员。

在通州师范学堂，深受张謇器重的 26 岁的王国维，在教学过程中却因为年龄小，只是秀才出身等原因，并没有受到学生们的欢迎。

一学年的教学工作结束，在返回海宁途经上海浦东码头时，王国维行李箱被盗。面对一年来辛苦结余下的薪水不翼而飞，王国维大病了一场。离开通州后，王国维以侵占千佛寺地皮办学堂之举，撰文谴责了张謇。

1904 年初，应罗振玉之邀，王国维出任《教育世界》主编。半年后，王国维前往苏州江苏师范学堂任教。

1905 年岁末，罗振玉由于得罪地方士绅，遭到张謇等人的排挤，被迫离开苏州，王国维也随之回到海宁老家。春节后，王国维跟从罗振玉赴京谋职。

在北京，王国维就住在罗振玉的家中，一边等待罗振玉为他在学部谋职，一边编译稿件，发表关于教育和哲学等内容的作品。

1907 年，依然住在罗家的王国维，终于得到学部尚书兼军机大臣荣禄赏识，被任命为学部总务司行走，后转到严复手下任职。

同年夏，莫氏病亡，王国维携全家到北京，租住在一座小四合院里，从此度过了相对稳定安适的几年，著名的词学经典《人间词话》就是在这期间完成的。

但王国维安居在京的这几年，却正是满清王朝风雨飘摇，局势最为动荡是时日。

1908 年，光绪皇帝、慈禧先后死去，只有两岁多的爱新觉罗·溥仪登基。

1911 年 4 月，由孙中山和黄兴领导的黄花岗起义爆发。不久，"保路运动"爆发。在一片混乱之中，学部尚书端方被起义军杀死，由此王国维深刻感受到了清王朝的岌岌可危。

不久，武昌起义爆发，紧接着 14 个省在一个月内宣布独立，全国各地陷入了一种极其混乱的无序状态。清政府此时已经回天乏术了。

同年 11 月，王国维与罗振玉携家带口与罗振常及罗振玉的女婿刘大绅（刘鹗之子）等到日本躲避祸乱。在日本，他们得到了京都大学的藤田剑峰、铃木虎雄、狩野直喜、内藤虎次郎等人的欢迎和帮助。但王国维全家好几口人，却没有任何经济来源，为此，王国维一边不得不接受罗振玉每月资助的 100 元作为生活费，一边努力翻译著书，辛苦艰难地挨过了近五年的时光。这期间，虽然国内溥仪退位、中华民国成立、军阀混战等各种政治事件纷纭变换，但远在日本的王国维是彻底无暇顾及了，他把关注点完全转向国学研究。就这样，王国维在史学、考古等很多方面都取得了辉煌的成就，获得了极大的声誉。

1916 年 2 月，在度过了四年"一生中最为简单"的生活，一直沉浸国学中的王国维从日本起程回国。王国维应同乡好友邹安的邀请，准备到上海"哈园"工作。而且此前，为了减少在日本的生活开支，同样失去经济来源的罗振玉已经将弟弟及女婿两家人先期安排回国，王国维也不得不考虑自己的处境。

通过罗振玉的介绍,王国维在上海拜见了以满清遗老自居的沈曾植。此后,王国维在上海"哈园"主办《学术丛编》等刊物的几年间,与沈曾植交往非常密切。而主办《学术丛编》,使王国维进一步声名鹊起。

1923 年 4 月,溥仪降下了一道"谕旨":"杨钟羲、景方昶、温肃、王国维,均著在南书房行走"(在这道"谕旨"中,除了王国维之外其他三位都是进士出身)。接着,在罗振玉的催促下,1923 年 5 月,声名显赫的国学家王国维终于应末代皇帝溥仪之"诏"进京就职了,从而正式与沈曾植、升允和罗振玉等成为晚清遗老中的一员。

王国维就任此职,也是由多年的老友加亲家罗振玉(1919 年,罗振玉将三女罗孝纯嫁与王国维的长子王潜明)积极运作的结果。早在 1919 年 10月,王国维前往天津治疗脚气病时,罗振玉特意将他引见给了满清的达官显贵,多次谋求复辟的升允(升允在 1913 年潜往日本谋求外援时,曾与罗振玉一见如故)。

于 6 月 3 日,王国维穿戴从好友蒋汝藻处借来的朝服,进入紫禁城觐见溥仪。不久,王国维上"论政学疏"以示"忠君"。

在复杂的宫廷斗争中,罗振玉开始对王国维产生不满。一方面,王国维不太愿意为罗振玉效劳,一方面也不愿意和升允、罗振玉一起联名"弹劾"溥仪面前的红人郑孝胥。

1924 年 10 月,冯玉祥发动"北京政变",将溥仪等人赶出了紫禁城。溥仪在王国维等人的"护驾"下撤出紫禁城,逃往日本驻华使馆,王国维悲愤之下,约罗振玉等,欲投河自尽。此后,王国维非常关心溥仪的生活起居与读书等问题。不久,溥仪等人前往天津谋求复辟去了,王国维则结束了他的南书房行走之职,应清华学校之聘入住清华园,过了一段相对稳定的生活。但从此又蓄起了辫子,再也没有剪掉。

早从 1917 年开始,蔡元培、胡适、吴宓、曹云祥、马衡、沈兼士等就不断邀请王国维到北大或清华教书。1922 年,王国维在北大研究所任职。1924 年年底,因为北京大学考古学会发文斥责满清皇室人员盗卖国宝、毁坏古迹一事,引起王国维的强烈不满,遂写信为清室辩护,单方面宣布终止与北京大学的合作,辞去该研究所国学门导师一职,并向胡适和容庚索回准备刊用的文稿。1925 年 2 月,王国维接受清华学校的聘请,任该校国学研究所导师。清华大学国学研究所里除了有王国维外,还有梁启超、赵元任和陈寅恪等名家。

在如何招收研究生的问题上,王国维提议不论"来路",要考虑那些"国学有根柢"者。因此,清华大学国学研究所招收的第一期 29 名研究生,就包括周传儒、刘纪泽、姚名达、徐中舒与何士骥等。王国维深厚的学术涵养,深受学生崇敬,与梁启超、陈寅恪、赵元任一起被称为"清华四大教授"。

就在这一年,长子与罗孝纯所生的两个孙女先后夭折。第二年 9 月,未及 30 岁的王潜明接着又在上海病逝,接着,罗振玉愤愤地把女儿带回了娘家。在这个过程中,因为儿子过世受到沉重的打击王国维,又面对与好友罗振玉几十年生死交情的破裂,由此产生了极大的精神压力。

罗振玉的"绝交书",严重伤害了王国维的自尊,多年以后,罗振玉忏悔说:"静安以一死报知己,我负静安,静安不负我。可惜,悔之晚矣!"

1927 年 2 月,王国维前往天津张园向溥仪祝寿。为了安全,王国维建议溥仪迁出天津,因为未被采纳而"几泣下"。当天,罗振玉与王国维碰见,但两人相视而过,未作一语。不久,北大的教授李大钊等人被杀,蒋介石发动"四一二政变",中国重又陷入内忧外患交加的腥风血雨之中。清华园里人心惶惶,王国维亦惶惶不可终日。北平的《世界日报》发表一篇《戏拟党军到北京所捕之人》,将王国维列入其中。接着,传来学者王葆心等人被杀的消息。不少人劝王国维剪掉辫子,但王国维表示不愿意"自剪"。6 月 2 日上午 9 点,王国维雇黄包车来到颐和园,不久便投湖自沉。身上留下一封遗书:"五十之年,只欠一死,经此世变,义无再辱。我死后,当草草棺殓……我虽无财产分文遗汝等,然苟谨慎勤俭,亦必不至饿死也。"

王国维逝世后,罗振玉非常悲痛,6 月 4 日派其子赴京吊丧。6 月 7 日,罗振玉写了一份王国维的假"遗折""上奏"溥仪,"溥仪看过"遗折"大受感动,赐王国维谥号"忠悫公"。罗振玉还特别写了《王忠悫公哀挽录》一书,在此书序言中他对亡友评价道:"公少负才气,有不可一世之概。三十以后,阅世日深,乃益敛才就范。其为学也,专壹而不旁骛;其闻善也,不护前以自恕;其涉世也,未尝专己嫉能;其守义也,不以言语表襮,而操养至切。"

总而言之,王国维自杀不外乎有这样几个主要原因:一是与罗振玉决裂,二是经历丧子之痛,三是对时局、对社会的悲观。但归根结底,一生都在为生计发愁的王国维,一生的颠沛流离,以及他的悲观哲学,都和他所处的乱世有着莫大的关系。

5. "悲观的"人生哲学

王国维很早接触到了影响了他一生的西方哲学,而在西方哲学思想里面,对他影响最深的就是叔本华的哲学和美学思想,可以说,王国维是叔本华哲学标准的继承者,在王国维年轻时写的论文中就留有很多叔本华的痕迹,此后在他的学术生涯里,他也使用这种哲学来对中国的传统文化加以辨析,甚至最后他殉情于这种思想。

那么,叔本华到底是谁? 他的哲学和美学思想到底是什么?

出生于 1788 年,死于 1860 年的德国人叔本华(亚瑟·叔本华),可以说曾是和王国维生活于同一个世界的人。叔本华的哲学在世界上的影响很大,《作为意志和表象的世界》是其代表作,在当时就引起了世界范围的轰动,被称为"全欧洲都知道这本书"。

叔本华认为人类一切行为的动机都出于利己、恶毒、同情三者,其中利己和恶毒是非道德的推动力,只有基于同情是真正的道德行为。所以一个人的道德程度就可以从这三者在他的性格中所占的比例来看,同情所占比例越大,则一个人的道德程度越高;真正有道德的人万中无一。叔本华认为道德行为往往是出于利己的目的,其中最重要的两个原因是个人名誉和法律规范;恶毒是无处不在的,但一般程度都比较轻微,普遍表现为人与人之间的漠视和反感,人类用礼貌等来掩饰这一动机。

叔本华的哲学思想构建于两个基础概念之上:一是表象和意志是同一的,共同构成世界;意志是决定性的,任何表象都是意志的客体化;二是意志永远表现为某种无法满足又无所不在的欲求,世界的本质就是某种无法满足的欲求。所以如果不能满足欲求是某种痛苦,那么世界就无法摆脱其痛苦的本质。叔本华认为无论一个人是乐天派还是悲观派,都不能摆脱这种本质上的痛苦,乐天派只是躲避现实,在自我欺骗。

在《作为意志和表象的世界》一书中，叔本华提供了一种以禁欲主义的方式来摆脱痛苦的可能。他认为人只有在摆脱一种强烈的欲望冲动的时候才能获得其根本上的自由，只有打破意志对于行为本身的控制，才能有获得某种幸福的可能。但叔本华却又强调这种禁欲的行为本身就是一种苦行。他还把艺术看作是解除人类存在的痛苦的一个可能途径，认为艺术具有一种绝对的普遍性和超时间或空间的本质，这样一种能量，能将人类从永不休止的欲求中解脱出来。因此叔本华成了一个个涉猎广泛的美学家，他对绘画、音乐、诗歌和歌剧等都有研究。

但叔本华是一个彻头彻尾的宿命论者。他认为世界上发生的一切事情都按照其严格的必然性而发生。叔本华的这种决定论受到了爱因斯坦和薛定谔两位大物理学家的认同。

叔本华的哲学思想影响了很多著名的人物，如尼采、弗洛伊德、托尔斯泰、莫泊桑、托马斯曼、萧伯纳、狄兰·托马斯、爱因斯坦、达尔文、薛定谔、希特勒。

而王国维又为何会钟情于叔本华呢？无外乎这样几个原因：

（1）体弱多病，性情抑郁。王国维自幼身体孱弱，脚气病时常发作，平时默默不语，不高兴时就闷闷不乐，逐渐养成了抑郁的性格。王国维曾分析自己的性格："体素羸弱，性复忧郁，人生之问题，日日往复于吾前"，"余之性质，欲为哲学家则感情苦多，而知力苦寡；欲为诗人，则又苦感情寡而理性多。"

（2）家境不好，一生受累。青少年时，他家"一岁所入，略足以给衣食"，"家贫不能以资供游学"，"居恒怏怏"。22岁开始到上海谋生，半工半读，"进无师友之助，退有生事之累"。之后，又要为子女的各种花费操心，《三十自序》中说："顾此五六年间，亦非能终日治学问，其为生活故而治他人之事，日少则二三时，多或三四时，其所用以读书者，日多不逾四时，少不过二时。"他自杀前雇车，还用的是借来的5元钱，在遗书中，他对儿子说："我虽无财产分文遗汝等，然苟谨慎勤俭，亦必不至饿死也。"他的生活之窘迫可想而知。

（3）命运多舛，四处漂泊。王国维身受的苦痛，主要还是在于遭受了太多的丧亲之痛。3岁丧母，30丧父、丧妻，此前此后又多次遭遇子女死亡（其中有6个女儿夭折），多达10余位亲人先他而去，而他却为了生计四处奔波，不能在家孝敬老人，照顾子女，这对于一个敏感且感情深沉的诗人来说，怎么会不感到莫大的悲哀呢？

据分析,叔本华的忧郁、愤世嫉俗、多疑性格,就是他父亲易怒而忧郁、母亲自私而冷漠的家庭环境造成的,他的悲观主义不过是他悲剧性格的一种副产品而已。

自从接触了叔本华后,王国维就产生了强烈的共鸣,之后反复研读其著作,还写文章进行歌颂和研究。叔本华的悲观厌世学说逐渐成为了王国维的精神伴侣。此后,无论是生活还是在学术研究上,王国维都自觉或者不自觉地利用了这样的西方哲学。在学术研究上,王国维首次以悲观主义的哲学思想来分析《红楼梦》、《西厢记》、《水浒传》、《儿女英雄传》、《桃花扇》、《牡丹亭》、《长生殿》等传统文化作品,在很多领域做出了很多开拓性的贡献。

哲学大师叔本华是天才,他说:“天才所以伴随忧郁的原因,就一般来观察,那是因为智慧之灯愈明亮,愈能看透‘生存意志’的原形,那时才了解我们竟是一副可怜相,而兴起悲哀之念。”被誉为是“中国近三百年来学术的结束人,最近八十年来学术的开创者”的国学大师王国维也是天才,然而不同的是,王国维生活在一个更加不堪的社会,他最终选择了自杀。自沉前,王国维曾在扇面上题了一首唐诗:“万古离怀增物色,几生愁绪溺风光。废城沃土肥春草,野渡空船荡夕阳。倚道向人多脉脉,为情困酒易忟忟。宦途弃掷须甘分,回避红尘是所长。”

6. 王国维的治学与交游

王国维在清华

王国维性格淡泊,不喜欢与人交游,在清华除了讲书授课以外,一般不主动跟学生谈话。从来都是上完课就走,回到自己的西院住所,钻进自己的书房研究学术。但是如果有学生登门拜访或致函,不管是求教或是辩论,从来都是一律接待,不分老幼尊卑,而且是知无不言,言无不尽。甚至有当时东南大学的学生特意赴京求教,就住在王先生家里。在他看来,学术为天下之公器,不应有门户之见,所以不管是不是自己的门下弟子,他都有问必答。在他执教清华的两年中不知道有多少学子领受了他的恩泽。

在讲课之时,王国维遇到某些问题常以“这个问题我不懂”一语带过。

语言学家王力当年曾师从王国维,起初不理解为什么先生常说"我不懂",后来悟出,这正是先生治学严谨的表现。

当时的情形是这样的:王力在清华国学研究院上的第一堂课,是听王国维讲《诗经》。在王力的想象中,能写出像《人间词话》那样才气横溢、词句清丽的王国维,必定是位仪表堂堂、风度翩翩的大学者。当王国维步入教室时,王力不禁大吃一惊,原来这位国学大师竟是个小老头。他头戴瓜皮帽,帽子下面拖着一条小辫子,身穿长棉袍,腰间还系着一条蓝带子。看他这身打扮,活脱脱像清朝时的乡村私塾教师。尽管王力当时并不赞成他的政见,但还是很敬佩他。这主要是因为他学问渊博,还有他那纯真的气质,比起一些表面趋时而思想保守的人来,却显得天真可爱。王国维的这节《诗经》课,讲得很朴实,见解又很精辟新颖,为王力闻所未闻,他深感受益。但是,当碰到某些问题时,王国维却常以"这个我不懂"一句就带了过去,有时一节课下来,竟说了几个"我不懂"。起初王力感到不满足,他想,老师是传道解惑的,怎么常说"我不懂"呢?后来才慢慢体会到,其实,王国维先生说的"不懂"并非真的不懂,课后有学生问及他说"不懂"的地方,他都能说出自己的见解。他之所以在课堂说"不懂",一是出于立言的谨慎,他认为他的见解尚未十分成熟,不宜做结论;二是出于培养学生独立思考的能力和实事求是的治学态度,鼓励学生去探索和研究尚未定论的问题。王力对王国维这种严肃、认真、谦逊、务实的治学态度十分敬佩。

王国维给人的感觉是满清遗老的形象,但他虽然穿着马褂、留着辫子,但思想和方法却是最新的,并提出了"学术无新旧之分,无中外之分,无有用无用之分"的治学宣言。

不跟王先生同桌

王国维与人交往,除了谈学问或正事,很少闲聊,更不会对人讲应酬话。如果有人请他看一件古铜器,他看了是假的,就会说"靠不住的",不附和,也不驳难。

王国维的外表也总是严肃冷峻的。赵元任的太太杨步伟对他颇有些害怕。杨步伟是个直爽的大嗓门,但见了王国维却总是噤若寒蝉。王国维五十寿诞时,清华大学的同事办了三桌酒席祝寿,赵太太硬是避让着不和王国维同桌:"不!不!我不跟王先生一桌。"果然,王国维那一席一直都是默默不语,而赵太太那桌却笑语不绝。

王国维怒斥沈曾植

王国维很少赞誉什么人,惟独对住在上海的沈曾植,"推许其学识既博且高"。王国维的名篇《沈乙庵先生七十寿序》,把沈曾植捧到了天上。

1915年4月中旬,由于罗振玉的关系,39岁的王国维与65岁的沈曾植在上海相识。据悉,沈曾植曾经对王讲:"天下书痴,唯我辈耳。"两个书痴遇到一处,自然非常快活。王国维不仅从沈曾植那里读到一些罕见的古籍珍本,为沈氏编辑诗稿,而且通过聊天,受到诸多启发,直接促成了一些学术论著的写作。

但是,王国维与沈曾植之间同样伴随着诸多龃龉和别扭。

事情发生于1918年12月初。据王国维说,当时沈曾植将一些贵州汉刻资料交他审阅,以便拿去翻印。王读后发现,全是赝品,便交给喜欢翻印这些东西的好朋友邹安(景叔,号道庐)看。邹了解到是假货,即退给王国维,表示不愿意翻印。王国维于是又把这些东西交还给沈。但是,怎么对沈曾植交待呢?王国维感到为难:说假话,显然不可;直言其伪,对方又可能不高兴。于是,他采取了一个折中手段,委婉地对沈说:"有人说这些东西是赝品,我从文章上看,也觉得有未妥处。"沈曾植一听,果真就不高兴了,沉默着,一句话没有说。又过一会儿,两人聊到两位日本汉学家,沈便话中带刺地影射说:"日本人尚知敬重老辈,今中国北京已非昔比,上海人则更骄,如汉刻一事,彼辈竟断定为伪。余因知上海评价书画皆由掮客把持,学术亦由一种人把持内,学术上之物非由彼辈出者,皆斥为伪也。"这显然是对王国维不满了。王国维不好说什么,"仅敷衍,少时而去"。

事后,王国维心里很不痛快地对罗振玉说:今后,沈氏那里"虽不能不往,将视为畏途矣"。王国维对罗振玉又谈起之前的三件事,以排泄自己的郁闷和委屈。

第一件:"当《浙江通志》初修之时,先生柳下惠则可,我则不可,一言之,大触其忌"。1914年,浙江省修《浙江通志》,聘沈曾植为总纂。其后,沈曾植聘朱祖谋、张尔田、王国维等为分纂。王国维的意思大概是说,沈曾植委屈了他,给他的职位太低,却又不许他表示不满。

第二件:"维之就哈园而不能兼办《通志》,亦其一因。"王国维在哈园是本职,修《浙江通志》乃属兼差。他觉得,沈曾植对自己不能专心修志也有所不满。

第三件:"即维今岁辞大学之招,恐亦为所深悉。"在哈园期间,北京大学校长蔡元培曾委托马衡邀请王国维去北大任教,沈认为,应该接受北大之聘。但是,王国维最终却没有应聘。

从上面所牵连出的三件事,可以看出王国维是多么敏感。而且,他还预支了一件对沈曾植的不满,说他给徐乃昌(积余,号随安)的《随庵吉金图》写了一篇序,"此书出后,此老又必生妒"。

据悉,1918 年 12 月,王国维改定《唐韵别考》、《音学余说》二书,合在一起,署名《声韵续考》,请沈曾植作序。可是,序未成而原稿却被沈氏遗落。王国维不满,12 月 21 日在致罗振玉的信中提到了这件事。

王国维甚至说出了"非精神异常,又何至于此!"可见,王国维的愤懑已经到了极点。在其心目中,沈曾植已经和"神经病"差不多了。

王、沈之间的关系,并未因闹别扭而破裂。在两人闹别扭之后三个多月,也就是 1919 年 3 月,沈曾植七十寿诞,王国维撰写了著名的《沈乙庵先生七十寿序》,说沈某"趣博而旨约,识高而议平,其忧世之深,有过于龚魏(龚自珍、魏源),而择术之慎,不后于戴钱(戴震、钱大昕),学者得其片言,具其一体,犹足以名一家,立一说,其所以继承前哲者以此,其所以开创来学者亦以此,使后之学术变而不失其正鹄者,其必由先生之道矣!"1922 年 11 月,沈曾植在上海病逝,王国维撰《挽沈乙老联》写道:"是大诗人,是大学人,是更大哲人,四照炯心光,岂谓微言绝今日;为家孝子,为国纯臣,为世界先觉,一哀感知己,要为天下哭先生。"

需要补允的是,1917 年 7 月,沈曾植曾参与张勋复辟活动,并亲赴北平,担任所谓的"学部尚书" 沈的这类政治活动,是背着王国维进行的。当时,王国维到沈家串门,沈已北上,沈家人却托称沈某到苏州去了。问何时返回上海,沈家只答还须耽搁一段时间;问与何人同去,则云朱某。可见,在政治上,沈曾植并不信任王国维。

苏曼殊：

一切有情，都无挂碍

他，一个俊雅潇洒、满腹才情的年轻男子，时而披着袈裟，时而西装革履，怀着一半佛心，一半情心，游走于庙堂梵音与滚滚红尘之间，却来去自由，洒脱不羁，宛若一阵穿堂而过的风。然而，他始终孑然一身。清净庙堂之上，他聆听着梵音暮鼓，伴着青灯古佛，翻阅着经书旧卷，与众僧讲经说禅；游走红尘之中，他煮酒烹茶，诗画相伴，出入秦楼楚馆，与歌伎伶人相交，道不尽的潇洒多情；在理想的道路上，他与知己奔赴革命，忧国忧民，壮志凌云……他的人，他的诗文，他的画作，他的思想，他的智慧，无不让人"惊艳"，过目难忘！

1. 不幸的身世

童年、少年的苏曼殊，是在泪水里泡大的孩子，他过早地品尝到了生离死别的痛苦与人情冷暖世态炎凉，就如苏曼殊后来说，"每一念及，伤心无极矣"。

1884 年（光绪十年农历八月二十一），苏曼殊（原名戬，字子谷，后改名玄瑛，曼殊是他的法号）生于日本横滨，父亲是广东茶商苏杰生，母亲是苏杰生第四房妻河合仙氏的妹妹若子（日本人）。

作为年逾 40 的苏杰生的第一个儿子,苏曼殊的出生自然受到了父亲的疼爱。不过无法改变的是,他却只能作为一个私生子,活在这个世界上。为了把儿子留在身边,苏杰生决定以养父的身份把他抚养大,这让苏曼殊和他的亲生母亲在一起只待了 3 个月,而且在很多年之后才知道自己真正的母亲是谁。

苏曼殊

离开了亲生母亲后,苏曼殊六岁时,和养母一起被父亲送回了国内生活。苏家是广东巨族,门第观念很强,对于苏曼殊这个由日本人所生的孩子,族中人在心理上一直很排斥,对他总是看不惯,所以,苏曼殊直到 5 岁时,才被承认是苏家的人,得以进入苏家的宗祀,此后被人称为三郎。

苏曼殊,自幼体弱多病,如果没有河合仙氏的悉心抚养,早就丢了性命。因此,他在这个养母的呵护和怜爱下,度过了几年生命里最美好的日子。但苏杰生原来的老婆因为自己没有生育儿子,老是把河合仙氏和曼殊看作眼中钉肉中刺。终于,河合仙氏因为实在受不了她的欺负,孤身返回了日本。俗话说,福无双至祸不单行,同年,苏杰生因为生意亏本而垂头丧气地回到广东,家道从此开始中落。对于幼小的苏曼殊来说,他却从此失去了母爱,在自己的家里过着寄人篱下的生活,要每日遭受别人的冷落和欺负。进入珠海简氏宗祠书塾读书后,因为老师苏若泉的欣赏和关爱,他才找到了一丝生命的乐趣。

苏曼殊 12 岁时,苏杰生到上海经商去了,苏曼殊被留在家里读书。苏杰生的几任妻妾,依次是黄氏、大陈氏、小陈氏、河合氏,其中以大陈氏最忌恨苏曼殊,因此在苏杰生外出期间,养母河合仙氏从日本给养子寄来的钱便全被陈氏吞没。不久,苏曼殊大病了一场,病中苏曼殊被家人扔在柴房里无人过问,不给他请医生,甚至不让人送饭,差一点冻饿而死,虽然苏曼殊奇迹般地好了,但从此落下了肠胃病。

此事让小小年纪的苏曼殊开始看破红尘,病好后不久,他便跑到寺庙里剃度出家。但不久,他因为偷吃了一只鸽子而被逐出了戒律甚严的庙门。

结束了安静的寺庙生活,苏曼殊只能返回乡里继续读书,同时继续忍受家中的冷遇,过着身心备受煎熬、噩梦般的日子。关于这段岁月,他后来用"难言之恫(痛)"四个字来形容,这也让他对父亲抛妻弃子的行为,产生了无限的怨恨。

数年后,也就是 1898 年春,苏曼殊跟着在横滨经商的表兄林紫垣赴日(此前,苏曼殊曾跟表叔林北泉学习过一段时间经商,到大同学校学习期间,苏曼殊吃住都在林紫垣家里),到一所由华侨创办的大同学校学习中文。在大同学校,与苏曼殊同学的还有冯懋龙(即冯自由)、郑贯一、张文渭等,以及和关系甚好他的一位叫苏维翰的族兄与他的姐夫杨耀垣。

一到日本,苏曼殊便千寻万觅,找到了他的养母河合仙氏——此时还不知道他的真实生母是谁。在河合仙氏的身边,苏曼殊找到了母爱,找到了家的感觉,那段时间,他一改以往的忧郁,脸经常笑得像日本的樱花一样,而被同学们戏称为"樱花开"。

1901 年,在林紫垣的帮助下,苏曼殊进入东京早稻田大学学习。但每月十元的资助,仅够缴纳房租,为了节约开支,苏曼殊租住在最低廉的屋子,吃着掺有石灰的白饭充饥。尽管生活非常艰苦,但曼殊却没有把这样的生活看作痛苦。为了省油费晚上灯都不点,别人问他为什么不点灯学习,他便说白天他的课本已经熟读成诵了。

1903 年,苏曼殊被侨商保送到一所陆军学校学习,与同学刘三等相识。

同年 3、4 月间,俄国侵略我东三省,中国留日学生叶澜、秦毓鎏等发起组织留学生"拒俄义勇队"以及"军国民教育会"等留学青年会,苏曼殊均积极参加,但表兄林紫垣却极力反对,几次劝告不听后,他中断了对表弟的资助,以迫使他辍学回家。

9 月,苏曼殊在万般无奈之下启程回国。回国前,苏曼殊写下一份伪遗书寄表兄林紫垣,表明与家庭断交的决心,并且表示自己的反清志向不变,此外,他还请好友冯自由给香港的《中国日报》的社长陈少白(与孙中山、尤列和杨鹤龄被清政府称为"四大寇")写了一封介绍信,因此,苏曼殊辗转到了香港后,便在《中国日报》报社工作。

不久,苏杰生到香港来找苏曼殊,想要他回家结婚以完成婚约,但苏曼殊对他避而不见。对此,陈少白认为做得不妥,力劝苏曼殊听从父命,回家完婚。这让苏曼殊甚为愤怒,于是不告而别。不久,在惠州一破寺里第三次落发为僧,取法名博经,后因为佛门太清苦,转而入世过起半僧半俗的生活。也难怪南怀瑾说他:"行迹放浪于形骸之外,意志沉湎于情欲之间的苏曼殊,实际并非真正的出家人……世人就误以为僧,群举与太虚、弘一等法师相提并论,实为民国以来僧史上的畸人。"

1904 年 3 月,苏杰生病重将死之际,托同乡带信给苏曼殊,希望临终前与他见上一面,遭到苏曼殊的拒绝。苏杰生去世后,苏曼殊同样拒绝回家奔丧。

2."诗僧"、"画僧"、"革命僧"

苏曼殊极具天才。初到大同学校时,对于国学、文学,他还没有显示出特别的天赋,但他的作画才能,却早就显露了出来:"四岁,伏地绘狮子频伸,状栩栩欲活。"到了日本后,更是以绘画见长,被赞为"无师自通,偶尔作小品馈其学友,下笔挺秀,见者都赞赏喜欢……老练精工,令人惊叹不已,不是天才万万做不出这样的画"。

苏曼殊在日本加入兴中会等一些爱国青年会后,与来自国内的陈独秀、冯自由、叶澜、张继、秦毓鎏、董鸿帏、周宏业、廖仲恺、何杳凝、蒋百里、章太炎等众多豪俊交游逐渐增多,于是诗及古文辞的造诣在诗词互答的过程中不断提升,才情

苏曼殊画作

一日千里,后来遁入佛门研习佛典后,思想更加成熟,不久便以诗文闻名天下。

在这个过程中,苏曼殊尽管得到过别人的帮助,如西班牙人庄湘博士,

就曾教导和资助过他的学习。但尽管如此，他的天资聪慧却是使他锋芒毕露的关键因素。

苏曼殊幼时汉文水平不好，以至于苏曼殊 20 岁时，写字还时

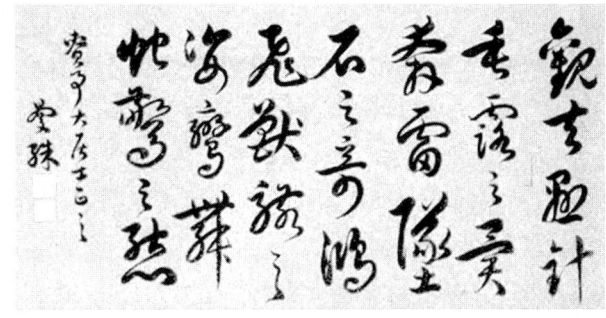

苏曼殊书法

常缺笔少划，对于音韵、平仄更是一窍不通，但苏曼殊在陈独秀、章士钊等人的帮助下，没过两年，他的文章诗词便"出语殊妙"、浑然天成了。柳亚子曾说："曼殊的文学才能，不是死读书读出来的，全靠他的天才。"

苏曼殊还会多国语言，其中，他只用了一年多的时间，就学会了繁衍变化、奥义艰深，别人要学几十年才能弄懂的梵文，还在陈独秀的支持下，编译出了一部《梵文典》。对此，章太炎说："《梵文典》的内典之有翻译名义，犹儒书之《说文》。"而苏曼殊的《梵文典》手稿，陈独秀珍藏终身。

郑桐荪在《致柳无忌函》中说：苏曼殊的画亦丰神绝世，惜不多。彼亦不肯画，视徵画为一苦事。我们同离安庆那一天，易白沙强魃其作画，彼曾画了小幅四五张，落笔极迅速，数十分钟即毕一幅。

按常理，一个能够放弃红尘出家的人，应该是个性格平和，与世无争的，但深具一个文人的才情的苏曼殊却没有像有些文人那样，走上闲适清谈的文艺道路，而是以他独有的游侠般的性情和胆气，以救国为志，充分利用他的多才多艺，坚定地表达和宣传他的关于正义、关于爱国等思想，甚至于几次冲动得要亲自上阵动刀动枪。

1902 年，苏曼殊进入早稻田大学中国留学生部。中国留日学生关心国家危亡，创办刊物，编译出版书籍，意气风发，激扬文字，以唤起民众、报国雪耻为己任。早稻田大学更是反清革命志士云集之地，苏曼殊在这里结识了冯自由，听过陈独秀的演讲。经冯自由介绍，他加入了陈独秀、蒋百里等酝酿成立的爱国组织青年会。该会"以民族主义为宗旨，以破坏主义为目的"。

1903 年，为了革命的需要，苏曼殊从早稻田大学转学至一所军校学习陆军，准备做一个上阵杀敌的军人。同年，苏曼殊报名参加"据俄义勇队"等社

团,经常与廖仲恺等秘密集会。

1903 年 9 月,苏曼殊告别继续留在日本的好友苏维翰、张文渭等人回国,临行前,他作诗赠别老师汤觉顿:"蹈海鲁连不帝秦,茫茫烟水着浮身。国民孤愤英雄泪,洒上鲛绡赠故人。海天龙战血玄黄,披发长歌览大荒。易水萧萧人去也,一天明月白如霜。"表达了以荆轲为榜样的豪情壮志。

回国后,苏曼殊也多与爱国人士来往。

苏曼殊在苏州吴中公学任教期间,同事中交好者有包天笑、祝心渊;不久,为声援章太炎、邹容,又转到上海任《国民日日报》翻译,与陈独秀(仲甫)、章行严(士钊)、何靡旋(梅士)等共事,有多篇文章在《国民日日报》上发表。《国民日日报》被查封后,苏曼殊与陈独秀、章行严、何靡旋租屋同住。一日,苏曼殊趁陈章二人外出,私取章行严三十元,并留下字条后,辗转经湖南到了香港,不久后出家。

苏曼殊虽是中日混血,却非常仇视日本人,在日本留学的几年,始终连日语也不肯说,因为不想说日语,生病了也不去医院医治,尽管他日语非常好。鲁迅在给增田涉的信中曾说:"曼殊和尚的日语非常好,我以为简直像日本人一样。"

清末国运衰弱,洋人用"支那"一词来作为对中华的蔑称,苏曼殊对此大为气恼。一个偶然的机会,熟谙印度古籍的苏曼殊从史诗《摩诃婆罗多》中发现,古时印度语中的"支那"一词,源于古印度人对商朝华夏人民"智巧"的称赞。这个发现让苏曼殊欣慰不已,四处写信告诉他的朋友,包括外国朋友,要让大家都知道"支那"原来是代表了汉人的优越。

1915 年,苏曼殊在东京遭遇"黑虱白虱"事件,一个日本人从头发中摸出一只虱子,指责是从苏曼殊身上跳过去的,在当时的日本人眼中,中国人都是落后和肮脏的。对敏感的苏曼殊而言,这种羞辱更增添了苏曼殊作为弱国之民的痛心和感伤,也强化了中日混血的苏曼殊对东瀛日本的敌意。

1900 年,八国联军的铁蹄踏入中国,辛丑条约,庚子赔款,使早已疲惫不堪的中华民族更加苦不堪言,大同学校远在东洋,却高度关注着国内局势,师生每日下课,必呼 16 字口号始散:"国耻未雪,民生多艰,每饭不忘,勖哉小子!"在这种环境熏染下,苏曼殊的爱国忧民之情亦愈益浓厚。

面对国家危难,山河破碎,苏曼殊说:"假如需要且必要,我便是当今之荆柯。"

辛亥革命爆发时，苏曼殊在爪哇闻讯极为兴奋，急欲回国，他写给柳亚子、马君武的信说："迩者振大汉之天声，想两公都在剑影光中抵掌而谈；不慧远适异国，惟有神驰左右耳。"

辛亥革命前，苏曼殊就非常痛恨丧权辱国的晚清，有强烈的反清情绪。苏曼殊曾画《扑满图》等，暗藏扑灭满清之意。在他的《惨世界》中，他痛斥"皇帝是抢夺别人国家的独夫民贼"，深为鲁迅称赞和赏识。其后，鲁迅邀他筹办《新生》杂志，但计划夭折。1907年，章太炎等人办的《民报》遇上经费困难，苏曼殊主动提出卖画以为之解困。辛亥革命爆发时，在爪哇的苏曼殊闻讯兴奋地写信给柳亚子、马君武，表达急欲回国参加革命的迫切心情。辛亥革命后，袁世凯暗杀宋教仁，窃取了革命胜利的果实，苏曼殊积极参加反袁斗争。1913年，他以个人名义发表了词锋凌厉，好似檄文的《释曼殊代十方法侣宣言》："独夫袁氏作孽作恶，迄今一年……今直告尔：甘为元凶，不恤兵连祸极，涂炭生灵；即衲等虽以言善习静为怀，亦将起而褫尔之魂！尔谛听之！"因为这篇宣言，苏曼殊被赞为"革命和尚"。

"二次革命"失败后，孙中山、黄兴等人被迫逃亡国外，苏曼殊也于1913年底东渡日本，住在居正家中，经常与孙中山、廖仲恺、杨庶堪、邵元冲、萧萱、田桐、邓家彦、戴传贤等革命党人来往。

一天，苏曼殊听说同盟会的同志都领到了津贴，于是，不是盟员的他也去找廖仲恺领津贴。廖仲恺请示孙中山，孙中山认为他是同志，同意发放。

第二年，由国民党主办的《民国》杂志创刊于东京，继续宣传反袁斗争，苏曼殊多次在上面发表文章。此后，又在陈独秀主编的《新青年》上发表作品。

苏曼殊爱憎分明，不屑与思想落后者为伍。他赞同暗杀，主张无政府主义，认为土地、财产应归穷苦的民众所有。

在香港时，对于骗取华侨捐款，躲在香港大肆挥霍享乐的康有为，苏曼殊向陈少白提出借一支手枪，要去刺杀康有为，说："康有为欺世盗名，假公济私，聚敛钱财，污辱同志，凡有血气，当歼除之！"但陈少白深思后，未将手枪借给他。

1909年，老友刘师培变节投靠满清，革命党人疑苏曼殊囿于感情可能与之合污，曼殊立即离开杭州去了上海，以划清界限，表示清白。对此，老友刘三调侃曰"干卿缘底事"。

他的老友章太炎曾对袁世凯一度抱有幻想，在辛亥革命后退出同盟会，另组共和党，苏曼殊对他不满，主动与之保持了距离。

苏曼殊就是如此一位集才、情、胆识于一身的诗僧、画僧和革命僧。对于苏曼殊，南怀瑾先生说得很对："曼殊亦性情中人也"。鲁迅也曾提到他："我的朋友中有一个古怪的人，一有了钱就喝酒用光，没有了钱就到寺里老老实实过活。""黄金白银，随手化尽，道是有钱去喝酒风光，没钱去庙里挂单。"而据苏曼殊自述，他"唯好啸傲山林"，曾"歌拜仑《哀希腊》之篇。歌已哭，哭复歌，抗音与湖水相应"。以浪漫的诗人气质著称的郁达夫，更是对他百般推崇，与他情投意合惺惺相惜："他的浪漫气质，由这一种浪漫气质而来的行动风度，比他的一切都要好。"

3. 以情求道，痴僧原来一情种

不少人都喜欢将李叔同与苏曼殊相比，认为他们都一样非常有才气，把他们合在一起称为"南社二僧"，然而，他们还是有很多不同的地方，比如身世、经历、性情，甚至于佛法也是有很大的区别。或许有说苏曼殊"懂得佛教最高深的意义"，但他在佛法德行的修养方面却漠视戒律，常常做出有悖于戒律的行为，"自始至终都不是个名副其实的和尚"。比较起来，大家常常把弘一法师称为艺僧，把苏曼殊称为情僧。

十五六岁的时候，苏曼殊情窦初开，爱上了 位姑娘。

那年，他在日本养母的家里，遇到了和他同龄的，与他彼此一见钟情的初恋情人——菊子（有说静子、杏子，可能是音译）。

这份爱情，对于从童年就饱受人情冷暖，忧郁而少有欢乐的苏曼殊来说，是何等的珍贵！所以，菊子一下子便占满了他的心灵，填满了他的整个世界，把他的忧郁一扫而光，让他感受到了一种从未体验过的喜悦和欢乐。

然而，他们的恋情很快就遭到了来自家族里人的强烈反对。有人认为他和一个日本女人好上，败坏了苏家的名声，并找到菊子父母，告发了他们的私情。

盛怒之下，菊子父母当众痛打了女儿，结果羞愤交加的菊子在当天夜里，便投海而死。如此的人间悲剧，令苏曼殊痛彻心扉，万念俱灰之下，回到广州后第二次选择了出家。后来，苏曼殊以他的初恋为原型，创作了他的成名作《断鸿零雁记》。

第二次出家后不久，苏曼殊到了上海，与恩师庄湘的女儿雪鸿相爱。然而，当庄湘主动问他是否愿意做他的女婿时，他却以出家为由，结束了与雪鸿的交往，把这段感情埋葬在了内心里。

陈独秀说，苏曼殊"是一个绝顶聪明的天才"，但这个天才却与疯子只有一线之隔。他是和尚，却抽雪茄，嚼牛肉，吃摩尔登糖，身边还围着很多漂亮女人。因为苏曼殊经常出入妓院，这也是最为人所诟病的。有人曾这样描写他的生活状态："每在沪上，与名士选色征歌无虚夕"，只要有妓女倾诉身世之苦，"即就囊中所有予之，虽千金不吝"。他光花在"青楼楚馆"的开支多达 1877 元，而当时一个女仆的月工资只有一块钱。有一次，在东京马路上，苏曼殊发现一名艺妓正在上电车，他情不自禁，拔腿就追，刚跑到电车站，电车就开动了。因为跑得太急，在站台附近跌了一跤，门牙被跌掉两颗。事后，众人说他是"无齿之徒"。陈陶遗曾在青楼批评苏曼殊："你是和尚，和尚本应戒欲，你怎么能够这样动凡心？"陈陶遗不知，苏曼殊在妓院经常孤坐，很少跟妓女说话，他还有一个非常奇怪的洁癖——不许妓女碰他的衣服，他是入青楼而守身如玉。

陈独秀说，自己所有的朋友中，"像曼殊这样清白的人，真是不可多得了"。别人在禅堂开悟，他却在妓院开悟，因为他从小缺失母爱，需要在这里得到补偿。而他所有的疯癫憨傻，在陈独秀眼里却是对于人情世故看得过于透彻而不肯信仰，他的暴饮暴食，也被看作是"以求速死"。

1905 年，苏曼殊在南京与歌伎金凤交往甚密，但是，曼殊同青楼女子的交往始终只局限于精神层面，金凤只得绝望地离曼殊而去。

1908 年的一天，苏曼殊在东京被一曲悠扬悲戚的古筝触动，从而结识并爱上了这位弹筝人——百助枫子。

刘三等好友得知苏曼殊与百助枫子相爱后，曾予以劝阻。苏曼殊回复："不爱英雄爱美人。"苏曼殊为百助枫子写下了大量诗篇，但他们最后还是分道扬镳。苏曼殊伤感地在诗中写道:"还卿一钵无情泪,恨不相逢未剃时。""九年面壁成空相,持锡归来悔晤卿。我本负人今已矣,任他人作乐中筝。"1909年,与百助枫子分手后,苏曼殊从日本启程回国,同船的好友陈独秀和邓以蛰等人有意逗弄他,惹得苏曼殊在情急中捧出女子的发饰给他们看,而后全部抛进海中,失声痛哭。

后来在日本,养母河合仙氏曾极力撮合他与表姐静子成婚。但苏曼殊以已遁入空门为由,婉言谢绝了这门婚事。曼殊留给静子的诀别信值得一读:

静姊妆次:

呜呼,吾与吾姊终古永诀矣!余实三戒俱足之僧,永不容与女子共住者也。吾姊盛情殷渥,高义干云,吾非木石,云胡不感?然余固是水曜离胎,遭世有难言之恫,又胡忍以飘摇危苦之躯,扰吾姊此生哀乐耶?今兹手持寒锡,作远头陀矣。尘尘刹刹,会面无因;伏维吾姊,贷我残生,夫复何云?倏忽离家,未克另禀阿姨、阿母,幸吾姊慈悲哀愍,代白此心;并婉劝二老切勿悲念顽儿身世,以时强饭加衣,即所以怜儿也。

幼弟三郎含泪顶礼

与苏曼殊往来较多的女人还有素贞、桐花馆、花雪南等妓女,而在这些女子中,对苏曼殊影响较多的是花雪南。据载花雪南为人持重,生性柔曼婉慧,曾得到过女侠秋谨的赏识与指导。苏曼殊也很欣赏和喜爱花雪南。苏曼殊曾对花雪南说:"爱情者,灵魂之空气也。""性欲,爱情之极也。吾等互爱而不及乱,庶能永守此情,虽远隔关山,其情不渝。乱则热情锐减,即使晤对一室,亦难保无终凶也。我不欲图肉体之快乐,而伤精神之爱也。故如是,愿卿与我共守之。"所以,尽管苏曼殊经常出入青楼、依红偎翠、大喝花酒,但他却守身如玉,始终未破佛门戒淫之规。对此,柳亚子说:"释衲以来,绝口婚宦事,晚居上海。好逐狭邪游。妊女盈前,弗一破其禅定也。"

但除了五戒之中的淫戒外,其他四条佛教最根本的戒律——不杀生、不偷盗、不妄言、不饮酒,苏曼殊全部反复破戒。

生活的毫无节制,使他最终死在了35岁的盛年。1918年2月,苏曼殊在病中还违背医嘱胡乱吃喝,导致病情加重,即便如此,心里还依然在"殷殷询花间消息",想去青楼吃花酒,"予之不忘旧友,亦犹诸友之不忘予"。

在上海，苏曼殊曾与蒋介石同住在一幢楼里，据说是由他的学生陈果夫引见而结识。苏曼殊贫病交加之际，蒋介石让其夫人陈洁如予以照顾。

1918年5月2日，苏曼殊留下一句"但念东岛老母，一切有情，都无挂碍"，离开了人世。死后，人们在他的遗物中只只发现了一些胭脂香囊，其余一无所有，汪精卫等料理了他的后事。6年后，孙中山出资，由其好友陈去病等将苏曼殊移葬于杭州西湖孤山。

4. 佛理、人情与癖好

世人多认为苏曼殊是酒肉和尚，甚至有人怀疑曼殊出家的真实性。实则曼殊刻苦学习梵文，对于佛学有较深的研究。他曾想效法唐玄奘亲自到印度去取经，写了一部《法显佛国记惠生使西域地名今释及旅程图》。他的佛学思想，主要阐述于《答玛德利庄湘处士书》、《儆告十方佛弟子启》及《告宰官白衣启》等文中。与章太炎合著两篇著名的文告《告宰官白衣启》和《敬告十方佛弟子启》，竭力宣讲佛教的"风教"作用。

苏曼殊认为佛教衰微的原因不在外界，而在佛教内部。有的寺庙建在城市之中，或靠近城市，僧侣难免感染市侩俗气，"不事奢摩静虑，而惟终日安居；不闻说法讲经，而务为人礼忏。"他认为振兴佛教之道，在于弘扬正法，纠正歪风。

苏曼殊主张宣扬佛学真理，反对以诵经念佛而谋利。他对于藉道场以糊口之俗僧，痛斥不遗余力。他说："检诸内典，昔佛在世，为法施生，以法教化，一切有情，人间天上，莫不以五时八教，次第调停而成熟之；诸弟子亦各分化十方，恢弘其道。迨佛灭度后，阿难等结集三藏，流通法宝。""应赴之说，古未之闻。"他还说，和尚"自既未度，焉能度人？譬如落井救人，二俱陷溺"。

苏曼殊反对佛教徒趋炎附势，攀援显贵，跪拜皇帝、俗官。他批判护法需赖王者之说："诡云护法须赖人王，相彼染心，实为利己，既无益于正教，而适为人鄙夷。"

苏曼殊主张寺院住持实行民主选举，反对衣钵相传。他说："然自六祖灭后,已无传付衣食住行钵之事。若计内证,则得法者或如竹需要竿蔗,岂必局在一人?若计俗情,则衣钵所留,争端即起,悬丝戒著在禅书。然则法藏所归,宜令学徒公选。必若闻修有缺,未妨兼请他僧(惟不可令宰官居士与闻选事,以所选必深于世法者故),何取密示传承,致生诤讼,营求嗣法,不护讥嫌?若尔者,与俗士应举求官何异?而得称为上人哉!"

苏曼殊主张设立佛教学堂,宣扬佛理,培育人才。他说:"且法之兴废,视乎人材,枉法求存,虽存犹灭。"他对杨仁山在南京创办祇洹精舍佛教学堂推崇称颂备至。

苏曼殊认为:"佛门戒范虽有多途,今者对治之方,宜断三事:一者礼忏;二者付法;三者趋炎。第一断者,无贩法名;第二断者,无诤讼名;第三断者,无猥鄙名。能行斯义,庶我薄伽梵教,无泯将来。"

苏曼殊曾倡导佛教改革,文公直说曼殊若"天假以年,俾得行其志,而实现其主张,则曼殊必能成佛教中之马丁·路德"。

苏曼殊在沪期间,交结革命志士,撰写著述,担任教职。余时,同芳居茶馆是他最常去的地方。他善于作诗,有诗僧之誉,尤工绘画。由于平生爱饮食,尤爱甜食,每有润笔收入,就到同芳居茶馆消遣。同芳居茶馆有进口的外国糖果,一种名叫"摩尔登"的糖,据说是茶花女所嗜食,苏曼殊因景慕茶花女,也就特别爱吃这种糖,因为吃糖无度超出常人想像,故被时人戏称为"糖僧"。

苏曼殊自称"日食酥糖三十包"。据说,苏曼殊离开爪哇时,囊中尚有百金,可他居然全用来买了糖果,而不待海轮抵岸,这百元糖果竟已被他吃完。

苏曼殊在自日本寄给在美国纽约哥伦比亚大学的朋友邓孟硕的信中,内容多半是吃。如:"唯牛肉、牛乳劝君不宜多食。不观近日少年之人,多喜牛肉、牛乳,故其性情类牛,不可不慎也。如君谓不食肉、牛乳,则面包不肯下咽,可赴中土人所开之杂货店购顶上腐乳,红色者购十元,白色者购十元,涂面包之上,徐徐嚼之,必得佳品。"有趣的是,苏曼殊认为"吃什么像什么",吃牛肉牛乳,性情会类"牛"。

有一次,曼殊去易白沙处做客,宾主相谈甚欢,到了吃饭的时候,易白沙用中餐款待他。曼殊真是肚量惊人,总共吃下炒面一碗,虾脍二盘,春卷十枚,还有许多糖果。易白沙以为曼殊手头拮据,多日挨饿,才会这样狼吞虎咽,便邀他明天再过来坐坐。曼殊连连摇头说:"不行,吃多了!明日须病,后日亦病。三日后当再来打扰。"

苏曼殊非常喜爱吃糖炒栗子。在上海,有次栗子上市,陈去病去买了一包,但吃后苏曼殊感到不过瘾,自己去买了几包,回来全部消灭,结果"肚子胀得似要裂开",整晚无法入睡。据他的朋友周南陔说:苏曼殊病危时,曾两次住上海宝昌路某医院,钱用了不少,可病老是治不好,于是苏曼殊就请周南陔代他向医院方面交涉,那个医院的院长也不多说,就拿出糖炒栗子,说是从苏曼殊枕头边搜出来的,并且说他老是吃这些禁忌的食品,病哪个好得起来嘛!周南陔无话可说。后来转到上海广慈医院,医生仍然严禁他吃糖炒栗子,可他如听耳旁风,照吃不误。死后,还从他的枕头下搜出很多糖炒栗子。

有一次,苏曼殊在东京费公直家替人写条幅,吃午饭时,他说想吃鲍鱼,费公直便命人买回一盘。吃完后,他觉得意犹未尽,自己又跑去买,连吃三大盘才罢休。当夜,他腹痛不止,暴泄整晚,气息奄奄地休息了好几天。

苏曼殊还爱吃八宝饭。为此,江南名士刘季平(人称"江南刘三")的夫人陆灵素曾多次精心煮制八宝饭,然后邀请苏曼殊来吃。苏曼殊去世后,沈尹默赋诗《刘三来言子谷死矣》以志怀念,其中还提到了八宝饭:"君言子谷死,我闻情恻恻。满座谈笑人,一时皆太息。平生殊可怜,痴黠人莫识。既不游方外,亦不拘绳墨。任性以行游,关心唯食色。大嚼酒案旁,呆坐歌筵侧。寻常觉无用,当此见风力。十年春申楼,一饱犹能忆。于今八宝饭,和尚吃不得!"

章太炎《曼殊遗画弁言》记载苏曼殊在日本"一日饮冰五六斤,比晚不能动,人以为死,视之犹有气,明日复饮冰如故"。

苏曼殊喜欢吃江苏吴江的特产,用糯米,豆沙,糖桂花,猪油丁等制作的麦芽塔饼,一般人吃三四块就算胃口不错了,可苏曼殊却一次可以吃 24 块。

苏曼殊是杭州西湖白云庵的常客。白云庵有月下老人祠,祠门有联曰:"愿天下有情人皆成眷属;是生前注定事莫错姻缘。"白云庵意周和尚曾记曼殊小住于此的情形:"苏曼殊真是个怪人,来去无踪,他来是突然来,去是悄然去。你们吃饭的时候,他坐下来,吃完了顾自走开。他的手头似乎常常很窘,老是向庵里借钱,把钱汇到上海一个妓院中去。过不了多天,便有人从上海带来许多外国糖果和纸烟，于是他就不想吃饭了。独个儿躲在楼上吃糖、抽烟。"

苏曼殊有年冬天赴香港，穷困旅舍，偶见商店有吕宋烟和各色巧克力糖，想买却无钱，夜不能寐。明晨，敲下嘴里金牙，拿去出售换糖。章士钊为此还特写了一首诗调笑他，诗曰："齿豁曾教金作床，只缘偏嗜胶牙糖；忽然糖尽囊羞涩，又脱金床付质房。"

苏曼殊在日本留学时，有一次给友人柳亚子写信，落款时津津有味地署明"写于红烧牛肉鸡片黄鱼之畔"，令收信的柳亚子捧腹大笑。

苏曼殊生性浪漫，对自己的画，旋作旋弃。"以绘画自遣，绘竟则焚之"。他敬重刘三的侠义之举（刘三为邹容收殓遗骨，葬于自家黄叶楼下），故为刘三画《白门秋柳图》、《黄叶楼图》。他遵守然诺，为赵声画《饮马荒城图》，则是酬报死友，托人代他焚化于赵声墓前，颇有延陵季子墓门悬剑的古贤遗风。

潘一平《西湖人物》中谈到苏曼殊：苏曼殊真是个怪人……他在白云庵，白天睡觉，到晚来披着短褂子，赤着足，拖着木屐，到苏堤、白堤去散步，有时直到天亮才回来。他除了吟诗外，也喜欢画画。他画得很多，纸不论优劣，兴之所至，手边的报纸也会拿起笔来涂鸦。不过若有人诚心诚意地去向他求画，他又变得非常矜贵了。

曼殊绘画淡雅出尘，境界清高，求他作画的人不少。但他生性浪漫滑稽，只答应女郎的要求，而且声明：每画一幅，必须用女方的照片来交换。男子求画则一概谢绝。南社好友高吹万千里寄缣，请曼殊绘制《寒隐图》，尚且一再稽延，频年难以到手，其他人就只有垂涎的份了。叶楚伧向他索画多次，他始终没有动笔。有一天，叶把他领进李叔同作画的房间。曼殊进门一看，他爱吃的烟卷、朱古力糖、牛肉等一应尽有，正高兴着，叶楚伧借口有事，到门外将房门反锁了，大声说："我给你准备了吃的东西，你就安心安意在里面作画吧！"在这种情况下，苏曼殊一边吃，一边构思，画成了著名的《汾堤吊梦图》。

曼殊豪于饮而雄于食，过于贪图口福，暴饮暴食损坏肠胃，最终要了他的命。

柳亚子回忆道："君工愁善病，顾健饮啖，日食摩尔登糖三袋，谓是茶花女酷嗜之物。余尝以芋头饼二十枚饷之，一夕都尽，明日腹痛弗能起。"

曼殊对性欲的控制力堪称天下第一，对食欲的控制力则堪称天下倒数第一。他写信给柳亚子，信中谈及自己病中贪食，颇为诙谐："病骨支离，异域飘零，旧游如梦，能不悲哉！瑛前日略清爽，因背医生大吃年糕，故连日病势，又属不佳。每日服药三剂，牛乳少许。足下试思之，药岂得如八宝饭之容易入口耶？"

在写给另一位朋友的信中，苏曼殊将自己那副老饕相活写如画："月饼甚好！但分啖之，譬如老虎食蚊子。先生岂欲吊人胃口耶？此来幸多拿七八只。午后试新衣，并赴顺源食生姜炒鸡三大碟，虾仁面一小碗，苹果五个。明日肚子洞泄否，一任天命耳。"他明知多食伤身，仍然对各类佳肴欲拒还迎，照单全收，这真有点"瘾君子"不怕死的劲头了。

曼殊去世前一两年，在东京十分落魄，有时竟会典当掉剩余的衣服，赤条条不能见客。

苏曼殊去东南亚游历，每天五、六十枚甜果，结果肠胃炎发作，差点客死他乡。他自记在杭州曾"日食酥糖三十包"。他的同事周越然回忆：他最爱吃蜜枣，"有一次，他穷极了，腰无半文，他无法可想，只得把金牙齿拔下来，抵押了钱，买蜜枣吃"。他死前三、四年，肠胃病已经非常严重，两日一小便，五日一大便，但他仍不思调养，因怀念国内的多种甜食而决定回国。

一度是曼殊友人的刘师培叛变民主革命后，苏曼殊痛心而愤激；传言曼殊师友的章太炎变节，曼殊马上对其进行指责，在给他的信中毫不客气地直呼"太炎"。

苏曼殊反对清朝的腐朽统治，但是对一直拥护清王朝的辜鸿铭，他又表示出欣赏。

苏曼殊很气愤一些革命党人只顾索取资金及名号，不能如愿则呶呶不已，认为"这种人有什么用？仅仅只能担狗粪，洗厕所罢了"。

孙中山做临时大总统，曾邀其出来工作，他坚辞。辛亥革命胜利，苏曼殊欣喜若狂，也只不过想可与朋友"痛饮十日"，而不乞求一官半职，光宗耀祖。所以孙中山极欣赏他，认为"曼殊率真"。

吃花酒，是苏曼殊在上海期间常干的事，只要有点钱，他就招呼了朋友去吃喝。在饭馆里喝酒，若邀妓女坐陪，需先写个局牌，写上被叫妓女的名字,落款写叫局者的名字,呼堂倌送去。苏曼殊的落款总是"和尚",也算是局牌中的一绝。

苏曼殊曾和张继、黄兴等人在长沙任教。苏曼殊习惯独处,他的同事后来回忆说:"除授课外,镇日闭户不出。无垢无净,与人无町蹊。娴文词,工绘事,然亦不常落笔,或绘竟,辄焚之。"

曼殊从不卖画,偶尔作些小品送人。欲求其画者,须资助其遨游名山,代价比买画可高多了。他好作绝细蝇头小字,颇有书卷气。信札潇洒如六朝人语,如其西湖来札云:"此时满湖烟雨,正思足下也。"

上海市市长张群为了求得苏曼殊的一幅画,每天购买巧克力糖慰劳他。时间长了,苏曼殊觉察了张群的本意,笑着问:"你是想得到我的画吧,不然,为何这样破费?"张群便呈上纸墨来,苏曼殊为他画了一张小幅:远山新月,疏柳寒鸦,好一幅惨淡苍茫之作。张群道谢不已。苏曼殊笑道:"先不忙谢,画还没有作完呢!"说罢,用墨笔从柳梢勾一根细线至月牙上。张群急忙制止,但已来不及了。

苏曼殊的画难求,作为其好友的柳亚子,与苏曼殊相交十余年,在苏曼殊生前没有得到其赠的画作。柳亚子拥有的苏的两幅画作是他人转赠。这是柳亚子一生憾事。

苏曼殊和柳亚子携手同游西湖,在一小桥上遇到一位白发苍苍的老妈妈。苏曼殊佯装说老人极像自己的日本老母亲,就一直跟着老太太走到她家里。苏曼殊见老人家徒四壁,便想送些钱给老人,无缘无故又怕老人不收。苏曼殊最后竟让老人为他做了一件布褂,然后送去些钱作为工钱,老人惊讶地说:"用不了这么多!"苏曼殊把钱扔下,连头也不回就走了。

陈独秀、章士钊、苏曼殊三人留学日本时合租一屋居住,有一次竟断了炊,他们便让苏曼殊拿几件衣服去当铺典当,以便买点吃的。可是苏曼殊到了半夜才回去,带来的却不是饭而是书。他说"这本书我遍寻不得,今天在夜市翻着了"。陈独秀和章士钊只好空着肚子上床了。

陈独秀与苏曼殊就职于上海《国民日报》报馆,后报馆被封,他们便租房同住。苏曼殊天天闹着要离开上海,陈与寓友何梅士不允。某日,曼殊邀何外出看戏,在戏馆中刚刚坐定,苏曼殊便要回寓所。何返回住处,仅见苏曼殊所留一信,告知不辞而别的原因,并将其钱钞盗走。

苏曼殊在长沙任实业学堂舍监，常被学生侮弄。他常背人兀坐，歌哭无常，见人时，目光炯炯直视，数分钟不转瞬，人称他为"苏神经"。

有朋友给了苏曼殊纸币数十元，他就到街头商家去买蓝布袈裟，从袋子里抓出一把钱，拿起袈裟就走，商家喊：先生，还要找您钱。曼殊和尚头也不回，派头十足地摇手："不用找了。"一路奔去，奔到家里，友人再看其袋子，却是空空如也。买袈裟其实并没花光钱，是因为曼殊倒披袈裟，那些票子在他一路奔跑中，一张张飘落而出，如天女散花，散在马路上了。

一次孙中山让宋教仁接济苏曼殊二百大洋，困苦的曼殊接钱后狂喜，遂广发请柬，大宴宾朋，孙、宋亦在被请之列，接帖时，两人对视，哭笑不得。

陈独秀与苏曼殊一起翻译雨果的《悲惨世界》，但陈独秀说那是曼殊的手笔，他只是稍加润饰而已。陈还指出，曼殊所译对原作很不忠实，乱添乱造，根本谈不上"信"，而他的润饰更是马虎得一塌糊涂。译作先是在《国民日日报》上登载，未及刊完，报馆被封，后又由镜今书局出版。接受书局建议，陈与苏皆署名其上，故有同译之说。

陈独秀说："照这样看来，当曼殊是傻子的人，他们还在上曼殊的大当呢，曼殊的贪吃，人家也都引为笑柄，其实是他的自杀政策。他眼见举世污浊，厌恶的心肠很热烈，但又找不到其他出路，于是便乱吃乱喝起来，以求速死。"

苏曼殊经朋友介绍，到南京陆军学堂任教，从而结识了青年革命家赵声。在他的《燕子龛随笔》中有一段话，描述了他俩的革命情谊："赵伯先少有澄清天下之志，余教习江南陆军小学时，伯先为第三标标统（相当于团长），始与相识，余叹为将才也。每次过从，必命兵士购板鸭黄酒。伯先豪于饮，余亦雄于食，既醉，则按剑高歌于微风细柳之下，或相与驰骋于龙蟠虎踞之间，至乐！"

苏曼殊和赵声常在一起饮酒赋诗，纵马高歌，钟山附近的人们都被他们豪迈的气概所吸引。苏曼殊曾给赵声画一幅《饮马荒城图》，题诗一首："绝域从军计惘然，东南幽恨满词笺。一箫一剑平生意，负尽狂名十五年。"

《饮马荒城图》画成后，苏曼殊却无法交给赵声，因为赵声为革命四处奔走，居无定所。黄花岗起义后，赵声悲愤而死，葬于香港。苏曼殊就效法延陵季子挂剑的典故，托一位友人将此画带到赵声墓前焚化。

1910年，陈独秀给苏曼殊写信，问他"有奇遇否？有丽遇否？"当时陈刚与高君曼同居，他得意地问苏曼殊："新得佳人字莫愁，公其有诗贺我乎？"

1909年夏，苏曼殊与好友刘三避暑于杭州白云庵禅院，意外收到一封匿名的恐吓信。大意是，革命党人早就看出苏曼殊形迹可疑，与叛徒刘师培、何震夫妇（他们都是替两江总督端方搜集革命党人情报的密探）瓜葛甚密，警告他若再敢与刘、何二人沆瀣一气，不加收敛，阎王殿上就会立刻多一个新鬼。

此事惊动了章太炎的大驾，他赶紧出面为苏曼殊辩诬。其词为："香山苏元瑛子谷（苏曼殊在俗时又名元瑛，字子谷），独行之士，从不流俗……凡委琐功利之事，视之蔑如也。广东之士，儒有简朝亮，佛有苏元瑛，可谓厉高节、抗浮云者矣……元瑛可诬，乾坤或几乎息矣。"后来大家才知道，这封令人迭足屏息的恐吓信是南社成员雷昭性所写，他怀疑曼殊与刘师培夫妇同流合污。

有一天，苏曼殊问章太炎："子女从何而来？"太炎回答说："此类问题，取市间男女卫生新论之书读之即得，何必问我？"曼殊却说："不然，中西书均言须有男女媾精，而事实上则有例外。吾乡有其夫三年不归而妻亦能生育者，岂非女人可单独生子，不需要男子之明证？"闻者无不捧腹大笑。

一次刘半农兴致盎然地与苏曼殊谈论西洋诗歌，却迟迟不见苏曼殊开口，只是不停地抽雪茄烟。末了，他忽然高声说："半农！这个时候了，你还讲什么诗，求什么学问？"

苏曼殊对女性的评价似乎并不高，柳亚子在《苏和尚杂谈》一文中说："曼殊在《碎簪记》中，大呼'天下女子，皆祸水也'，颇近叔本华的女性憎恶论，其实只是他做恋爱小说的反面文章而已。在《婆罗海滨遁迹记》内，却确确实实的说了女性许多坏话。这一部书很奇怪，不知道所谓南印度瞿沙者是真有其人，抑只是曼殊的捣鬼？倘然属于后者，曼殊的侮辱女性，未免太过。"

周作人：
得半日之闲，可抵十年的尘梦

在中国近代的政治舞台上，宋氏三姐妹是被人所熟知的；在中国近代的文化舞台上，周氏三兄弟也同样备受关注。周氏三兄弟：周树人，笔名"鲁迅"，一杆大旗，独领风骚；周作人，才华横溢，荣辱参半；三先生周建人，自强不息，辛苦努力。

1. 周作人与大哥的相依为命

两兄弟的成长

周家三兄弟在中国近代文化历史上都有举足轻重的地位，但是三兄弟里，大哥和二哥有着更多的故事，有着更多的传奇，两人之间也有更多的是非。

周作人，1881 年降生于浙江绍兴一个破落的封建家庭，他是家里的老二，最小的弟弟妹妹早丧，就剩下了他与大哥周树人（笔名鲁迅，字豫才）和周建人三个兄弟。

1893 年科举，周作人的祖父周福清科举舞弊，使得本意破落的家庭跌入谷底，祖父入狱，父亲就变卖家产，保下祖父，使得周家急速败落。周家三兄弟，从原初的大家少爷一下子跌入谷底了。年幼的周作人怎么也弄不清这是怎么一回事，只是从大人的惊慌的脸色中隐约感到事态的严重性。但不等他弄清缘由，当天晚上，就和大哥一起被送到皇甫庄外婆家。年底，又随大舅父怡堂一家迁居小皋埠的娱园。直到很久以后，周作人才被告知，祖父犯的是科场代人行贿罪，这在当时是司空见惯的，但一经败露，便需严究。把他们兄弟俩送到舅舅家，也是为了避难。

周作人

这次的事件是周氏家族无可避免地走向没落的转折点。对这时已经十三岁，并且是周家长孙的鲁迅来说，祖父的被捕，以及随后的避难生活，是他睁开了眼，清醒认识社会与人生本来面目的开端。

鲁迅说："有谁从小康人家而坠入困顿的吗？我以为在这途路中，大概可以看见世人的真面目。"但年仅九岁的周作人却没有因此醒来，还继续做着他"蔷薇色的梦"——童年时代的美梦。于是，逃难对他来说，是一次愉快的旅行，是一连串新鲜的印象、感觉，一连串美好的记忆。

秋天里，桂花飘香，家里人爱在桂树下歇晌，鲁迅和周作人出人意料地表演起自编的儿童剧，把大人逗得乐不可支。

有一次，鲁迅从一张"老鼠成亲"的画中得知元宵节晚上是老鼠成亲的日子，于是与弟弟一咬耳朵，睁着眼睛守了一夜，结果啥也没看见。第二天，周作人干什么事都无精打采，但对兄长却毫无责备之意。当然，兄弟间也有很不相同的地方。譬如性格上自小就属截然相反的两类。鲁迅正直敢为，不平则鸣，在是非间是个不甘寂寞的人。周作人则和顺平静，用心专注，不爱惹事，即使在不良的环境中也能随遇而安。

有一次，他们听说王宅的私塾有个叫"矮癞胡"的先生，对学生特别刻毒，凡学生要小解，都须事先请求，得到了"撒尿签"后才可上茅厕，对此，三味书屋的同学都很骇异。然而鲁迅不光是骇异，第二天中午，他便率领"义师"去惩罚，到达后，发现无人，大家便把愤怒一股脑儿地泄向了"撒尿签"上，将它们尽数撅折，还把"矮癞胡"的笔筒墨砚覆在地上，以示惩戒。在这一场大闹中，鲁迅敢作敢为，俨如主帅，而周作人虽动手出力，但绝不打头。

周作人当时还有溺床的毛病,早晨起床,常把席子溺得湿透。时间长了,受到的讥讽就慢慢多起来,甚至连"乞食的"话儿也吐出了口。鲁迅知道寄人篱下,逆来顺受的滋味不好尝也得吞下,但他又不愿让周作人的心灵多受刺伤,于是就一个人独自承担了亲戚的白眼。

后来,他们的父亲突然狂吐起鲜血来。为请名医,家中忍痛卖掉了田产。"名医"最后是请到了,可用的药却格外稀奇古怪,药引更是难找,什么几年的陈仓米,经霜三年的甘蔗,什么"蟋蟀一对",旁边还注着小字道:"要原配。"百草园中虽蟋蟀众多,但要捉到"原配夫妻"却也不易。为此,鲁迅把周作人找来,事先商定好见了那"虫夫妇"就一人捉一只,好在兄

周作人信札

弟间也配合惯了,费了一点周折后,总算捉到了一对,用棉线缚了送进药罐里。然而,奇草怪药还是没有救得父亲的命,不久老人家便溘然长逝了。

家庭的变故,让鲁迅看到很多以前没看到的世态炎凉,他听从狱中祖父的教导去南京学习,一人在外,对于家,对于亲人的思念是可想而知的,他想念和他一起长大的比他小四岁的周作人。那时,周作人正在杭州陪着入狱的祖父,受祖父的熏陶,看了很多书,学习了很多,那时杭州的生活,还给他留下了很深很深的印象,因为那时他有了他的初恋。

在南京学习的鲁迅,挂念二弟周作人,1901年8月19日,鲁迅写信通知周作人,通知他9月18号到南京水师学堂参加考试,当时鲁迅正在矿路学堂学习,希望他也来南京学习。周作人初来乍到,人生地不熟,鲁迅便三天两头去看望他。有时他们一起吃下午茶,有时一起聊天解闷,有时到城外游玩,有时留宿过夜。鲁迅去矿地实习,也会给周作人带各种矿石,他们那时一起快乐地学习新知识。

只是待弟弟来了才一年,鲁迅却取得公派留学生名额,1902年他要飘洋

过海,去东京学习。在鲁迅回乡宴请亲朋,庆祝自己即将出国留学的那一夜,周作人突然感到将要失去鲁迅陪伴,顿觉悲恰,若有所失。他在这一天的日记里写到:"夜看杂诗,高吟数章,渝茗当酒,以浇磊块,孤灯澹月,此情此景,有不堪为人道者也。"当夜他又"方寸甚不敞快,磊块满矣。灯下作三十绝句,为大哥送行,至十一下钟始睡,转辗不能成寐"。担心鲁迅走后,他便饮眠不安,日夜跷盼,情笃之状,实为感人。这一切说明,在南京求学时期,相同的命运,相同的家境,相同的学习生活,又将他们紧紧联系在一起,使他们相依为命,互相关照。而鲁迅作为兄长,就责无旁贷地负起了关怀、照顾弟弟的使命。可以想见,鲁迅突然离去,对周作人来说,在感情上无疑是件痛苦的事情。

在日本学医,鲁迅本来寄希望用自己的医术来拯救苦难的中国大众,让他们摆脱肉体上的痛楚,但是当他看到国内的现状,他发现国人的迂腐、国人的麻木,决定弃医从文,希望用自己的文章让国人从思想上醒悟,让国人强大起来,企图改变国民精神。此后约有四年半的时间,周作人在南京,鲁迅在日本,他们远隔重洋,相期渺渺,但书信往来却极为频繁,以此寄托彼此的思念之情。

鲁迅踏上异土,时刻想念着远在祖国的二弟,他通过书信,不断向周作人传递着远居海外的各种情况和日本人民的生活习俗,并随手写下东渡日记《扶桑记行》,寄给周作人。遗憾的是,这本珍贵的日记今已无存。鲁迅随信附了一张照片,背面写有简短的题字,表达了自己远离祖国,思念家乡,思念亲人的感情。周作人接到照片的第二天,便托人买了镜框,准备悬挂在室内墙上。这件小事说明,周作人对于鲁迅同样有着深切的怀念。鲁迅还不断给周作人寄书刊杂志,如小说、辞典以及留学生在日本办的杂志等。这些书刊大大开阔了周作人的眼界,充实了他的思想,武装了他的头脑,使他不断地了解和接受了一些新鲜事物,对他以后的思想和道路的形成,都起了一定的积极作用。

鲁迅在日本学习,完全依靠有限的官费,经济十分拮据,但他不忘还在南京求学的二弟,让他考取了公派留学,把他带到日本,一起留学照顾他。鲁迅和周作人生活、战斗在一起,然而,他们的政治思想、工作态度、精神境界乃至兴趣爱好,却又那么不同。如果说周作人在这几年间还翻译了一些外国作品，对于中外文化交流有一定贡献的话，那么除他自己的一份功劳之外，还应该说他的许多工作是在鲁迅带动、影响下进行，是鲁迅经常督促、鞭策的结果。

在日本周作人认识一位日本女人信子，要娶她为妻，鲁迅担心原本两人的生活费分派三人不够用，就放弃了去德国深造的机会，回国觅业，养活一家子。后来周作人回绍兴，一大家子才得以团聚，两兄弟又在一起了。鲁迅北上的同时，周作人夫妇从日本回到绍兴，鲁迅除了在经济上继续接济他们之外，开始在事业上为周作人投入更大的关怀。为周作人翻译的中篇小说《木炭素描》奔波，推荐到文明书局出版。鲁迅还和周作人一起以"周绰"的笔名发表作品。为了在事业上提携弟弟，鲁迅便把花费了大量精力编成的《会稽郡故事杂集》，用"周作人"的名字出版发行。1917年，蔡元培上任北大校长。鲁迅向他推荐周作人，蔡元培欣然应允，聘周作人为中文系教授。周作人也不负众望，写出了《欧洲文学史》。可以说，这是中国第一部像样的西方文学史专着。那时的周作人不仅非常依赖和信任大哥，甚至可以说从故乡求学起直到京城文坛上成名，这一路上几乎都是跟着大哥的足迹，亦步亦趋。

2. 两兄弟决裂的前前后后

1919年冬天，周氏兄弟结束长期的寄居生活，买下了八道湾11号。经历了多年的骨肉分离，鲁迅终于承诺了青年时代的誓言，兄弟三家大团圆，有钱同花，有福同享，有难同当，一同赡养辛苦了一辈子的老母亲。此时，鲁迅和周作人已是思想界明星，两人的月薪合加起来，超过500大洋，相当今天的5万元。一家子住在一起，财政大权就由周作人的太太信子掌管。

1920年前后，中华民国北洋军阀政府财政困难，屡屡拖欠公职人员的薪金。教育部在1920年上半年拖欠了一个月的薪金，下半年则一拖几个月，直到年底才把9月的薪金发全。1921年和1922年情况更糟糕，仅能领取薪俸三分之二左右，鲁迅月薪应得300多银圆，实得200银圆左右。掌管家里财政大权的信子每月收到鲁迅上交的工资越来越少了，就怀疑他自己私藏小金库,而且信子生活奢侈,鲁迅上交的钱压根不能满足信子的需要。鲁迅多次好意提醒信子要勤俭持家,但是根本没有后文。为支撑三代同堂大家庭的浩繁开销,委曲求全的鲁迅不得不经常借债度日。

生活的磨檫和生活的不如意,两兄弟失和。周作人曾经就给鲁迅先生写了一份断交信。

鲁迅先生:

我昨天才知道——但过去的事不必再说了。我不是基督徒,却幸而尚能担受得起,也不想责谁——大家都是可怜的人间。我以前的蔷薇的梦原来都是虚幻,现在所见的或者才是真的人生。我想订正我的思想,重新入新的生活。以后请不要再到后边院子里来,没有别的话。愿你安心,自重。

这是周作人给鲁迅写的断交信,但是大感意外的是,鲁迅对周作人的绝交采取默认态度,消极回避,绝无辩解,与跟别人文笔论战时那种匕首投枪般的风格,真是差得十万八千里。那几天,鲁迅一篇小文也没写,默默望着弟弟言辞寥寥的绝交信,饮闷酒度日。8月2日,鲁迅终于带着妻子朱安,离开住了四年的八道湾大院,搬入西四砖塔胡同61号小院。这是鲁迅回应周作人绝交信的惟一途径——走为上,是息事宁人、摆脱尴尬的惟一选择。

关于周氏兄弟的反目,从1923年8月开始社会上就流传着各种各样的猜疑,有的说是鲁迅偷看羽太信子洗澡被发现了,造成了"五四"双星的失和;也有人说是鲁迅趁周作人不在,调戏弟媳,遭到羽太信子的拒绝后,兄弟失和;也有人说周氏兄弟因为文化上的观点不同,再加上羽太信子的从中挑拨,造成了那样的结果;更有人以弗洛伊德的性心理学说来套鲁迅,说他本来对羽太信子就垂涎已久,性压抑得不到释放,所以试图勾引弟媳,被拒绝后,便恼羞成怒,与周作人大妇打了一架后离开了八道湾。

但是据相关人士的文史资料我们还是看到两兄弟失和,其实没有什么大事发生,只是一些生活的磨擦而已,或者说是外因,而不是两兄弟本身的原因吧。

鲁迅的好友、与周作人在日本有同住情谊的许寿裳在《亡友鲁迅印象记》中说:"作人的妻羽太信子是有歇斯台里性的。她对于鲁迅,外貌恭顺,内怀忮忌。作人则心地胡涂,轻信妇人之言,不加体察。我虽竭力解释开导,竟无效果,致鲁迅不得已移居外客厅而他总不觉悟。鲁迅遭工役传言来谈,他又不出来;于是鲁迅又搬出而至砖塔胡同。从此两人不和,成为参商,一变从前'兄弟怡怡'的情态。"这个就正好印证了鲁迅当年经常和别人提到二弟昏的信件相符了。据三弟周建人回忆,1927年10月,鲁迅离开北京南下上海,他有机会经常见到鲁迅,鲁迅从没对他讲过周作人的不好,只是觉得周作人"昏",好几次对周建人摇头叹气说:"启孟(周作人)真昏!"在1932年11月20日致许广平的信中鲁迅也写道:"周启明颇昏,不知外事……"这一个"昏"字的含义倒底是什么?周建人回忆,鲁迅曾对他万分感慨地说过:"我已经涓滴归公了,可是他们还不满足。"按周建人的意思,鲁迅言下所指,并非周作人本人,而是周作人的日本籍夫人羽太信子。

鲁迅常常对周建人说:"八道湾只有一个中国人了。"周建人认为这是在惦念和担忧周作人,因为到1927年,军阀张作霖对北京文化界大打出手,鲁迅即为周作人担忧,致信友人章廷谦说,他希望周作人离开北京八道湾到上海,这样安全,但他不敢直接告诉八道湾这个想法,"因我觉八道湾之天威莫测,正不下于张作霖,倘一搭嘴,也许罪戾反而极重,好在他自有他之好友,当能相助耳。"周建人回忆,这番话鲁迅对他也讲过。两兄弟的失和应该是和周作人的妻子有很大关联吧。

对于坊间猜测两兄弟失和主要原因就是周作人的妻子的原因,两位当事人都没怎么解释,但是对于这位家里掌管财政大权的二夫人,她挥霍,她不会持家,她的霸道,周建人还有他们身边的人,都有话说。周建人回忆说:"在绍兴,是由我母亲当家,到北京后,就由周作人之妻当家。日本妇女素有温顺节俭的美称,却不料周作人碰到的是个例外。她并非出身富家,可是派头极阔,架子很大,挥金如土。家中有仆人十几个,即使祖父在前清做京官,也没有这样众多的男女佣工。更奇怪的是,她经常心血来潮,有时饭菜烧好了,忽然想起要吃饺子,就把一桌饭菜退回厨房,厨房里赶紧另包饺子;被褥用了一两年,还是新的,却不要了,赏给男女佣人,自己全部换过。这种种花样,层出不穷。鲁迅不仅把自己每月的全部收入交出,还把多年的积蓄赔了进去,有时还到处借贷,自己甚至弄得夜里写文章时没钱买香烟和点心。鲁迅曾感叹地对我说,他从外面步行回家,只见汽车从八道湾出来或进去,急驰而过,溅起他一身泥浆,或扑上满面尘土,他只得在内心感叹一声,因为他知道,这是孩子有病,哪怕是小病,请的都是外国医生,这一下又至少得十多块钱花掉了。"这种挥霍怎么能持好家呢,鲁迅看不惯她这样的作风,有矛盾也是有的。

俞芳在《我记忆中的鲁迅先生》一文中提到,鲁老太太曾对人说:"这样要好的弟兄都忽然不和,弄得不能在一幢房子里住下去,这真出于我意料之外。我想来想去,也想不出个道理来。我只记得:你们大先生对二太太(信子)当家,是有意见的,因为她排场太大,用钱没有计划,常常弄得家里入不敷出,要向别人去借,是不好的。"周家老人是心疼鲁迅的,也看不惯二儿媳的作风。

许广平则在《鲁迅回忆录》"所谓兄弟"一节中说:"鲁迅在八道湾住的时候,起初每月工资不欠,不够时,就由他向朋友告贷,这样的人,在家庭收入方面是一个得力的助手。"这时,家庭关系是好的,"后来,由于欠薪,加以干涉别的人事方面",就妨碍了周作人夫人信子的权威,"'讨厌起来了',于是就开始排挤鲁迅"。许广平回忆,鲁迅还对她说过,"我总以为不计较自己,总该家庭和睦了吧,在八道湾的时候,我的薪水,全部交给二太太,连同周作人的在内,每月约有六百元,然而大小病都要请日本医生来,过日子又不节约,所以总是不够用,要四处向朋友借,有时候借到手连忙持回家,就看见医生的汽车从家里开出来了,我就想:我用黄包车运来,怎敌得过用汽车运走的呢?"鲁迅还说,周作人"曾经和信子吵过,信子一装死他就屈服了,他曾经说:'要天天创造新生活,则只好权其轻重,牺牲与长兄友好,换取家庭安静。'"许广平还回忆说,周作人"惟整日捧着书本,其余一切事情都可列入浪费精力之内,不闻不问。鲁迅曾经提到过,像周作人时常在孩子大哭于旁而能无动于衷依然看书的本领,我无论如何是做不到的。"

鲁迅惟一的儿子周海婴在《鲁迅与我七十年》一书里也曾说:"房子整理安定之后,父亲为全家着想,以自己和弟弟作人的收入供养全家。他们兄弟还约定,从此经济合并,永不分离,母亲年轻守寡辛苦了一辈子,该享受清福。朱安大嫂不识字,能力不足以理家,这副担子自然而然落到羽太信子的身上。父亲自己除了留下香烟钱和零用花销,绝大部分薪水都交给羽太信子掌管。没想到八道湾从此成为羽太信子称王享乐的一统天下。在生活上,她摆阔气讲排场,花钱如流水,毫无计划。饭菜不合口味,就撤回厨房重做。她才生了两个子女,全家雇用的男女仆人少说也有六七个,还不算接送孩子上学的黄包车夫。孩子偶有伤风感冒，马上要请日本医生出诊。日常用品自然都得买日本货。由于当时北平日本侨民很多，有日本人开的店铺，市场上也日货充斥，应该说想要什么有什么。但她仍不满意，常常托亲戚朋友在日本买了捎来。因为在羽太信子眼里，日本的任何东西都比中国货要好。总之，钱的来源她不管，只图花钱舒服痛快。对此，周作人至少是默许的。他要的只是饭来张口衣来伸手，还有'苦雨斋'里书桌的平静，别的一概不问不闻。当然他对信子本来也不敢说个'不'字。苦的只是父亲，因为他的经济负担更重了。但这一切仍不能让羽太信子称心满意。她的真正目标是八道湾里只能容留她自己的一家人。就这样，在建人叔叔被赶走 10 个月后，她向父亲下手了。"

同为鲁迅、周作人朋友的郁达夫在《回忆鲁迅》中说："据（与周作人关系密切的张）凤举他们的判断，以为他们兄弟间的不睦，完全是两人的误解，周作人氏的那位日本夫人，甚至说鲁迅对她有失敬之处。但鲁迅有时候对我说：'我对启明，总老规劝他的，教他用钱应该节省一点，我们不得不想想将来。他对于经济，总是进一个花一个的，尤其是他那位夫人。'从这些地方，会合起来，大约他们反目的真因，也可以猜度到一二成了。"

周作人夫人信子的作风，她的挥霍，一定程度上引起了鲁迅不满，信子对于鲁迅这位大伯父也不满，和周作人抱怨，挑拨两兄弟的关系，或者说钱吧，这个很大程度上成为两兄弟失和的导火线。

还有人说，羽太信子对鲁迅和他的元配夫人朱安是非常不满的。关于这点，鲁迅、周作人虽声明"不说"，但暗示却是有的。1924 年 9 月，鲁迅辑成《俟堂专文杂集》，署名"宴之敖"。据许广平回忆，鲁迅对这笔名有过一个解释："宴"从门（家），从日，从女；"敖"从出，从放，也就是说"我是被家里的日本女人逐出的"。这个日本女人自然就是羽太信子。关于这点，周作人在自己的晚年也有承认。1964 年 10 月 17 日，周作人在写给香港友人鲍耀明的信中曾明确表示：1964 年香港友联出版公司出版的赵聪的《五四文坛点滴》，"大体可以说是公平翔实，甚是难得。关于我与鲁迅的问题，亦去事实不远，因为我当初写字条给他，原是只请他不再进我们的院子里就是了。"同年 11 月 16 日，他在给鲍耀明的信里又说："鲁迅事件无从具体说明，惟参照《五四点滴》中所说及前次去信，约略已可以明白。"但是，翻阅赵聪《五四文坛点滴》中有关周氏兄弟失和的文字,除引证鲁迅日记中有关兄弟失和的记载外,也仅有如下几句:"许寿裳说过,他们兄弟不和,坏在周作人那位日本太太身上,据说她很讨厌她这位大伯哥,不愿同他一道住。"看来,周作人肯定了一点:兄弟失和的原因是,他的夫人不愿同鲁迅一道住。但是,为什么"不愿"呢?周作人却没有说。但是事实到底怎样,当年两兄弟都沉默不语,别人也就不得而知了。

1936年10月19日清晨,鲁迅与世长辞,享年55岁。几乎所有中国作家都出席了葬礼。鲁迅的棺木由36位政见不同的作家抬着,大上海万人空巷,自发的送葬队伍绵延数公里。在1万多名送葬者悲怆的《安息歌》中,鲁迅棺木沉入大地,沈钧儒题写的"民族魂"3个大字却长久地留在了中国人的记忆中。消息传到北京,朱安很想南下,参加丈夫的葬礼。但周老太太年过八旬,身体不好,必须有人照顾,朱安只能把鲁迅在西三条的书房辟为灵堂,独自为他守灵。周作人也没去上海,却在北大法学院礼堂参加了纪念会。鲁迅病逝第2天,周作人恰好有一堂《六朝散文》课,他没有请假,而是挟着一本《颜氏家训》缓缓地走进教室。在长达1小时的时间里,周作人始终在讲颜之推的《兄弟》篇。下课铃响了,周作人挟起书说:"对不起,下一堂课我不讲了,我要到鲁迅的老太太那里去。"这个时候,大家才看到周教授的脸色是如此幽黯,叫人觉得他的悲痛和忧伤不是笔墨所能形容。他不哭,所以没有泪,但眼圈却是红热的。虽然两兄弟失和,但大哥还是大哥,即使他没有去上海吊丧,没有做什么,但是他还是很难受的,兄弟手足之情还在。

3. 周作人的生平好友

周作人喜欢有趣的人,也喜欢性情飘逸、有才华的人,刘半农、郁达夫、胡适就是他一生的朋友。

周作人与刘半农

1917年9月4日,复辟事件结束后不到两个月,周作人收到了北京大学的正式聘书,周作人通过自己的学术与教学活动,被北京大学所承认。当时,北大教员的刘半农,英美派的绅士如胡适等就很看他不起,明嘲暗讽,使他不安于位。但是,有才识的人总是能被人所赞赏的。周作人记得他第一次和刘半农见面是在教员休息室里,周作人去看他,刘半农即拿出他所作《灵霞馆笔记》,原是些极为普通的东西,但经过他的安排组织,却成为很可诵读的散文。周作人当时就很佩服刘半农的聪明才力,认为遇到了一位"奇才"。

周作人与刘半农在学识上有共识,彼此都赏识对方,成了终生不渝的好友。从表面上看,两人性格颇不相同:刘半农活泼,周作人则平和;但在内质上却有更多的相通。两人都极富幽默感,证明着他们是达到了思想和文化境界的同一层次的。他们之间的谈话、书信往来中,总是庄谐杂出,令人捧腹或会心。

有一回周作人向刘半农借俄国小说集《争自由的波浪》及一本瑞典戏剧作品,刘半农的回信却使周作人吃了一惊:信无笺牍,但以二纸粘合如奏册,封面题签曰"昭代名伶院本残卷",本文竟是一场刘半农自导自演的"戏":"(生)咳,方六爷("方六",系指周作人)呀,方六爷呀,(唱西皮慢板)你所要,借的书,我今奉上。这其间,一本是,俄国文章。那一本,瑞典国,小摊黄。只恨我,有了他,一年以上。都未曾,打开来,看个端详。(白)如今你提到了他,(唱)不由得,小半农,眼泪汪汪。(白)咳,半农呀,半农呀,你真不用功也。(唱)但愿你,将他去,莫辜负他。拜一拜,手儿啊,你就借去了罢。"从这字里行间的幽默感里是不难感到两人的可爱之处的。

周作人与郁达夫

周作人与郁达夫都是那个时代的文人,都是名噪一时,但是每个人都有初出茅庐的青涩与懵懂,在郁达夫懵懂青涩的初到之时,周作人的一篇评论,成就了他俩最纯最真的友谊,郁达夫多次表示,对于周作人的文章珍爱到极致而无以复加。

郁达夫曾经发表了一篇文章《沉沦》,"描写一个病态的青年的心理,也可以说是青年忧郁病的解剖,里边也带叙现代人的苦闷",里面的主人公是一位留学日本的中国留学生。初发表之初,周作人就拜读并写了一篇评论《"沉沦"》,该文发表在 1922 年 3 月的《晨报副镌》上。文章说理通透,立场明确,一些对《沉沦》噪噪嚷嚷的声音,才渐渐消散开去。郁达夫是一个"摩拟的颓唐派,本质的清教徒"。对现实人生,他又是充满感念心情的。周作人为自己写辨正文章这件事,他几乎终生未忘。

因了这样一种文人间的援手,郁达夫与周作人之间建立了长久的友谊。据周作人日记,他们的初次见面当为 1923 年 2 月 11 日。几天后的 2 月 17 日,周作人宴请郁达夫等友人。这次宴会,鲁迅也出席了,这应该是郁达夫与他的第一次见面。由此他们两人也建立了长久而真挚的友谊。

郁达夫后来表示,要为鲁迅的《呐喊》和周作人的《自己的园地》写评论文章,文章虽然没有写出,可却与鲁迅、周作人兄弟保持了长久的亲密友谊。郁达夫对周氏兄弟文章的珍爱,几乎到了无以复加的地步。

1935 年,一部"声势浩大"的《中国新文学大系》开始问世。散文编辑就是郁达夫和周作人,这是他们第一次共事。周作人、郁达夫承担的散文任务,究竟如何选择,两人是颇费了一些脑筋的。最初,他们想以文学团体来分。郁达夫曾是创造社成员,对这批人的创造比较了解,他就承担这一部分;周作人是文学研究会成员,与语丝社同仁也相当熟悉,由他来编选这部分作家,就显得十分自然。可后来经过思考,自己选自己的作品,难免不易割爱;同理,对亲近友人作品,也难保不怀偏见。最终,两人商定,以人为标准,分别取舍。

周作人与郁达夫编选的集子完成了,可从实际的选择结果看,两人又都在其中表现了自己的鲜明个性。周作人的《散文一集》,实际选入了徐志摩、刘大白、刘半农、梁遇春、郁达夫、郭沫若、俞平伯、废名等 17 家,共 71 篇;每人至多 8 篇,少的仅一两篇。郁达夫的《散文二集》,共选 16 家,文 131 篇。其中冰心、林语堂、丰子恺、川岛、朱自清、郑振铎、叶绍钧、茅盾等,每人多则五六篇,少的仅 1 篇;可是鲁迅却选入 24 篇,周作人更惊人,选了 56 篇。对周氏兄弟散文的喜爱,真到了无以复加的地步。

郁达夫说"鲁迅的文体简练得像一把匕首,一刀见血。重要之点,抓住了之后,只消三言两语就可以把主题道破——这是鲁迅作文的秘诀……与此相反,周作人的文体,又来得舒徐自在,信笔所至,初看似乎散漫支离,过于繁琐! 但仔细一读,却觉得他的漫谈,句句含有分量,一篇之中,少一句就不对,一句之中,易一字也不可,读完之后,还想翻转来从头再读的……近几年来,一变而为枯涩苍老,炉火纯青,归于古雅遒劲的一途了。"

郁达夫曾经这样说:"中国现代散文的成绩,以鲁迅周作人两人的为最丰富最伟大，我平时的偏嗜，亦以此二人的散文为最所溺爱。一经开选，如窃贼入阿拉伯的宝库，东张西望，简直迷了我取去的判断，忍心割爱，痛加删削，结果还是把他们两人的作品选成了这一本集子的中心，从分量上说，他们的散文恐怕要占得全书的十分之六七。""中国现代散文的成绩，以鲁迅周作人两人的为最丰富最伟大……"这样推崇的文字，无论他人如何想，在郁达夫，是深切感知，真诚表达罢了。

周作人，也一直关注着郁达夫："但是对他我觉得很熟，有一种多年老朋友的感觉……"在后来的文章里，周作人还记录了一点他探知的郁达夫老家的消息："达夫的遗族只有住在富阳的老家一支，近来还知道一点消息，因为适值有一个富阳的同乡和我通信，告诉我的。据说达夫的前夫人还健在，和她的儿子住在老屋里……达夫的兄弟是学医的，在那县里行医，听说也是古道可风的人。"由此可以说，郁达夫与周作人之间的相互关注，也是长久不曾消减的。

正因为彼此的欣赏，两人才成为长久的好友吧。

周作人与胡适

"五四"以来，胡适和周作人均雄踞文坛，各具影响。二人协力从事思想启蒙和新文学创作，由此缔结情谊，交往数十年之久。在社会政治及学术文化诸方面，他们既曾默契合作，亦尝公开辩难；而私交则由浅渐深，以至相互敞露心扉，坦诚劝勉，却又始终难以成为至友。在周作人沦为汉奸被判死刑时，胡适出面找了蒋介石，才救了周作人一命，胡适于周作人而言，也是生死之交，是他的救命恩人。而纵观他们交往的过程，其实他俩是君子和而不同。

胡适和周作人的交往始自1917年。年初，在家乡绍兴教书的周作人，从其兄鲁迅寄来的《新青年》杂志上读到胡适《文学改良刍议》等文，对其中"今日当以白话文为正宗"的主张大为赞许。同年，周作人与胡适都被聘进北大，两人初遇，其时周三十三岁，胡二十六岁。二人同为文科教授，共同参加小说研究组活动，接触机会不少。然他们之间首次较为深入的交谈，却是在翌年3月15日下午，周作人在小说组听胡适作《论短篇小说》的讲演后，"与适之谈，七时返寓"。直至1918年底，周除了礼节性地将早年的译作《域外小说集》托人转赠给胡，并将几篇译稿和《随感录》交胡编入《新青年》之外，二人的交往还相当有限。

不过,新文化运动步入高潮后,新旧对立,胡、周二人共处同一营垒,几个回合下来,彼此相知渐深,继而相善。胡适倡行白话文,较为偏於文字形式的变革,而对文学内容的革新则阐发不足。周作人于1918年12月发表《人的文学》一文,主张一切文学都应以人道主义为本。胡适盛赞该文是"关于改革文学内容的一篇最重要的宣言"。

1919年3月,周作人发表《祖先崇拜》一文,提出父母于子无恩的观点:"父母生了儿子,在儿子并没有什么恩,在父母反是一笔债。"周作人说,如果非要报父母的恩,那就应该努力做人,使自己比父母更好,"切实履行自己的义务——对于子女的债务——使子女比自己更好"。据此,周作人亮出自己的口号:"子孙崇拜。"

或许是受到周作人这篇文章的影响,胡适在儿子出生后,赋诗一首,其中也表达了"父母于子无恩"的观点:"树本无心结子,我也无恩于你……将来你长大时,这是我所期望于你:我要你做一个堂堂的人,不要你做我的孝顺儿子。"周作人和胡适都不主张儿子孝顺父母,但具体理由却不同。周作人认为,儿子本身就是讨债的,"父母倒是还债——生他的债——的人。"胡适则认为,古人把一切做人的道理都包在"孝"字里,结果流弊百出,所以,他干脆就将"孝"字驱逐出境了。

如果说,胡、周在文化建设上颇多一致,但是当涉及社会改造时,二人则显露歧异。"五四"时期,周作人醉心于"新村"运动,连续撰文介绍日本的新村,并专程赴日参观,回国后即拟成立"新村北京支部"。此举深得一些北大同人及青年学生的积极响应,而胡适却持反对态度。他在天津等地所作演说中,公开批评新村运动是避世的"独善的个人主义",无异于古代的山林隐逸。为此,周在《晨报副刊》撰文,向胡博士详解新村宗旨,而胡随即发表专文,提出深层质疑。二人论辩的核心,是改造社会与改造个人,何者为先。周主张,改造社会应首先改造个人;胡强调,个人与社会断难分离,改造个人必先改造左右个人的种种社会势力。在此问题上,二人各执己见,均难说服对方。其后,周组建新村支部,历经三四年,直至断定"这种生活在满足自己的趣味之外恐怕没有多大觉世的效力"后,方放弃这一理想。

1921年夏,燕京大学欲聘一位深通中外文学的学者任中文系主任,授予全权推行教学改革，他们选中了胡适。胡认为周作人实乃最合适人选，转而推荐，并函劝周独当一面去办好这个中文系。此前，周在燕京作过学术演说，与该校相互了解，经胡从中推动，遂一拍即合。翌年3月，周在胡的家中与燕京校长司徒雷登见面，商定兼职事宜。此后，周便开始了"上午往北大，下午往燕大"的生活，周氏涉足燕大，确乎为白话文学开辟"一个新领土"。此时的胡、周，书信不断，胡定期将日文刊物《支那学》送周浏览，周则抱病为《尝试集》再版作删订工作。他们的交谊甚至表现于个人经济方面，周氏日记即有"遇适之，借来百五十元"；"上午往访适之，借洋百元"的记载。可见二人关系发展之一斑。

但是在20世纪20年代中、后期，胡适与周作人在一些问题上意见相左，从私下规劝到公开责难，二人关系一度疏离。1924年冬，冯玉祥的国民军驱逐废帝溥仪出宫，胡适公开指责冯部无视约定，以强暴行之，"是民国史上一件最不名誉的事"。周作人对胡此举颇不以为然，致长信与胡，直抒己见：清室既曾复辟，便无优待可言，民国留此祸根，实属危险，冯部所为是"极自然极正当的事"。胡认为周感情用事，缺乏宽容。

胡、周关系的改善，是在1929年正当胡承受重压之时。8月，周作人从北平写来一信，劝胡小心为妙，最好离沪北返，仍教书做书，并说自己如此直言，"未免有交浅言深之嫌吧？我彷佛觉得'有'，又觉得没有"。胡大为感动，随即覆函谓："生平对于君家昆弟，只有最诚意的敬爱，种种疏隔和人事变迁，此意始终不减分毫。相去虽远，相期至深。此次来书情意殷厚，果符平日的愿望，欢喜之至，至于悲酸。"危难之际，得肺腑良言，益感故友之情。由此，胡、周重修旧好，虽远暌异地，却书信频频，互通心迹。

周作人当汉奸，被国民党宣判死刑，胡适又不计前嫌，前来搭救。大约是被判的一周后，胡适得到消息，突然来到了他的囚室。"知堂兄，你学问很高，可惜你政治上表现得不成熟啊，小弟对你的遭遇除了同情外就是深深的惋惜呀！"

又有一次，胡适在监狱长的亲自陪同下，一进他的监室就开口对他说，"五四文化期间，你常到陈独秀办的《新青年》上发表触及政治的文章，我就常奉劝你多做学问，少问政治！日本人来了，朋友们都劝你离开北平，可你不听，你不明白你只是一个学者，而不是一个政治家，充其量也就是政治家的一个陪衬而已,结果,才落到如今的地步……"

周作人见胡适一进门就当着监狱长的面这样责怪他,一时悲愤交加,他不能自持地哭道:"我如今已经是被判极刑的人了,那些难堪往事还提他有何用呢!现虽已上诉南京最高法院,但今生还有活命,就全靠您老弟为之奔走了!凭先生的声望,想必蒋委员长也……"

胡适忙说"这个请知堂兄放心,我胡适的为人想必你也是知道的,我的确要面呈委员长,我要向他说出你的苦衷,你的无奈。你终究是个文化人,手无缚鸡之力……委员长也是个爱才之人,当今党国正是百废待兴、用人之际,我想他在听了我的劝谏后,会对你重新发落的……请知堂兄先安心生活,有什么要求尽管向陈监狱长提,我都已经给你打理好了……"

通过胡适的关系走通,周作人由死刑变成十五年牢狱,免于一死。在大灾大难之前,连周作人妻子羽太信子也说,只有胡适想着帮助他,替他奔走。

十年之后,胡、周均届迟暮,尚不时念及对方。1959年2月,胡在台接受采访,谈文学革命屡屡提起周,甚至说,敌伪时周"确为北大做了事,买了几批有价值的书"。几乎同时,周始撰回忆录,内中赞叹胡在婚姻上"不忘故剑,令人钦佩"。胡作古后,周特别加写"胡适之"一节,感念亡友当年给予自己的助益。胡、周交往,数十年间峰回路转,分合聚散,但两人心里对对方都颇为珍视。1962年胡适在台湾去世之时,周作人曾著书回忆他与胡适三三两两,感慨他当年的勉励,感慨他这位分分合合的好友。

4. 周作人的情感轶事

初恋

在杭州陪伴祖父的那段时间,周作人不仅仅受祖父的影响,看了很多有用的书,培养了向上的求知欲外,还有一件事是他终生难忘的,那就是初恋。

1896年正当周家三兄弟暂时沉浸在儿童的欢乐中,逐渐淡忘了由于祖父入狱带来的令人恐怖的噩梦时,父亲不知怎的突然狂吐起血来。他坐在后房间的北窗下,血就吐在北窗外的小天井里。由此开始,直至父亲逝世,周家一直在暗伏着不安的平静中过着日子。父亲的病与死像一个巨大的阴影笼罩着整个家庭。

1896 年,这一年周作人刚好十三岁,祖父从监狱里发出命令:由于原来同宋姨太一起随侍的凤升叔已经去南京读书,让周作人去杭州侍读。于是,周作人来到杭州与宋姨太一起寄寓在花牌楼,每隔两三天去监狱看望一次祖父,平日自己用功。这一段生活,给周作人留下的是一段极为阴暗的回忆。

"那时环境总是太暗淡了,后来想起时常是从花牌楼到杭州府的一条路,发现自己在这中间,一个身服父亲的重丧的小孩隔日去探望在监的祖父。我每想到杭州,常不免感到些忧郁……"

这是周作人第一次不是从书本上,而是从自身经验中,体味到人生的忧郁。因此,它是终生难忘的。直到晚年所写的杂事诗里,仍然笼罩着这抹不掉的阴影:

素衣出门去,踽踽欲何之;

行过银元局,乃至司狱司;

狱吏各相识,出入无言词;

径至祖父室,起居呈文诗;

……

再拜别祖父,径出圜木扉;

夜过塔儿头,举目情凄而;

登楼倚床坐,情景与昔违;

暗淡灯光里,遂与一岁辞。

虽然这种阴影笼罩着他,但是同样那里也是周作人念了一辈子的地方,因为在那里他喜欢上了一个女孩。

花牌楼,有别于他的家,有别于他曾经的生活环境,在花牌楼的生活,使他意外地获得了生活在一群妇女包围中的人生经验。妇女问题最终成为周作人的基本人生命题,他在花牌楼的生活经验至少对他是有影响的。

在花牌楼,吃饭问题常常是让周作人感到有些不习惯的。因为早上起得晚,只好将头天的剩饭用开水泡了吃。这是浙西的风气。在浙东的绍兴,一日三餐都是从头煮饭的。周作人最难过的是每天都感到饥饿。这时他十三岁,正是长身体的时期,早上一顿稀饭和中午晚上两顿干饭,往往刚吃下去就觉又饿了。点心呢，只是每天下午一次，每次是一条糕干，根本不够。不得已，他只好去厨房偷冷饭。趁着做饭的仆人不在，他就溜进灶房，从挂着的饭篮里捡大块的饭往嘴里送。在饥饿的时候，没有菜的饭也觉味美。然而不久，他的行动就被潘姨太太发现了。但潘姨太太并不将这事说破，只是当着他的面对做饭的宋妈说："这真奇怪，怎么饭篮挂在空中，猫儿会来偷吃去了呢？"周作人对她这句话很反感，心想，不管你怎么说，我要是觉得饿了，还要这样偷吃下去。宋妈很同情他，看到他的亲母不在身边，对他特意加以照顾。宋妈有时吃一种她故乡的"六谷糊"，其实就是北方的玉米粥，里面还加上白薯块，周作人在这里第一次吃到这只有乡下穷人们才吃的东西，但他觉得十分香甜。后来喝这种粥成了他终身的爱好。

在花牌楼里，东边的一户姓姚的邻居引发了周作人的兴趣。姚老太太约有50多岁，面目倒还和善，不知为什么她和潘姨太太总是谈不拢，久而久之，两个人见面连招呼也不打了。姚老太太有一个干女儿，叫"阿三"，本姓杨，家住清波门头，人家都称她作三姑娘。

周作人生活在这样一群妇女当中，受着她们的关怀和爱护。他对于花牌楼众妇女有着同情，慢慢地他心中也生出一种莫名的依恋和温情。这种变化的标志是，他开始注意这位阿三姑娘了。

阿三每次来，总是先到楼上，同潘姨太太打个招呼，然后走下楼来，站在读书写字的板桌旁边，怀里抱着一只名叫"三花"的大猫，看周作人影写木刻的字帖。十二三岁的周作人，感情尚处在朦胧期，隐约地觉得这个姑娘很不错，心里想亲近她，但总是不知道说什么好。其实在这样天天见面的日子里，他们很少说话。周作人因为读书太入迷，眼睛这时已经相当近视了，所以他后来连阿三姑娘的面貌也记不清了。

其实这阿三姑娘长得并不漂亮，一个尖面庞，一双乌眼睛，身材瘦小，脚是又尖又小，在女子中是很普通的。然而周作人生活在封闭的世界里，身边的女人又多是大妈甚至奶奶，对比之下，阿三姑娘的天真和看他习字时的专注，以及她有时候受了气后的可怜都足以打动周作人的内心。所以每当阿三姑娘在他的身边，他好像浑身都有了劲，不自觉振作起来，努力把字写好，满足这位意中人的好奇心，并报答她的关怀。

周作人不曾和她谈过一句话，也不曾仔细地看过她的面貌与姿态。在初恋中,女方总是被男方置于至高无上的地位。不过,周作人并不问她是否爱他,或者也还不知道自己是不是爱着她,他总是对于她的存在感到亲近喜悦,并且愿为她有所尽力,这是当时实在的心情。

有一天晚上,宋姨太忽然又发表对于姚姓的憎恨,末了说道:"阿三那小东西,也不是好货,将来总要流落到拱辰桥去做婊子的。"周作人不很明白做婊子这些是什么事情,但当时听了心里想道:"她如果真是流落做了,我必定去救她出来。"

爱慕那女孩,做什么事都懵懵懂懂,大半年的光阴周作人就这样消磨过了。到了七八月里因为母亲生病,周作人便离开杭州回家去了。一个月以后,阮升告假回去,顺便到他家里,说起花牌楼的事情,说道"杨家三姑娘患霍乱死了",周作人那时也很觉得不快,想象她的悲惨的死相,但同时又却似乎很是安静,仿佛心里有一块大石头已经放下了。

初恋的女主角,就这样的伤逝了。

婚姻

周作人有一个日本妻子,这位他极少提及的日本女人——羽太信子。

在日求学的时候,周作人和五个中国留学生合租夏目漱石搬走后空出来的那座大房子,大男人生活上不能自理,他们就决定找一个女佣人。于是通过房东介绍了刚刚20岁的羽太信子来这里做杂务。羽太信子是一个相貌普通的日本女子,身材不高,圆圆的脸庞,小小的眼睛,结实的身子,干活勤快,性格热烈、爽朗。由于经常与陌生人打交道,所以见人一点儿也不害羞。

信子与五个大男人接触并不多,只管做自己的杂务,他们相处得很融洽。那时,在日本的留学生比较多,他们家境不错,日本女子对中国留学生也比较青睐,也常常有留学生娶日本女子为妻的。信子与周作人年龄最相近,最喜欢和周作人交往。周作人性格内向,对于女孩子还似当年初恋时的青涩,见了女孩子有些不知所措。信子觉得他最有趣的,就喜欢跟他搭话。信子是个自来熟,没几天,就与周作人混熟了。周作人习惯于被人照顾,信子便有意无意地给予他更多的照料,周作人开始还有些不好意思,但后来也就习惯了。慢慢地,两人开始有了一些想避开其他人的话,但其他人也早看到眼里,知道他们在恋爱。

自从有了信子,周作人慢慢变得懒散了。本来除了看书写字,他就对别的事不太感兴趣,现在有了信子,他对看书写字也时常有点心不在焉了。鲁迅见了,心中暗恼。他急于通过翻译和著述,改变国民的精神,唤起民众,争取民族解放,强国强种,满心指望弟弟助他一臂之力,可这不争气的家伙却沉溺于恋爱,全然忘记了自己的使命。有一次,周作人竟公然拒绝合作,鲁迅情急之下,第一次打了周作人。打是打了,但周作人没有什么改变,鲁迅知道,不能勉强弟弟,他也分明地感觉到了,就连亲弟弟,也不可能跟自己想得一样,过一样的生活。

周作人娶了一个日本女人,成就这场异国恋,好像没有受到什么阻挠,大哥、母亲,好像都没有阻挠。根据俞芳的记述,当鲁迅、周作人的母亲鲁瑞得知周作人将要与羽太信子结婚的消息后,她只是默默地承受着。她后来对人说:对于鲁迅和朱安婚姻的不幸福,"看到他们这样,我也很苦恼,所以二先生、三先生的婚事,我就不管了。""对于这桩婚事,亲戚本家中,有说好的,也有不赞成的。因为这在绍兴是新鲜事,免不了人家有议论。我想只要孩子们自己喜欢,我就安心了。"

羽太信子与周作人从相识、相恋、结合直到终老,相处 54 年。两人的性格迥然不同,一个火爆、一个温和,一个张扬、一个内敛,一个粗俗、一个儒雅,而能相安无事,在旁人看来,不免有些难以想象。可是偏偏两人还真是如鱼得水,总让人觉得未免反差过大,稍觉怪异。

其实,这是有一个过程的,或者说人都是会掩饰的。在热恋的时候,自然是不会发现对方的弱点的,都会在对方面前表现得很好,直到娶了回来,两人一起相处久了,慢慢地才显山露水起来,羽太信子就是这样,用自己恋爱时温顺的外表,迷糊了周作人,让他拜倒在她的石榴裙下,婚后,她的张扬,她的粗俗就显现出来了。周作人温文尔雅,不会吵架,但是他们之间还是有争吵的,最激烈的一次交锋,是回到绍兴老家以后,有一次为了一点小事,信子大发脾气,突然间昏倒在地,周家人不知所措。周作人本来性格懦弱,经此一吓,从此以后,就成了一个彻彻底底的妻管严。

回北京以后,因周母年纪大了,又不熟悉北京,羽太信子主管家政,成了家里的财政大臣。一家人的主要收入都交由信子支配,鲁迅有 300 来元,周作人也有 240 元,建人虽无正式工作,但翻译、写作也有所收入。在这种情况下,信子的感觉越来越好,威势也越来越大,经济上开始失控,但对周作人的照料还是很周全的。周作人是一个无事先生，在家里可以达到油瓶倒了不扶，孩子哭闹置若罔闻的境界，这自然跟信子的照料细致有关。

但随着信子的经济上失控，而恰恰时势不好，各处欠薪，周家不可避免地出现了经济危机，同时，信子与其他人的矛盾也激烈起来。在生活方式上，周作人差不多已经完全日本化，他对日本生活方式的迷恋已经有些走火入魔了。鲁迅看不惯信子的那些地方，比如看病不管大小，都要请日本医生。虽在有些地方，周作人也并不都是支持信子的，但他又怕信子闹，便只好用妥协、退让甚至屈辱来换取安宁。例如他们一家出去郊游，三弟建人也想去，而被信子羞辱，周作人却一声不吭。再说与鲁迅的矛盾，周作人自己后来也说："要天天创造新的生活，便只好牺牲与兄长的情谊。"他与鲁迅的决裂，原来是为了满足信子"天天创造新生活"的要求，因此，决裂显然在相当大的程度上是出于信子的意志。

周作人终其一生，都是很顾家，很念家，对信子是很忠诚的，在早年就与刘半农、钱玄同等结成"三不会"，即不赌不嫖不纳妾，从无出轨情事，也因此很鄙薄"多妻"、"娶妾"之类。尽管他自己也知道，他落水当汉奸，以致后来吃了那么多苦，走到他从未想象到的"寿则多辱"的境地，跟信子多少有些关系，但他却从无半句怨言，甚至给他出走的机会他都不走。同样，羽太信子对周作人的感情更是矢志不渝的。她以周作人为骄傲，也认为这是由于自己眼光好、福气好。就在周作人被捕之后，羽太信子也谨遵妇道，一直苦苦支撑着这个家。她晚年与周作人苦苦相守近20年，直至终老，再没有过过一天舒心日子。她和周作人虽然经历磨难，但在周作人"落难"之时，两人倒也风雨同舟，其间并无势利之心。

不过，在晚年，信子的跋扈性格似乎并没有完全改变，长期的压抑和磨难虽已扫尽了她的锐气，但是，碰到不顺心的事，还是要发作的。再加上体弱多病，更平添烦恼，精神状态几近崩溃。1962年4月6日，羽太信子病重，周作人急请中国文联的佟韦、李纯朴与北大医院接洽后，送入北大医院急救。周作人年近八十，就没有去医院。天黑了，他一个人在灯下独坐，倍感寂寞。就在日记中写道：灯下独坐，送往医院的人们尚未回来，不无寂寞之感。五十年余的情感尚未为恶詈所消失，念之不觉可怜可叹，时正八时也，书此志感。

4月8日下午一点，羽太信子因冠心病在北大医院病故，享年75岁。从1909年3月18日起，至此两人的婚姻生活长达54年，终于落下了帷幕。之后，便是联翩的往事不时浮上心头，但是，周作人的心情是很有些复杂的，恩恩怨怨，五味杂陈。

虽然周作人和信子在生活中有很多争吵，对于坊间所传的信子致使他和大哥失和之事，他也未必不知，对于他后来的投日做汉奸，和信子有着很大的关系，这些周作人不是不清楚，但是他还是对信子有着矢志不渝的爱情，两人一起走过了50多年的风风雨雨，就这点来说，他们的爱情，他们的婚姻是幸福的，可能不是他最初的初恋那样美好，但却是他一辈子的爱恋。

5. 周作人当汉奸始末

1937年日本发动震惊中外的七七事变，北平城成了一个多灾多难的地方。北平城内人心惶惶，许多文化界、教育界人士也都如坐针毡，纷纷选择南下。作为中国首屈一指的高等院校，北京大学也不得不随大流南迁，先是到了湖南长沙，再迁到云南昆明，与一同逃难而来的难兄难弟清华大学和南开大学合并成为一家，组建了西南联合大学。

但是周作人却听信妻子苦口婆心的劝说留了下来，没有要南下的迹象。那时很多学者都劝周作人南下，郭沫若就曾写过一篇《国难声中怀知堂》，力劝周作人南下，并表示只要周作人南下，就可以对日军造成很大的打击。

周作人的胞弟周建人也力劝他南下，周建人后来在一篇文章回忆说，他当时给周作人写了一封信，但是没有得到周作人只言片语的回复，于是他们两兄弟就断绝了往来。

那时的周作人是北大南迁留在北平的四教授之一，每个月还能得到北大寄来的五十元津贴，他自己也盘算着每天写一点稿子，一个月可以获得二百元的薪酬，再托关系去教点课，一个月一百元就可以维持生计了。他那时，只是不想离开北平，没有想过要当日本的走狗，当汉奸。他可能也不知道自己当时的形势，不知道日本已经策划策反他，让他投日。

1938年2月，周作人参加了日本人召开的一个"座谈会"，这应该说是周作人迈向汉奸的第一步。此事一被披露，引起全国文化界的一片强烈谴责。郁达夫，茅盾等文化界知名人士联合签署一封致周作人的公开信，公认周作人是民族大罪人，文化界的叛逆。那时远在大洋彼岸的胡适也写了一首诗，力劝周作人浪子回头，不要走错路。诗中有这样几句："梦见苦雨庵中吃茶的老僧，忽然放下茶盅出门去，飘萧一杖天南行。天南万里岂不大辛苦？只为智者识得重与轻。"那时执迷不悟的周作人居然谢绝了胡适的好意，继续走向汉奸的深渊。

留在北平的第二年，北平已经沦陷敌手，华北陷于战火之中。几乎每天都有说客前来游说他任华北政务委员教育督办一职，但他都每每婉言谢绝，他怕日后被人骂成汉奸，就是土肥原亲自游说他也没敢答应。

1939年的元旦，在八道湾周作人苦雨斋二进院西屋的客厅里，面色平淡的周作人，正在和前来贺年的"四大弟子"之一、家住南锣鼓巷板厂胡同13号（老门牌）的北京女子师范学校教员沈启无聊天。这时，工役徐田进来，递上一封信，说有两个学生来拜见二先生。表面上性情恬淡的周作人，向来对来客都不拒绝。于是，他马上请徐田让两位学生进来。

本来周作人和沈启无对桌而坐，因为要进来两个学生，沈启无便从桌子的对面，坐到周作人旁边的沙发上。一个学生穿青色大衣、戴黑毛皮帽、足穿黑皮鞋。另一个穿古铜色大衣、戴灰色毡帽。见两个学生进了客厅，周作人站了起来。

就见一位学生对另一位学生说："这就是周先生。"只见离周作人只有一米远的学生，迅速从衣袋中掏出手枪，抬手就是一枪，击中周作人的左腹部。无巧不成书。子弹恰好打在周作人毛衣的纽扣上，纽扣一方面减缓了子弹的冲击力，一方面改变了子弹的轨迹，结果只是擦伤点皮，但周作人还是应声跌倒。

沈启无闻听枪声，条件反射地站了起来，下意识地说："我是客人"。学生以为他要反抗，又是一枪，射中胸部。沈启无应声倒地。学生得手后，赶忙向外跑去，从八道湾胡同西口撤退。被击伤的周作人、沈启无，被周家人送到日华同仁医院救治。周作人伤势较轻，敷了点药就回去了。沈启无因子弹穿过肺部留在后背，伤势较重，住院治疗。

1939年元旦的枪案，周作人就这样因为一个纽扣得以逃生。这件事，周作人认为是日本人所为,但是羽太信子极力维护日本,还极力劝说周作人答应土肥原的游说。出事后的 12 天,周作人接受了日本华北派遣军司令部送来的聘书,先后担任了敌伪主持下的北京图书馆的馆长、华北军政委员会教育督办等职,走向了汉奸的深渊。

在李大钊被杀后,周作人撰文,笔调沉重地称李守常是"求仁得仁了"。周作人更出钱接济李大钊遗属。据北京大学钱理群著《周作人传》载:"周作人任教育督办伪职期间,他曾多次从各方面照顾李大钊的长女星华,并帮助星华与李大钊的幼子光华从北平转往延安。他对李大钊的次女炎华及女婿侯辅庭也竭尽掩护之责。周作人与中共地下组织有过一些联系,大概也是事实。"

当了日军的走狗,周作人的工资一下子暴涨,每年可以拿到 1200 个银元,比以前多了好几倍。周作人就翻盖房屋,他购买了大门对面的一块公地修建车库,购置了左邻的两座小住宅。从此,凡家中的家具、什物都去日本人开的商店买,家中不论大小生病都要请日本医生治,过生日、过满月都要庆贺,终日车水马龙宴席不断,好一番高官厚禄的政客生活!

只是好景不长,他任伪教育督办两年后,即被罢了官,只保留一个国府委员的闲职。

1945 年 9 月 2 日,日本在"密苏里"号军舰签署投降书。在全国人民的压力下,国民党当局从 9 月份开始"肃奸",军统头子戴笠担任抓捕巨奸任务,亲赴华北。周作人自然被列入大汉奸名单内,与其他汉奸一样,惶惶不可终日。同年 10 月 6 日,周作人接到一张由华北政务委员会长王荫泰署名的请柬,上面写着"敬备菲酌,恭请光临"几个大字。下午 5 时,周作人如约而至时,其他汉奸也已陆续到达,晚 8 时宴会正式开始。正当大家频频举杯时,早已埋伏好的戴笠手下的军统局特务突然出现,将赴宴者全部逮捕,押送到北京炮局监狱;半年后这些人又被押往南京,关在南京老虎桥监狱。

周作人被押到南京后的三个月,通过北京大学的好友胡适出面,被优待到单独的囚室并给他安排了纸张书桌,供他读书写作。即使是连续对他进行提审的情况下,周作人都在利用一切闲暇时间,独自在他那仅有几平方米的小室伏案挥笔,日夜不停地翻译英国作家劳斯所著的《希腊的神与英雄与人》一书。此时周作人戴着一架老花镜,时而伏案疾书,时而托腮冥想。当周作人那因过度悲哀而日渐混浊的双眼看到堆积在小木桌上那厚厚的一沓稿纸时,感到一种以此权当赎罪的欣慰。

当江苏高院院长孙鸿霖在特别法庭庭长陈珊宣读他的死刑判决书后,大声对一时呆立在受审席上的周作人说"如不服,限你在十天之内向南京最高法院提出上诉",他一下子被惊吓得木然僵立,虽然当时正值炎热的暑期,但他却觉得一阵阵寒气从头到脚穿心而过,让他全身瑟瑟发抖,再也找不到言词落脚的地方。

周作人在即将退庭时,突然向孙鸿霖大声喊道:"等一等,我有话要讲!我好委屈,好冤枉啊!"周作人先哆哆嗦嗦地掏出一份早已准备好的辩护状,后又觉得不妥,因他没料想到会被判死刑,即席发言:"我之所以变节忤逆,当初也是身不由己呀!是被日本人一枪吓的呀!我对不起列祖列宗,但我周作人终究没杀过一个中国人,我没血债,为何要判我死刑?"

"住口,时至今天,你还不认罪,亏你还曾经是一名明辨是非的堂堂大学者!你没用刀杀一个中国人不错,可是你用无形的刀杀害的国人又何止千万?你为日本侵华军修改我们的教科书,以奴化教育来毒害国民,这远比用刀杀人还要厉害百倍!"陈珊严厉地对他说。

此时的周作人哪里肯罢休,他一方面认为自己是为了生计,即使有被日本人利用的事,也是在不知情的情况下上当受骗;另一方面,申明自己早在20年代就是著名的爱国主义者和民主主义者,"九一八"事变后,也曾多次指责和痛骂日本侵略者的野蛮行径,特别是自己多次撰文批驳日本《顺天时报》刊载有侮中华民族谬论的文章,因此他始终是一名爱国主义者,不是一名汉奸呀。但是事实已定,他的辩词已无用。

周作人被判死刑后,胡适为他走动。通过胡适的关系走通,1946年他被国民党法院判处有期徒刑15年,囚于南京老虎桥监狱。

其实在候审调查中,时任国民政府行政院秘书的原北京大学校长蒋梦麟出函证明华北沦陷时,确曾派周作人等保管北大校产。北大也出函证明复校后查点校产和书籍,尚无损失,且有增加。沈兼士、俞平伯等14位大学教授,更联名发出《为周作人案呈国民政府首都高等法院文》为之讲情。

随着国共两党内战的不断升级,战局的不断扭转,1949年元旦,蒋介石不得不发表声明求和,不久后又隐退,让李宗仁代理其总统一职来收拾烂摊子。1949 年 1 月,周作人经反动政府同意交保释放,同年 8 月辗转回到北平。

新中国成立后,周作人以生计无着,给周总理写了一封长达六千字的长信诉说,希望人民政府能有使用自己的机会。总理将信转陈毛主席,主席批示:文化汉奸嘛,又没有杀人放火。现在懂希腊文的人不多了,养起来,做翻译工作,以后出版。

当时周作人还服刑未满,政府自难安排正式工作。但是全面考虑他一生的经历及其专长,仍然给予相当的照顾。除派他的故友前去探望,还由文化部和出版总署出面邀他以翻译家身份出来做事,并指示人民文学出版社在不用周作人本名的情况下可以出版他的译著。后经出版社和他双方议定:周作人每月交给人民文学出版社一定数量译稿,领取相应的酬资。他还开始在北京、上海、南京、广州和香港的报刊上发表文章,陆续出版了几本译著。

6. 周作人晚年生活

新中国成立后的周作人几乎是以稿费为生,写稿成了他一天里主要的事情。这些几百字的小品文,富于知识性、趣味性、史料性,比如《成舍我与刘半农》、《孙伏园与副刊》等,它标志着周作人的散文重新绽放出 20 世纪 20 年代巅峰时期的艺术光芒。

大师级的周作人精通希腊语和日语。此后,1952 年,人民文学出版社向周作人约稿,主要请他翻译希腊以及日本的古典文学作品。1955 年 1 月至 1959 年 12 月,人民文学出版社每个月预付 200 元稿费给周作人,而另外一位特约译者钱稻孙每月只有 100 元。到 1961 年,人民文学出版社每月支付周作人稿费增至 400 元,但拿最高稿费的周作人依然不够用,经济时常陷入穷困状态。那时的 400 元应该比较多了,经济穷困的原因应该是他的日本妻子常年卧病不起,要背负很多医药费的缘故,且他有一个八口之家。

信子病逝不久,周作人为了缩减开支,立即辞退了女仆张淑贞,辞信云:“近来因开支增加,每月须要付房租,并寄西安补助费,对于你处所送之款不能再送了，特此通知，尚祈原谅是幸。"

周作人心绪稍加调整，又开始了一项新的写作计划——翻译希腊作家路喀阿诺斯的《对话集》。这是一部比较深奥的作品，译起来比较费力，但这是他多年来的宿愿，决心奋力而为。

他终于在80岁高龄之时完成了这一心愿，这部共20篇、计48万字的《对话集》被写进了他的遗嘱之中，书云："余今年已整八十岁。死无遗恨，姑留一言以为身后治事之指针。尔死后即付火葬或延例留骨灰，亦随便埋却，人死声销迹灭最是理想。余一生文字无足称道，惟暮年所译希腊对话是五十年来的心愿，识者当自知之。"

1967年4月8日，周作人也在日记中写道："余今年1月整80，若以旧式计算，则八十有三矣，自己也不知怎么活得这样长久。过去因翻译路喀阿诺斯对话集，此为50年来的心愿，常恐身先朝露，有不及完成之惧。今幸已竣工，无复忧虑，既已放心，但亦怠惰，对于世味渐有厌倦之意，殆即所谓倦勤软，狗肉虽然好吃，久食亦无滋味。陶公有言，聊乘化以归尽，此其时矣！余写遗嘱已有数次，大要只是意在速朽，所谓人死，销声灭迹，最是理想也。"

"文革"期间，周作人自然首当其冲。先是出版社的出版工作停顿下来，主要稿费来源没有了。家庭的重担落到了周丰一夫妇身上。此后，连同周丰一的工作也受到牵连。

红卫兵查封了房子，将周作人赶出去，红卫兵占领了正房后身加盖的大方房子，方便监视周氏一家老少。于是，周作人只好蜷缩在后罩房的屋檐下，就这样过了三天三夜。幸而他们还有个老保姆，给他们做了点简单的吃食，悄悄地送来。

及至下起雨来，周作人的大儿媳张菼芳便硬着头皮去找红卫兵。她央求说："我们也不能老待在露天底下呀，好歹给我们个安身的地方吧。"这样，周作人才被允许睡在自家的澡堂里。不久，张菼芳目睹老人的凄苦，于心实在不忍，就向红卫兵求了情，算是在漏雨的小厨房的北角为老公公东拼西凑搭了个铺板床，让他卧在上面。

红卫兵为周家规定了生活标准：老保姆是15元，周作人是10元。他们向粮店打了招呼：只允许周家人买粗粮。周作人因牙口不好，一日三餐只能就着臭豆腐喝点玉米面糊糊。由于营养不良，又黑间白日囚禁在小屋里，他的两条腿很快就浮肿了。

十月间，周作人曾上交了两次"呈文"，两份"呈文"都很短，内容差不多，大意是：共产党素来是最讲究革命人道主义的。鄙人已年过八旬，再延长寿命，也只是徒然给家人添负担而已。恳请公安机关，恩准鄙人服安眠药，采取"安乐死"一途。也许他在万念俱灰中，还存着侥幸心理，希望驻地派出所的民警将他的问题反映上去。但"请准予赐死"的"呈文"交上去后，就石沉大海了。

1967年5月6日早晨，张菱芳接到邻居的通知奔回家后，发现82岁的公公浑身早已冰凉。看光景，周作人是正要下地解手时猝然发病的，连鞋都来不及穿就溘然长逝了。在当时的情形下，家属只好匆匆销了户口，火化了事，连骨灰匣都没敢拿回来。

周作人晚年的文章在语言上虽然趋于明白晓畅，引用也少了很多，但他的心意，却是更加晦涩难辨了。周作人的理想，只是做一个平凡人，吃吃苦茶，玩玩古董，做些自己喜欢的工作，不料却因为名气大，身不由己地被推向时代大潮的最前沿。

部分参考资料

《章太炎与近代学人》,陈永忠,百花文艺出版社,2012 年 1 月

《章太炎评传》,姜义华,南京大学出版社,2002 年

《章太炎全集》,章太炎,上海人民出版社,1985 年 2 月第 1 版

《梁启超传》,解玺璋,上海文化出版社,2012 年 10 月

《梁启超传》(修订本),李喜所,人民出版社,2010 年 1 月

《鲁迅回忆录》,许广平,作家出版社,1961 年 5 月

《鲁迅日记》,鲁迅,人民文学出版社,1976 年

《鲁迅全集》,鲁迅,人民文学出版社,1981 年

《答鲁迅先生》,《新月》第二卷第九期,1930 年 2 月

《孙氏兄弟谈鲁迅》,孙伏园/孙福熙,新星出版社,2006 年

《忆鲁迅》,巴金,人民文学出版社,1956 年 10 月

《林语堂自传》,林语堂,群言出版社,2010 年 10 月

《胡适杂忆》,唐德刚,(台北)传记文学出版社,1981 年 1 月

《胡适全集》,季羡林主编,安徽教育出版社,2003 年

《胡适大传》,朱洪,安徽人民出版社,2001 年第 1 版

《胡适留学日记》,胡适,安徽教育出版社;2006 年 12 月第 2 版

《我的乡贤林语堂》,黄荣才,安徽文艺出版社,2010 年 11 月

《林语堂传》,林太乙,台湾联经出版事业公司,2011 年 1 月

《林语堂文选》,张明高、范桥,中国广播电视出版社,1991 年

《郁达夫自述:传奇故事》,张明林,西苑出版社,2011 年

《徐志摩传》,韩石山,人民文学出版社,2010 年 9 月第 1 版

《徐志摩与陆小曼》,刘心皇,花城出版社,1987 年

《徐志摩与他生命中的女性》,高恒文、桑农著,天津人民出版社,2000 年 3 月

《沈从文自传》,沈从文,江苏文艺出版社,1995 年 9 月

《人间草木》,汪曾祺,江苏文艺出版社,2005 年

《杨振声编年事辑初稿》,季培刚,山东人民出版社,2007 年

《沈从文散文选》，沈从文，人民文学出版社，1982 年

《革命是怎么来的》，冯自由，上海文化出版社，2011 年 8 月

《教育之梦——蔡元培传》，马征，四川人民出版社，1996 年

《陈独秀著作选》，陈独秀，上海人民出版社，1993 年

《五四运动史》，周策纵，岳麓书社，1999 年中译本

《在政治与学术之间游走》，《书屋》编辑部，湖南教育出版社，2009 年

《晚清国粹派——文化思想研究》，郑师渠，北京师范大学出版社，1997 年

《刘师培评传》，方光华，百花洲文艺出版社，1996 年

《毛泽东与文化名流》，陈微，人民出版社，2003 年

《南社纪略》，柳亚子，上海人民出版社，1983 年

《陈布雷回忆录》，陈布雷，东方出版社，2009 年

《蒋纬国口述自传》，刘凤翰，中国大百科全书出版社，2008 年

《戴季陶传》，黎洁华、虞苇，广东人民出版社，2003 年

《国民党理论家戴季陶》，范小方，河南人民出版社，1992 年

《周作人自编文集》，周作人，河北教育出版，2002 年 1 月

《周作人的清风苦雨》，寒小兰，东方出版社，2010 年 2 月